U0741136

电商平台精准营销策略
与实践研究

茅淑桢　著

中国原子能出版社

图书在版编目（CIP）数据

电商平台精准营销策略与实践研究 / 茅淑桢著.
--北京：中国原子能出版社，2024.6
　ISBN 978-7-5221-3389-8

　Ⅰ.①电… Ⅱ.①茅… Ⅲ.①网络营销–研究 Ⅳ.
①F713.365.2

中国国家版本馆 CIP 数据核字（2024）第 093981 号

电商平台精准营销策略与实践研究

出版发行　中国原子能出版社（北京市海淀区阜成路 43 号　100048）
责任编辑　张　磊
责任印制　赵　明
印　　刷　河北宝昌佳彩印刷有限公司
经　　销　全国新华书店
开　　本　787 mm×1092 mm　1/16
印　　张　18
字　　数　295 千字
版　　次　2024 年 6 月第 1 版　2024 年 6 月第 1 次印刷
书　　号　ISBN 978-7-5221-3389-8　　定　价　78.00 元

E-mail：597125562@qq.com　　　　**联系电话：010-88821568**

前　言

随着互联网的快速普及，电商平台如雨后春笋般涌现，为消费者提供了更为便捷、多元的购物选择。数字时代的来临使得消费者拥有了更多的便利，同时也给企业带来了更多的挑战。用户的选择变得更加理性和多样化，企业必须不断提升服务质量、创新商品和服务，以满足用户不断升级的需求。在这种背景下，精准营销作为电商企业赢得用户心智、提高用户留存的有效手段，变得尤为重要。

然而，要实现精准营销并非易事。随着用户信息的不断积累，隐私和数据安全问题引发了社会的关注，监管也变得更加严格。企业需要在提供个性化服务的同时，妥善处理用户隐私，确保精准营销的合规性。同时，用户对于广告的抵制心理也在逐渐增强，传统的广告形式难以引起用户的兴趣，因此企业需要更加巧妙地选择合适的时机和方式进行精准营销。

精准营销的核心理念是通过深入了解用户的需求、兴趣和行为，以个性化、定向化的方式向用户提供信息、服务和产品。这需要企业借助先进的技术手段，从海量的数据中挖掘出有价值的信息，构建用户画像，实现对用户的精准洞察。在这一过程中，人工智能、大数据分析、机器学习等技术的应用成为不可或缺的工具。

大数据分析帮助企业更好地理解用户行为，挖掘用户的消费偏好和趋势，为企业提供决策支持。机器学习算法能够根据用户的历史行为和反馈进行预测，从而个性化地推荐商品和服务。人工智能技术使得精准营销更加智能化，能够自动学习和调整策略，不断适应市场和用户的变化。

电商平台精准营销是一项复杂而深刻的工程，既需要技术的支持，也需要企业的智慧和创新。它不仅是商业竞争的手段，更是为用户提供更优质服务的方式。在这个数字化时代，电商平台精准营销的研究与实践将持续引领商业模式的变革，为未来商业的发展描绘出更为丰富和多彩的画卷。

目　　录

第一章　电商平台精准营销概述

第一节　精准营销的定义与特征

一、精准营销概念解析

随着信息技术和数字化时代的快速发展，市场营销领域也经历了翻天覆地的变化。传统的广泛覆盖式营销策略逐渐难以适应消费者个性化需求的增长，因此精准营销作为一种新型的市场营销模式崭露头角。精准营销通过大数据技术、智能算法和多渠道互动，旨在更精确地洞察目标受众，提供个性化的产品、服务和信息，以提高市场推广效果和用户满意度。本节将对精准营销的概念、关键特征、实施步骤以及优势与挑战进行深入解析。

（一）精准营销的概念

精准营销，又称为个性化营销或定向营销，是一种基于大数据和先进技术的市场营销策略。其核心理念是通过深入了解目标受众，准确把握其需求、兴趣和行为，实现更有针对性的市场推广。精准营销不再追求广泛覆盖，而是以更精细的方式满足特定用户群体的需求，提高市场推广的精准度和效果。

（二）关键特征

大数据驱动：精准营销的关键在于数据。通过收集、整理和分析大数据，企业可以更深入地了解用户行为、偏好和需求，从而制定更为有效的营销策略。

个性化定制：精准营销追求个性化服务。通过深度挖掘用户数据，企业能够为每个用户提供定制的产品、服务或信息，增强用户体验和满意度。

多渠道互动：精准营销通过多种渠道，如社交媒体、电子邮件、短信等，与用户进行互动。这有助于提高品牌曝光度，建立更紧密的联系。

实时反馈：借助实时数据分析工具，企业能够随时了解市场反馈和用户行为，及时调整营销策略以保持灵活性。

（三）实施步骤

数据收集：通过各种途径收集用户数据，包括用户调研、网站分析、社交媒体监测等，构建全面、准确的用户画像。

数据分析：运用大数据分析工具对收集到的数据进行深度挖掘和分析，识别用户的行为模式和喜好，为个性化定制提供支持。

目标定位：根据数据分析的结果，明确目标客户群体，确定营销目标，并细化定位策略。

个性化服务：制定个性化服务方案，包括产品设计、促销活动等，以满足目标客户的个性需求。

多渠道推广：制定多渠道推广计划，确保信息全面覆盖目标客户，提高曝光度和传播效果。

实时调整：结合实时反馈，及时调整营销策略，确保与市场变化保持同步。

（四）精准营销的优势

提高推广效果：个性化服务增加用户对广告的关注度，提高推广效果。

增强用户忠诚度：个性化服务能够增强用户对品牌的认同感，提高用户忠诚度。

节约成本：通过准确定位目标客户，避免资源浪费，降低营销成本。

（五）精准营销的挑战

隐私保护：大数据涉及大量用户个人信息，隐私保护成为一项重要挑战。

技术要求：精准营销需要高水平的技术支持，对企业技术水平提出较高要求。

数据安全：大数据应用需要处理海量敏感信息，数据安全成为一个重要考量因素。

精准营销作为一种基于大数据和智能技术的创新型市场营销策略，正在逐渐取代传统的广泛覆盖模式。通过更深入的用户了解、个性化的服务和多渠道的互动，精准营销有望在数字化时代为企业带来更高的市场竞争力。然而，挑战与机遇并存，企业需要在实施精准营销时谨慎权衡，充分考虑隐私保护、技术支持等方面的问题，以确保取得可持续的市场优势。

二、精准营销的基本特征

在数字化时代，随着信息技术的迅速发展和大数据的广泛应用，市场营销也迎来了一场革命。精准营销作为一种新兴的营销模式，以其个性化、精确和高效的特点受到了广泛关注。本部分将深入探讨精准营销的基本特征，包括大数据驱动、个性化定制、多渠道互动和实时反馈，以及这些特征对企业市场营销带来的积极影响。

（一）大数据驱动

精准营销的核心特征之一是大数据的广泛应用。大数据指的是海量、多样、高速产生的数据，企业通过对这些数据的采集、存储和分析，能够更全面、准确地了解用户行为、偏好和需求。大数据驱动的精准营销通过以下方面展现其特征：

用户画像构建：通过对大数据的深度分析，企业能够建立更为准确、全面的用户画像，包括用户的兴趣爱好、购买历史、社交活动等多个维度的信息。

行为分析：大数据分析可以追踪用户的在线行为，包括浏览记录、点击行为、购物车操作等，从而更好地了解用户在购物过程中的偏好和习惯。

预测模型：利用大数据分析建立预测模型，企业可以更好地预测用户的未来行为，包括购买意愿、流失风险等，为精准营销提供决策支持。

市场趋势分析：大数据还能够帮助企业更准确地捕捉市场趋势，把握用户需求的变化，及时调整营销策略。

大数据驱动使得精准营销具备更为深入、准确的洞察能力，帮助企业更好地理解用户，提高精准度和个性化服务水平。

（二）个性化定制

个性化定制是精准营销的另一重要特征。通过深入了解用户的需求和兴趣，企业可以为每个用户提供个性化的产品、服务或推荐，从而提高用户体验和满意度。个性化定制的特征包括：

个性化产品推荐：基于用户的历史行为和偏好，企业可以向用户推荐更符合其兴趣的产品，提高用户购买的可能性。

定制化服务：企业可以根据用户的需求，提供个性化的服务，包括定制化的购物体验、售后服务等，满足用户独特的需求。

个性化营销策略：针对不同的用户群体，企业可以制定不同的营销策略，更好地迎合用户的口味和期望，提高广告的点击率和转化率。

动态定价：通过分析市场和用户数据，企业可以实现动态定价，根据用户的购买历史、行为等因素进行个性化的价格制定。

个性化定制不仅有助于提高用户满意度和忠诚度，还能够增强品牌的竞争力，使用户更愿意选择并持续与企业互动。

（三）多渠道互动

精准营销强调与用户的多渠道互动，通过多种形式的沟通和互动，建立更紧密的联系。多渠道互动的特征包括：

社交媒体互动：利用社交媒体平台与用户进行互动，包括发布广告、参与话题讨论、回应用户评论等，增加品牌的曝光度。

电子邮件营销：通过邮件向用户发送个性化的促销信息、新品推荐等，促使用户参与购物和互动。

短信推送：利用短信推送方式，向用户发送特别优惠、折扣信息，提醒用户关注新品上线等，引导用户进行购买行为。

App 推送：对于拥有移动应用的企业，通过 App 推送实时消息，提醒用户进行活动参与或购物操作。

多渠道互动有助于企业建立多层次的品牌形象，加深用户对品牌的印象，提高品牌的认知度和用户互动的频次。

（四）实时反馈

精准营销注重实时反馈，通过及时了解市场反馈和用户行为，使企业能够迅速调整营销策略，保持与市场的同步。实时反馈的特征包括：

数据监测工具：使用数据监测工具对广告效果、用户反馈等进行实时监测，及时发现问题并做出调整。

用户反馈渠道：提供用户反馈渠道，如在线调查、意见反馈表单、客服热线等，以便用户能够随时提出问题或建议。

实时数据分析：利用实时数据分析工具对用户行为、购买模式等进行实时监控，及时发现市场变化和用户趋势。

快速调整策略：基于实时反馈，企业可以迅速调整营销策略，包括产品定价、促销活动、广告投放等，以便更灵活地应对市场的变化。

通过实时反馈，企业能够更加敏锐地捕捉市场的动态，保持竞争优势，并且及时满足用户的需求。

（五）优势与挑战

优势：

提高市场推广效果：精准营销通过更深入的用户了解和个性化服务，能够提高广告的点击率和转化率，从而提高市场推广效果。

增强用户忠诚度：个性化定制和多渠道互动有助于提高用户满意度和忠诚度，使用户更倾向于选择并保持与品牌的长期互动。

节约成本：通过准确定位目标客户，避免资源浪费，降低广告投放成本，提高营销的效益。

挑战：

隐私保护：大数据的使用涉及用户的隐私问题，企业需要更加关注隐私保护法规，确保在精准营销过程中合规操作。

技术要求：精准营销需要高水平的技术支持，包括大数据分析、人工智能等技术应用，企业需要投入足够的资源培养和引进相关技术人才。

数据安全：大量敏感用户数据的存储和处理对数据安全提出更高的要求，企业需要加强数据安全措施，防范数据泄露风险。

精准营销作为一种基于大数据和先进技术的市场营销策略，以其个性化、精确和高效的特点，成为企业在数字化时代提高市场竞争力的关键工具。其基本特征包括大数据驱动、个性化定制、多渠道互动和实时反馈，这些特征相互配合，构成了一个完整的精准营销体系。

通过大数据的深度分析，企业能够更全面、准确地了解用户，为个性化定制提供支持。个性化定制通过提供个性化的产品、服务和推荐，增强了用户体验和满意度。多渠道互动通过社交媒体、电子邮件、短信等多种形式，建立了更为紧密的用户联系。实时反馈使企业能够随时了解市场反馈和用户行为，及时调整营销策略。

然而，精准营销也面临一系列挑战，如隐私保护、技术要求和数据安全等。企业在实施精准营销时需要综合考虑这些因素，制定合理的策略和措施，以平衡精准度与隐私保护的关系，确保精准营销的可持续发展。

总的来说，精准营销不仅仅是一种市场营销手段，更是企业在数字化时代应对激烈市场竞争的必然选择。通过深入了解用户、提供个性化服务、多渠道互动和实时反馈，精准营销将帮助企业更好地适应市场变化，提高广告效果，增强用户忠诚度，取得更大的市场份额。

三、精准营销与市场细分的关系

在市场营销中，市场细分和精准营销是两个关键概念，它们密切相关却又各有侧重。市场细分旨在将整个市场划分为不同的细分市场，而精准营销则是在这些细分市场中实现更为精准、个性化的推广。本部分将深入探讨精准营销与市场细分的关系，分析它们的共性、差异以及如何协同发挥作用。

（一）市场细分的基本概念

市场细分是一种市场营销战略，旨在将整个市场划分为若干个相对独立、具有相似需求特征的细分市场。这种划分是为了更好地理解和满足不同消费者群体的需求，从而更有针对性地制定产品、价格、推广和分销策略。市场细分通常基于一系列变量，包括但不限于地理位置、年龄、性别、收入水平、兴趣爱好、购买行为等。通过市场细分，企业能够更全面地了解各个细分市场的特征，更有效地进行市场定位和目标市场的选择。

（二）市场细分的意义

更准确地了解目标市场：通过市场细分，企业能够深入了解不同细分市场的特征和需求，有助于更准确地锁定目标市场，提高市场定位的精准度。

更精细的市场定位：细分市场的存在使得企业能够更有针对性地制定产品、价格、促销和分销策略，从而更好地迎合不同细分市场的需求。

提高营销效果：针对不同的细分市场，可以设计更具吸引力和针对性的广告和促销活动，提高广告效果和销售转化率。

增强竞争力：通过更好地满足目标市场的需求，企业能够提高用户满意度，增强品牌的竞争力，进而在市场中占据更有利的位置。

（三）精准营销的基本概念

精准营销是一种基于大数据、技术和深度用户洞察的市场营销策略。与传统的广告覆盖模式不同，精准营销强调通过深入了解目标受众，提供个性化的产品、服务和信息，以提高市场推广效果和用户满意度。精准营销的核心理念在于将广告、促销等资源集中投放到最有可能产生销售的目标受众身上，通过更准确的市场定位来提高广告的效益。

（四）精准营销的特征

大数据驱动：精准营销的关键是大数据的应用。通过对大量数据的分析，企业能够获取更准确的用户画像，了解用户的需求、兴趣和行为，从而更好地进行市场定位。

个性化定制：精准营销追求个性化服务。基于深入的用户洞察，企业可以为每个用户提供个性化的产品、服务或推荐，以提高用户体验和满意度。

多渠道互动：精准营销通过多渠道的互动，与目标客户建立更为紧密的联系。这包括社交媒体、电子邮件、短信、App 推送等多种形式，以确保信息的全面传播和及时反馈。

实时反馈：精准营销通过实时数据分析和监测工具，能够随时了解市场反馈和用户反应，及时调整营销策略，保持与市场的敏感度和灵活性。

（五）市场细分与精准营销的关系

共性点：

用户导向：市场细分和精准营销都以用户为中心，强调深入了解用户需求，以更好地满足用户的期望。

数据驱动：两者都需要利用数据进行分析，市场细分依赖于对不同细分市场的数据分析，而精准营销则通过大数据分析为个体用户提供更个性化的服务。

提高效益：市场细分和精准营销都旨在提高市场推广效果，市场细分通过更精准的市场定位实现，而精准营销则通过更精准的目标受众定位和服务提供。

区别点：

广度与深度：市场细分更注重市场的整体划分，强调找到不同群体的差异。而精准营销更关注在这些市场细分的基础上，通过深度的用户洞察实现个性化服务，更注重提供与个体用户相关的、细致入微的体验。

目标定位：市场细分的目标是将整个市场划分为不同群体，以便更好地满足其需求。而精准营销更侧重于在已经划分的市场基础上，精确地锁定并服务于最具潜力的个体用户。

时间维度：市场细分通常是一种静态的划分，将市场划分为若干群体，这些群体相对稳定。精准营销则更强调实时性，通过不断的数据分析和实时反馈，随时调整策略以适应市场和用户的变化。

（六）如何协同发挥作用

市场细分为精准营销提供基础：精准营销的实施需要建立在准确的市场定位基础上。市场细分为企业提供了更全面的市场认知，使得企业能够在不同细分市场中找到更具有潜力的目标受众。

精准营销优化市场细分策略：精准营销通过大数据分析和个性化服务，可以更精细地了解用户需求和行为。这样的深度用户洞察有助于优化市场细分策略，使得细分市场更具针对性，更符合实际市场需求。

共同服务用户需求：市场细分和精准营销的最终目标都是为用户提供更好的服务和体验。通过市场细分，企业可以了解不同群体的整体需求；而通过精准营销，企业可以在这些需求的基础上，为个体用户提供更贴近心意的解决方案。

持续优化与反馈：市场细分和精准营销都需要持续地优化和反馈。市场细分需要不断调整细分市场的划分，以适应市场变化；而精准营销需要不断地分析实时数据和用户反馈，进行及时调整。

市场细分和精准营销都是市场营销领域中至关重要的概念。市场细分通过将整个市场划分为不同的细分市场，使得企业能够更好地了解和满足各个市场的需求。而精准营销则在这些细分市场中，通过大数据分析和个性化服务，实现更为精准、个性化的市场推广。

市场细分和精准营销在共性和差异上都有着独特的特点，但二者是相辅相成、相互促进的关系。市场细分为精准营销提供了基础和方向，而精准营销通过个性化服务和实时反馈，优化和完善了市场细分的实施效果。企业在实施市场策略时，应综合考虑市场细分和精准营销的关系，找到它们之间的平衡点，以更好地适应市场的需求，提高市场竞争力。

第二节　精准营销与传统营销的区别

一、传统营销的局限性与挑战

传统营销是指在数字化时代之前，主要依赖于传统媒体和推广方式的一种市场推广模式。尽管传统营销在过去几十年中发挥了重要作用，但在面临数字化、科技进步和社会变革的今天，传统营销也逐渐显露出一系列局限性与挑战。本部分将深入探讨传统营销的局限性，包括信息不对称、难以衡量效果、受众广度有限等方面，并分析面临的挑战以及应对策略。

（一）信息不对称

传统营销的一个明显局限是信息传递的不对称性。在传统媒体时代，企业通过电视、广播、报纸等渠道发布广告，信息的传递主要是单向的。企业可以向受众传递他们想要呈现的信息，但无法直接获取到受众的反馈和需求。这种不对称性导致了信息的不准确和不全面，使得企业很难真正了解受众的期望和反馈。

（二）受众广度有限

传统营销往往受限于受众广度。广播、电视等传统媒体的覆盖面有限，而且面向的是大众受众，无法满足个性化需求。这意味着企业很难将广告准确地投放到特定目标受众中，导致广告浪费和效果不佳。

（三）难以衡量效果

传统营销的另一个局限性是难以准确衡量广告效果。在传统媒体中，很难追踪和分析广告的实际影响，包括广告触达率、受众反应等方面。企业难以精确了解广告的投入产出比，因此很难优化营销策略，提高广告的效益。

（四）成本较高

传统营销通常需要较高的投入。广播、电视、印刷等媒体的广告费用昂贵，而且制作高质量的广告素材也需要大量资源。对于中小企业来说，传统营销的高成本可能成为一道难以逾越的门槛，限制了它们的市场参与度。

（五）反应时间慢

在传统营销中，广告投放、宣传传播需要较长的周期。例如，印刷广告

9

需要提前准备，电视广告需要进行拍摄和制作，这使得企业很难在短时间内做出及时调整，无法适应市场快速变化的需求。

（六）受众互动有限

传统营销模式下，企业与受众的互动相对有限。广播、电视、印刷广告等是一种被动的宣传方式，受众通常不能直接参与互动，无法提供及时的反馈。这导致企业与受众之间的互动机会减少，难以建立深层次的品牌亲和力。

（七）技术更新换代的挑战

随着科技的不断发展，特别是数字化技术的普及，传统营销面临技术更新换代的挑战。消费者更倾向于通过互联网、社交媒体等新型媒体获取信息，而传统媒体的影响力逐渐下降。企业如果不能及时转型，可能错失更广泛的受众和更高效的推广途径。

（八）应对策略

整合数字营销：传统营销与数字营销的整合是应对挑战的有效策略。数字营销具有更广泛的受众覆盖、更精准的定位和更实时的反馈等优势。通过整合数字化手段，企业可以更好地应对信息不对称、受众广度有限等问题。

利用大数据分析：大数据分析技术能够为传统营销提供更全面、精准的数据支持。通过分析受众的行为、喜好和反馈，企业可以更好地了解目标市场，优化广告投放策略，提高广告效果。

加强品牌互动：在传统营销中加强品牌与受众的互动，通过举办活动、提供优惠券、参与公益活动等方式，增加品牌与受众之间的互动机会，建立更深层次的品牌忠诚度。

创新广告形式：在传统媒体中尝试创新的广告形式，例如采用更生动、有趣的广告创意，吸引受众的关注。通过创新形式，提高广告的影响力和记忆度。

定期评估效果：企业应定期评估传统营销的效果，借助市场调研、消费者反馈和销售数据等手段，全面了解广告投放的实际效果。基于评估结果，及时调整营销策略，以提高广告的投入产出比。

提升广告创意质量：传统广告的成功往往依赖于广告创意的质量。企业可以注重提升广告的创意水平，通过富有创意和感染力的广告内容吸引受众的关注，提高广告的记忆度和吸引力。

开发多渠道宣传：随着多渠道传播的兴起，企业可以积极开发多渠道的宣传方式，包括社交媒体、视频平台、搜索引擎等。通过多渠道宣传，提高企业在受众中的曝光度，实现更全面的品牌传播。

加强市场调研：深入了解目标市场，进行更全面、深入的市场调研，包括目标受众的兴趣爱好、购买行为、市场趋势等。通过市场调研的数据支持，企业能够更好地制定广告策略，满足受众的实际需求。

建立线上线下互通：将线上和线下的营销渠道进行有效整合，实现互通互联。例如，通过线上广告推广激发线下购买，或者通过线下活动提高线上用户互动。整合线上线下，打破渠道壁垒，实现全方位的品牌传播。

培养品牌社群：通过传统媒体建立品牌社群，引导受众形成良好的品牌认知和口碑。品牌社群有助于增加品牌忠诚度，提高受众对品牌的认同感，从而促进销售。

利用新媒体工具：在传统媒体基础上，适度引入新媒体工具，例如在报纸广告中附加二维码链接，或者在电视广告中提供社交媒体账号。通过整合新媒体，增加受众参与度，提高传统广告的互动性。

关注消费者体验：传统营销中很难直接获取受众的反馈，但通过关注消费者体验，例如通过客户服务热线、问题反馈表等方式，及时了解受众的意见和建议，以便调整广告策略。

传统营销在过去的几十年中发挥了重要作用，但在当前数字化、信息化的时代，其局限性和面临的挑战也逐渐显现。信息不对称、受众广度有限、难以衡量效果等问题，使得传统营销在适应市场变化、满足个性化需求上存在一定的困难。然而，通过合理运用数字化技术、整合多渠道宣传、创新广告形式等策略，企业可以在传统营销中寻找新的发展机遇。

在适应数字时代的同时，也要看到传统营销仍然具有一定的优势，特别是在一些特殊行业和受众群体中。因此，企业在制定营销战略时，需要根据自身的特点和目标受众选择合适的营销手段，并灵活运用传统和数字化的营销方式，以实现全方位的品牌推广和市场占有。

二、精准营销的创新与优势

随着信息技术的快速发展和市场竞争的日益激烈，传统的广告模式和营销手段已经难以满足企业在数字化时代的需求。精准营销作为一种创新的营销策略，通过数据分析和个性化推送，使企业能够更准确地定位目标受众，提高营销效果。本部分将深入探讨精准营销的创新与优势，为企业制定更为有效的营销战略提供参考。

（一）精准营销的创新

1. 大数据应用

精准营销的创新源于大数据的广泛应用。通过收集、分析和挖掘海量的用户数据，企业可以深入了解目标受众的兴趣、行为和偏好，从而更加精准地推送个性化的广告和信息。大数据技术为精准营销提供了强大的支持，使企业能够基于客观的数据来制定决策，提高营销的针对性和效果。

2. 人工智能技术

人工智能在精准营销中的应用为其带来了创新。通过机器学习算法和自然语言处理技术，企业可以更好地理解用户的行为和需求，从而实现个性化的营销推送。智能推荐系统、聊天机器人等技术的引入，使用户与品牌之间的互动更加智能化和亲密化，提升用户体验。

3. 社交媒体互动

社交媒体成为精准营销的创新平台之一。通过在社交媒体上进行精准的定位广告和互动营销，企业可以更好地吸引目标受众的注意力，树立品牌形象。社交媒体拥有丰富的用户数据，通过巧妙的内容创意和互动设计，企业能够实现在社交媒体上的精准推广，提高品牌曝光度和用户参与度。

（二）精准营销的优势

1. 精准定位目标受众

精准营销通过大数据分析和人工智能技术，能够更准确地定位目标受众。不同用户具有不同的兴趣和需求，精准营销可以根据用户的个性化信息，为其提供更符合实际需求的产品和服务。这种精准定位可以提高营销的效果，降低广告的浪费率。

2. 提高用户体验

通过个性化推送和互动设计，精准营销能够提高用户体验。用户在感知到广告是根据其兴趣和需求定制的情况下，更有可能产生购买欲望。智能化的客户服务和互动机器人可以使用户获得更好的服务体验，增强用户对品牌的认知和忠诚度。

3. 节约营销成本

由于精准营销更加精准地定位目标受众，避免了在广告投放上的浪费，能够有效地节约营销成本。企业可以根据用户的行为和反馈数据进行实时调整和优化广告策略，提高广告投放的效益，降低广告投入成本。

4. 实时反馈和调整

精准营销的优势之一在于其实时反馈和调整的能力。通过监控用户的行为和反馈数据，企业可以及时了解广告效果，并进行相应的调整和优化。这种实时的反馈机制使企业能够更加灵活地应对市场变化，提高营销策略的及时性和适应性。

精准营销作为数字化时代的一种创新营销策略，以大数据、人工智能、社交媒体等技术为支撑，带来了精准定位目标受众、提高用户体验、节约营销成本和实时反馈等诸多优势。随着科技的不断发展，精准营销将在未来不断创新，为企业带来更多的机遇和挑战。企业应积极把握精准营销的创新机遇，不断提升数字化营销能力，以适应市场的变化，取得更好的经济效益。

第三节　精准营销的关键技术与工具

一、数据分析与挖掘技术

在数字化时代，大量的数据涌入各行各业，企业和组织面临着从海量数据中获取有价值信息的挑战。数据分析与挖掘技术作为应对这一挑战的关键工具之一，已经成为许多领域中的不可或缺的一部分。本部分将深入探讨数据分析与挖掘技术的概念、应用、方法，以及对各行业的影响。

（一）数据分析与挖掘技术的概念

1. 数据分析的概念

数据分析是指通过对收集到的数据进行整理、分析、研究，以获取有关事物、现象、规律的信息和知识的过程。数据分析的目的是从数据中提取有用的信息，以便支持决策制定和问题解决。

2. 数据挖掘的概念

数据挖掘是从大量数据中自动或半自动地发现隐藏在其中的模式、规律和知识的过程。它包括了多种技术和方法，如聚类、分类、关联规则挖掘等，用于揭示数据中的潜在关系，帮助企业做出更明智的决策。

（二）数据分析与挖掘技术的应用

1. 商业领域

数据分析与挖掘技术在商业领域有着广泛的应用。通过分析市场趋势、消费者行为、竞争对手的动态等信息，企业可以更好地制定营销策略、推动产品创新，并优化供应链管理。数据挖掘还可用于客户关系管理，通过挖掘客户行为模式，提高客户满意度和忠诚度。

2. 医疗健康领域

在医疗健康领域，数据分析与挖掘技术可以用于疾病预测、药物研发、患者管理等方面。通过分析大量的医疗数据，可以提高疾病的早期诊断准确性，加速新药的研发过程，提升患者的医疗服务水平。

3. 金融领域

数据分析与挖掘在金融领域的应用十分广泛。不仅银行和金融机构可以通过分析客户的信用记录、交易行为等数据，进行风险评估和欺诈检测，数据挖掘还可在股市预测、投资组合优化等金融决策过程发挥重要的作用。

4. 制造业

在制造业中，数据分析与挖掘技术可以用于生产过程的优化、质量控制、设备维护等方面。通过监测生产线上的各种数据，企业可以预测设备的故障，提高生产效率，并降低维护成本。

（三）数据分析与挖掘技术的方法

1. 聚类分析

聚类分析是一种将数据划分为不同组的技术，使得同一组内的数据相互之间更为相似，而不同组之间的数据相互之间更为不同。这种方法常用于市场细分、客户分类等领域。

2. 分类分析

分类分析是将数据划分为不同类别的方法，通过学习数据中的模式，将新的数据实例分类到已知类别中。在商业领域，分类分析可用于预测客户的购买行为、产品推荐等。

3. 关联规则挖掘

关联规则挖掘是发现数据集中元素之间的关联关系的技术。在零售业中，关联规则挖掘可用于发现购物篮中经常一起购买的商品，从而进行商品搭配销售。

4. 回归分析

回归分析用于建立因变量与自变量之间的关系模型，通过这个模型来预测未来的数值。在金融领域，回归分析可用于预测股价变动、货币汇率等。

（四）数据分析与挖掘技术对各行业的影响

1. 提高决策效率

数据分析与挖掘技术可以提供更多、更精准的信息，帮助企业和组织更好地理解市场、客户和业务。这有助于管理层做出更明智的决策，提高决策的效率和准确性。

2. 优化资源配置

通过分析数据，企业可以更好地了解资源的使用情况，包括人力、财力、物力等。这使得企业能够优化资源配置，提高生产效率，降低成本。

3. 促进创新和产品优化

数据分析与挖掘技术可以帮助企业发现新的市场机会、了解消费者需求，从而促进创新和产品优化。通过挖掘市场趋势和消费者反馈，企业可以更好地了解市场的动态，及时调整产品策略，推出更符合市场需求的创新产品，提高市场竞争力。

4. 加强客户关系管理

数据分析与挖掘技术有助于企业建立更深入的客户画像，了解客户的兴趣、偏好和行为。通过个性化的营销和服务，企业可以更好地满足客户需求，提高客户满意度，从而加强客户关系，促进客户忠诚度的提升。

5. 改善风险管理

在金融领域，数据分析与挖掘技术可以用于风险管理。通过对大量的金融数据进行分析，银行和金融机构可以更好地识别潜在的风险，及时采取措施进行风险控制，保护投资者和企业的利益。

6. 推动科学研究和医疗进步

在科学研究和医疗领域，数据分析与挖掘技术的应用推动了科学研究的进步和医疗技术的发展。通过分析大规模的科研数据，科学家可以发现新的规律和知识，推动科学的发展。在医疗领域，数据分析可以帮助医生更准确地诊断疾病、个性化治疗方案，提高医疗服务的水平。

（五）数据分析与挖掘技术的未来趋势

1. 人工智能与机器学习的融合

随着人工智能和机器学习的不断发展，数据分析与挖掘技术将更加智能化。自动化的算法和模型将更好地应用于数据分析的各个阶段，从数据清洗到模型训练，提高分析的效率和准确性。

2. 实时分析与边缘计算

随着物联网的快速发展，实时数据分析和边缘计算将成为数据分析与挖掘技术的新趋势。实时分析使企业能够更快速地响应市场变化，边缘计算则能够在数据产生的地方进行即时处理，降低数据传输和处理的延迟。

3. 隐私保护与伦理规范

随着数据分析的深入应用，隐私保护和伦理规范将成为关注的焦点。企业需要更加关注数据安全和隐私保护，确保在利用大数据进行分析的过程中不侵犯用户的隐私权，制定更加严格的伦理规范。

4. 跨行业数据整合与共享

跨行业数据整合与共享将成为未来数据分析与挖掘技术的重要发展方向。通过整合不同行业的数据，可以发现更多的潜在关联和机会，推动跨行业的合作与创新。

数据分析与挖掘技术在当今社会已经成为推动创新和发展的关键工具。通过应用于商业、医疗、金融等各个领域，它为企业提供了更深刻的洞察、更高效的决策和更好的服务。随着技术的不断进步，数据分析与挖掘技术将继续发挥着重要作用，并在未来呈现更为智能、实时、隐私保护的趋势。企业和组织应积极采用先进的技术手段，充分利用数据的力量，以适应快速变化的市场环境，取得更大的竞争优势。

二、人工智能在精准营销中的应用

随着科技的飞速发展，人工智能（AI）在各个领域的应用也愈加广泛，其中包括营销领域。精准营销是一种通过深入了解用户需求，利用大数据和智能算法来实现个性化推送的营销策略。本部分将深入探讨人工智能在精准营销中的应用，探讨其带来的优势和影响。

（一）人工智能在用户画像构建中的应用

1. 个性化推荐系统

人工智能通过分析用户的历史行为、喜好和购买记录，构建用户画像，从而实现个性化的商品和服务推荐。个性化推荐系统通过机器学习算法不断优化，使得推送的内容更加符合用户兴趣，提高用户点击率和购买转化率。

2. 行为分析与预测

通过人工智能技术，可以对用户的在线行为进行实时监测和分析，识别用户的兴趣点、活跃时间等。基于这些数据，可以预测用户未来的行为趋势，从而提前进行个性化的营销推送，增加用户参与度。

3. 情感分析

情感分析是人工智能在精准营销中的重要应用之一。通过对用户在社交媒体、评论等平台上的语言情感进行分析，企业可以更好地了解用户对产品和服务的态度，及时调整营销策略，回应用户关切，提高用户满意度。

（二）人工智能在广告投放中的应用

1. 智能广告定向

人工智能通过对用户行为和兴趣的深度分析，可以实现更为精准的广告定向。通过识别用户的地理位置、搜索历史、社交关系等信息，广告可以更有针对性地展示给潜在客户，提高广告的点击率和转化率。

2. 程序化广告购买

程序化广告购买是通过人工智能算法实现广告投放决策的一种方式。自动化的广告购买系统可以实时调整广告投放策略，根据用户的反馈和市场变化进行实时优化，提高广告效果，降低广告投放成本。

3. 广告创意生成

利用自然语言处理和图像识别技术，人工智能可以生成更具个性化和吸引力的广告创意。通过分析用户的兴趣、喜好,以及当前流行的趋势,生成能够引起用户共鸣的广告内容,提高广告的吸引力和点击率。

(三)人工智能在客户互动中的应用

1. 智能客服与聊天机器人

人工智能在客户互动中的应用不仅体现在精准的推送,还表现在智能客服和聊天机器人的使用。这些技术可以根据用户提出的问题,快速给予回应,并提供个性化的服务。通过机器学习,这些系统可以不断学习和优化,提高客户体验。

2. 社交媒体分析与互动

人工智能通过社交媒体分析用户的言论、互动、分享等行为,更全面地了解用户的喜好和需求。基于这些信息,企业可以开展更有针对性的社交媒体营销活动,提高品牌的曝光度和用户互动。

(四)人工智能在营销数据分析中的应用

1. 大数据分析

人工智能可以处理和分析大规模的数据,从而揭示隐藏在数据背后的模式和趋势。通过大数据分析,企业可以更好地了解市场、用户行为,以制定更科学、精准的营销策略。

2. 预测分析

通过人工智能的预测分析,企业可以对市场趋势、用户需求进行更准确的预测。这有助于企业提前调整产品、服务和营销策略,更好地应对市场的变化,增强市场竞争力。

(五)人工智能在精准营销中的优势

1. 精准定位目标受众

通过人工智能技术的应用,企业可以更准确地定位目标受众。个性化推荐、广告定向等功能使得营销活动更加精准,有效地吸引潜在客户,提高广告的点击率和转化率。

2. 实时优化和反馈

人工智能可以实时分析用户行为和市场变化,使得营销策略能够更及时地进行优化。广告投放、推荐系统等能够根据用户的实时反馈和行为进行调整,提高营销效果。

3. 降低成本提高效益

精准营销通过人工智能的精准推送和实时优化，可以避免不必要的广告浪费，从而降低营销成本。企业可以更有效地利用广告预算，将资源投入到真正具有潜在价值的目标受众中，提高广告投放的效益。

4. 增强用户体验

人工智能在精准营销中的应用可以提升用户体验。个性化的推荐系统和智能客服可以使用户感到更加被重视和理解，从而增加用户的满意度。用户在接触到更符合其兴趣和需求的内容时，更有可能对品牌产生积极的认知和情感。

5. 提高营销效果

由于人工智能技术的高效应用，企业能够更好地理解用户需求、市场趋势，制定更有针对性的营销策略。这使得广告更容易吸引目标受众，提高用户对产品或服务的认知度，进而增加购买转化率，从而提高整体的营销效果。

（六）人工智能在精准营销中的挑战和未来发展趋势

1. 数据隐私与安全问题

随着个性化推荐和广告定向的加强，用户数据的隐私和安全问题备受关注。如何在保障用户隐私的前提下有效应用人工智能技术，成为企业和相关政府部门需要共同思考和解决的问题。

2. 算法的透明度与可解释性

人工智能算法的复杂性导致了其在某种程度上的不可解释性，这使得用户和企业难以理解为何某些推荐或广告被展示。在未来，算法的透明度和可解释性将成为一个发展的方向，以增强用户对人工智能决策的信任感。

3. 跨渠道一体化

随着用户在多个渠道上的行为日益复杂，实现跨渠道的一体化精准营销将成为未来的发展趋势。通过整合线上线下数据，实现全渠道的用户画像构建和推送，提升用户体验和品牌一致性。

4. 深度学习技术的进一步应用

随着深度学习技术的不断发展，其在图像、语音等方面的应用将进一步拓展。在精准营销中，深度学习技术有望应用于更复杂的用户画像构建、广告创意生成等领域，提高个性化推荐的准确性。

5. 增强现实（AR）和虚拟现实（VR）的整合

AR 和 VR 技术的兴起将为精准营销带来新的可能性。通过 AR 和 VR 技术，用户可以更直观地体验产品，广告可以更加贴近用户的生活场景。这为企业提供了更具创意和沉浸感的精准营销手段。

人工智能在精准营销中的应用为企业提供了更精细化、个性化的营销手段，使得品牌能够更好地与用户建立联系。通过个性化推荐、智能广告定向、聊天机器人等技术的运用，企业能够更精准地了解用户需求，提升用户体验，实现更高效的营销效果。

然而，随着人工智能在精准营销中的广泛应用，也面临着一系列挑战，包括数据隐私、算法不透明、跨渠道一体化等问题。未来，人工智能在精准营销领域的发展将需要企业、政府和社会共同努力，以平衡技术发展和用户权益的关系。

在未来，随着技术的不断进步和新兴技术的涌现，人工智能在精准营销中的应用将更加广泛和深入。企业需要不断更新技术，关注行业趋势，灵活调整营销策略，以适应市场的快速变化，保持在竞争中的优势。

三、实时数据处理与个性化推荐引擎

在数字化时代，实时数据处理和个性化推荐引擎成为了许多企业成功营销和提升用户体验的关键工具。实时数据处理能够在数据产生的瞬间对其进行分析和应用，而个性化推荐引擎通过分析用户行为和兴趣，为用户提供定制化的推荐内容。本部分将深入研究实时数据处理和个性化推荐引擎的概念、应用、技术以及它们对企业和用户的影响。

（一）实时数据处理的概念

实时数据处理是指在数据产生的同时或者在很短的时间内对数据进行收集、处理和分析的过程。这种处理方式能够帮助企业迅速响应实时变化的情况，做出更迅速的决策。实时数据处理可以应用在多个领域，包括但不限于电商、金融、社交媒体等。

1. 特点和优势

低延迟：实时数据处理的主要特点是低延迟，能够在接收到数据后迅速进行处理，实现及时的响应。

即时决策：通过实时数据处理，企业可以在数据产生的瞬间做出即时决策，更好地适应市场变化。

高效利用数据：实时数据处理使得企业能够更高效地利用大量产生的数据，从中挖掘有价值的信息。

2. 应用场景

电商领域：实时数据处理可用于实时监控商品销售情况、用户行为，以及动态调整价格和促销活动。

金融领域：用于实时风险管理、欺诈检测，以及即时的交易处理。

社交媒体：通过实时处理用户生成的内容，提供实时推送和热门话题追踪。

（二）个性化推荐引擎的概念

个性化推荐引擎是一种基于用户行为和兴趣的数据分析技术，旨在为用户提供符合其个性化需求的推荐内容。这种技术主要通过收集、分析用户的历史数据，构建用户画像，并利用推荐算法预测用户可能感兴趣的内容。

1. 特点和优势

提高用户满意度：通过向用户推荐其感兴趣的内容，可以提高用户的满意度和黏性。

提高销售转化率：在电商领域，个性化推荐可以帮助用户更快速地找到他们想要购买的产品，提高购买转化率。

提高品牌忠诚度：通过不断优化推荐算法，个性化推荐引擎可以增加用户对品牌的信任和忠诚度。

2. 应用场景

电商平台：通过分析用户的购物历史、浏览记录等，向用户推荐可能感兴趣的产品。

音乐和视频平台：根据用户的播放历史和喜好，为用户推荐类似风格的音乐或视频。

社交媒体：根据用户关注、点赞、评论等行为，向用户推荐可能感兴趣的用户和内容。

（三）实时数据处理与个性化推荐引擎的结合

将实时数据处理与个性化推荐引擎结合使用，可以实现更加强大和灵活的营销策略。这种结合不仅可以提高用户体验，也能使企业更加敏锐地捕捉市场变化，实现更有效的精准营销。

1. 实时个性化推荐

实时数据处理能够及时收集和处理用户最新的行为数据，而个性化推荐引擎则基于这些数据生成个性化的推荐内容。通过将实时产生的用户行为数据与个性化推荐引擎相结合，企业可以实现更加实时、精准的个性化推荐，使用户得到更符合实际需求的推荐内容。

2. 即时调整营销策略

实时数据处理的优势在于即时性，它能够迅速反映用户的实时行为和市场变化。结合个性化推荐引擎，企业可以在实时数据的基础上，及时调整个性化推荐的策略，使之更贴合用户当前的兴趣和需求。这种即时调整能力使得营销策略更具灵活性和针对性。

3. 动态用户画像

实时数据处理不仅关注用户历史行为，还能实时更新用户的行为轨迹和兴趣点。结合个性化推荐引擎，可以建立更为动态和精准的用户画像。这样的动态用户画像能够更好地反映用户的实时兴趣和行为模式，为推荐算法提供更具时效性的输入数据。

4. 实时反馈与改进

实时数据处理使得企业能够及时收集用户的反馈信息。将这些反馈信息纳入个性化推荐引擎的优化流程，可以实现对推荐算法的实时改进。通过不断学习用户的反馈，个性化推荐引擎能够更好地适应用户的兴趣变化，提高推荐的准确性。

（四）技术实现

实现实时数据处理与个性化推荐引擎的结合需要借助一系列先进的技术手段。以下是一些常见的技术实现方式：

1. 流式处理技术

流式处理技术能够对实时生成的数据进行快速而高效的处理。Apache Flink、Apache Kafka 等流式处理框架可以用于实时数据的采集、处理和分析，确保数据的实时性。

2. 机器学习算法

个性化推荐引擎的核心是机器学习算法。通过使用机器学习模型，可以分析用户的历史行为，挖掘潜在的用户兴趣，从而实现更为精准的个性化推荐。常用的算法包括协同过滤、内容推荐、深度学习等。

3. 实时数据库

实时数据库是支持实时数据查询和更新的数据库系统。它能够存储并提供对实时产生的数据的即时访问，为个性化推荐引擎提供实时的用户行为数据。

4. 推荐引擎服务

云端的推荐引擎服务如 Amazon Personalize、TensorFlow Serving 等，提供了高效的个性化推荐模型部署和管理功能。这些服务可以结合实时数据处理技术，实现即时的个性化推荐。

（五）实时数据处理与个性化推荐引擎的应用领域

1. 电商平台

在电商领域，实时数据处理和个性化推荐引擎的结合可以使平台更好地理解用户的购物行为和偏好。实时数据处理能够迅速响应用户浏览和购买行为，而个性化推荐引擎则能够根据用户的实时兴趣提供个性化的商品推荐，提高用户的购物体验和购买转化率。

2. 社交媒体平台

在社交媒体领域，实时数据处理与个性化推荐引擎的结合可以为用户提供更加个性化的社交体验。通过实时分析用户的社交互动、喜好和关系，可以实现实时推送感兴趣的内容、朋友推荐等功能，提高用户留存和活跃度。

3. 音视频流媒体平台

在音视频流媒体平台，实时数据处理与个性化推荐引擎的结合可以提供更个性化的音视频推荐服务。通过实时分析用户的观看历史、点赞和评论行为，平台可以实时调整推荐内容，为用户推送更符合其口味的音视频内容。

（六）优势与挑战

1. 优势

提升用户体验：结合实时数据处理和个性化推荐引擎，可以为用户提供更加符合其兴趣和需求的内容，提升用户体验，增强用户对平台的黏性。

增加销售转化率：在电商平台上，通过实时推荐用户感兴趣的商品，可以提高用户的购物转化率，增加销售额。

提高品牌忠诚度：通过不断优化个性化推荐，可以增加用户对品牌的信任和忠诚度，促使用户更频繁地使用平台或购买产品。

2. 挑战

大数据处理压力：实时数据处理需要处理大量实时产生的数据，对数据处理系统的性能提出了较高的要求，需要应对大规模数据的存储和计算。

隐私和安全问题：个性化推荐需要分析用户的个人行为和兴趣，涉及大量用户隐私数据，因此需要严格的隐私保护和安全措施，以避免数据泄露和滥用。

算法准确性：个性化推荐引擎的效果依赖于推荐算法的准确性，而实时数据的快速变化可能使得历史数据不再具有代表性，对算法的准确性提出了更高的要求。

（七）未来发展趋势

1. 增强实时性能力

随着数字化的深入，未来企业对实时性能力的需求将更为迫切。因此，实时数据处理技术将不断演进，更加注重对大规模数据的高效处理，以更快地响应用户和市场的实时变化。

2. 融合更多数据源

未来的个性化推荐引擎将更加综合多维度的用户数据，包括社交网络数据、地理位置数据等。融合更多数据源能够提供更全面、准确的用户画像，增强个性化推荐的精准度。

3. 深度学习在推荐中的应用

随着深度学习技术的发展，未来个性化推荐引擎可能会更多地采用深度学习模型。深度学习能够更好地挖掘数据中的非线性关系，对用户的兴趣进行更细致的把握，提高推荐的精准性。

4. 增加用户参与度

未来的个性化推荐引擎可能会更加注重用户的参与度。用户对推荐结果的反馈将成为优化算法的重要依据，用户更主动地参与到推荐过程中，提高了推荐的针对性和用户体验。

5. 跨平台一体化

未来的发展趋势可能会更加注重在不同平台之间实现个性化推荐的一体化。用户在不同设备和平台上的行为数据将更加无缝地整合，实现跨平台的一体化推荐服务。

实时数据处理与个性化推荐引擎的结合为企业提供了强大的营销工具，能够更好地满足用户的个性化需求，提高用户体验和满意度。然而，随着技术的不断发展，也面临一系列的挑战，如大数据处理压力、隐私安全问题等，需要企业在应用这些技术的同时保持高度警惕。

未来，随着技术的进步和市场的需求，实时数据处理与个性化推荐引擎将继续发展，为企业提供更为先进和智能的解决方案。企业需要不断关注行业趋势，灵活应用新技术，以适应市场的变化，取得在竞争中的优势。

第四节　消费者行为分析与个性化推荐

一、消费者行为数据的收集与分析

在数字化时代，消费者行为数据的收集与分析成为企业制定营销策略、提升产品和服务的关键一环。随着互联网和移动技术的发展，消费者在购物、娱乐、社交等方面的活动大量数字化，为企业提供了丰富的数据资源。本部分将深入探讨消费者行为数据的收集与分析，分析其意义、方法以及对企业决策的影响。

（一）消费者行为数据的意义

1. 了解消费者需求

消费者行为数据是了解消费者需求的重要来源。通过分析消费者在购物过程中的行为，企业可以深入了解他们的购买动机、偏好、习惯等，为产品和服务的优化提供有力支持。了解消费者需求有助于企业更精准地满足市场需求，提高产品或服务的竞争力。

2. 个性化营销

消费者行为数据的收集与分析使得个性化营销成为可能。通过分析消费者的浏览、点击、购买等行为，企业可以精准推断用户的兴趣和偏好，实施个性化的广告、推荐和营销活动，提高广告点击率、转化率，从而提升营销效果。

3. 改进用户体验

了解消费者在使用产品或服务时的行为，有助于企业改进用户体验。通过收集用户在网站、应用程序中的点击率、停留时间等数据，企业可以发现用户在使用过程中遇到的问题，进行相应的优化和改进，提高用户满意度，增加用户忠诚度。

4. 预测市场趋势

消费者行为数据的分析也为企业提供了预测市场趋势的能力。通过监测消费者的购买行为、新品接受程度等，企业可以更准确地预测市场的发展趋势，及时调整产品和营销策略，保持在激烈市场竞争中的敏锐度。

（二）消费者行为数据的收集方法

1. 网站分析工具

网站分析工具是收集在线消费者行为数据最常用的方法之一。通过工具如 Google Analytics、百度统计等，企业可以获取关于用户访问网站的各种信息，包括访问量、页面停留时间、点击路径、转化率等。这些数据有助于了解用户在网站上的行为和偏好。

2. 社交媒体分析

社交媒体是消费者进行社交、获取信息和表达意见的重要平台。通过社交媒体分析工具，企业可以收集用户在社交媒体上的行为数据，包括用户互动、分享、评论等。这有助于了解消费者对产品和品牌的态度，进行品牌声誉管理和社交媒体营销。

3. 移动应用分析

随着移动应用的普及，移动应用分析成为了了解用户在移动端行为的有效手段。通过移动应用分析工具，企业可以获取用户在应用中的点击、浏览、购买等行为数据，优化应用界面和功能，提高用户体验。

4. 传感器技术

一些物联网设备和智能产品内置传感器，可以收集用户的实时行为数据。例如，智能家居设备可以收集用户在家中的活动数据，智能穿戴设备可以记录用户的运动和健康数据。这些数据为企业提供了更直观的用户行为信息。

5. 调查问卷和反馈

除了通过技术手段收集数据外，调查问卷和用户反馈也是了解消费者行为的重要途径。通过设计问卷和鼓励用户提供反馈，企业可以获取更深入的用户观点和需求，补充定量数据无法涵盖的信息。

（三）消费者行为数据的分析方法

1. 描述性分析（Descriptive Analytics）

描述性分析主要关注对数据的总结和描述，帮助企业了解过去发生的事情。常用的描述性分析方法包括数据可视化、统计摘要等，用于展示用户的基本行为特征，比如访问频率、购买金额的平均值等。

2. 诊断性分析（Diagnostic Analytics）

诊断性分析旨在深入理解为什么会发生某些事情。通过诊断性分析，企业可以分析特定事件或趋势的原因，例如分析特定广告活动的效果、产品销售下降的原因等，为决策提供更深层次的理解。

3. 预测性分析（Predictive Analytics）

预测性分析利用历史数据和模型来预测未来事件的可能性。在消费者行为数据分析中，预测性分析可以用于预测用户未来的购买行为、兴趣变化以及市场趋势。通过利用机器学习算法，预测性分析能够识别潜在的模式和趋势，帮助企业更好地制定未来的营销策略和业务规划。

4. 规定性分析（Prescriptive Analytics）

规定性分析的目标是提供关于如何改进业务绩效的建议。它不仅考虑了已知的历史数据，还结合了业务目标和约束条件。通过规定性分析，企业可以获得定制化的建议，以优化产品推荐、定价策略和市场定位等方面。

（四）消费者行为数据分析在企业决策中的影响

1. 精准营销

消费者行为数据分析为企业提供了深入了解用户需求的机会，使得精准营销成为可能。通过分析用户的购买历史、浏览行为等数据，企业可以制定更有针对性的广告策略，提高广告点击率和转化率，降低营销成本。

2. 个性化服务

基于消费者行为数据的分析，企业可以实现个性化服务。了解用户的偏好和习惯，为其提供个性化的产品推荐、服务建议，提高用户满意度和忠诚度。个性化服务有助于建立深度的用户关系，增加用户的长期价值。

3. 产品优化

消费者行为数据分析有助于企业更好地理解用户对产品的使用情况和反馈意见。通过分析用户的使用路径、停留时间等数据，企业可以及时发现产品存在的问题和不足之处，优化产品设计，提升用户体验，增加产品市场竞争力。

4. 库存管理和供应链优化

消费者行为数据的分析还对企业的库存管理和供应链优化产生深远影响。通过分析用户购买的时间、地点等数据，企业可以更准确地预测产品需求，优化库存水平，减少库存积压和销售过程中的资源浪费，提高供应链的效率。

5. 市场趋势预测

利用消费者行为数据进行趋势分析，企业可以更好地了解市场的动向和潜在机会。通过识别消费者的新兴需求、喜好变化等，企业可以更早地调整产品和营销策略，抢占市场先机，保持市场敏锐性。

（五）挑战与解决方案

1. 隐私和安全问题

随着对消费者行为数据的收集和分析不断增加，隐私和安全问题成为一个日益突出的挑战。企业需要建立健全的隐私政策，保护用户的个人信息，并采取安全措施确保数据不被非法获取和滥用。

2. 数据质量和一致性

消费者行为数据涉及多个数据源，因此数据质量和一致性成为一个挑战。企业需要确保数据的准确性和完整性，建立有效的数据清洗和整合机制，以避免因数据质量问题导致的分析错误和误导性结论。

3. 复杂的数据分析技术

消费者行为数据的分析通常需要使用复杂的数据分析技术和算法。企业需要拥有足够的技术实力，或者与专业数据分析公司合作，以确保正确理解和应用分析结果，避免误导性的解读。

4. 数据保有期限和合规性

各地区对于个人数据的保护法规越来越严格，企业需要遵守相关法规和规定。合规性的挑战包括确保数据的保有期限符合法规、取得用户明示同意等。建立合规性框架和流程是解决这一挑战的关键。

（六）未来发展趋势

1. 人工智能的广泛应用

未来，人工智能技术将更广泛地应用于消费者行为数据的分析。机器学习、深度学习等技术可以帮助企业更精准地识别用户行为模式、预测趋势，为企业决策提供更为智能的支持。

2. 边缘计算的兴起

随着物联网的发展，边缘计算技术将成为消费者行为数据收集的新趋势。通过在设备端进行数据处理和分析，可以降低数据传输和存储的压力，提高实时性和安全性。

3. 区块链技术的应用

区块链技术可以提供更安全、透明、去中心化的数据存储和传输方式。在消费者行为数据的管理中，区块链技术可以帮助解决隐私和安全性等问题，为消费者提供更可信赖的数据保护机制。

4. 增强用户参与度

未来的趋势将更加注重用户的参与度。企业可以通过建立更加开放的数据共享机制，鼓励用户参与数据收集和分享。用户更主动地参与数据的生成过程，不仅增加了数据的真实性，同时也提高了用户对企业的信任。

5. 跨渠道一体化分析

随着线上线下消费行为的日益交织，未来的发展趋势将更加注重跨渠道一体化分析。企业需要整合线上线下的消费者行为数据，构建完整的消费者画像，实现更全面、深入的分析，为企业提供更精准的决策支持。

6. 持续优化用户体验

用户体验将继续成为关注的焦点。通过对用户在多个触点的行为进行深入分析，企业可以及时发现和解决用户体验中存在的问题，不断优化产品和服务，提高用户满意度。

消费者行为数据的收集与分析已经成为企业制定战略、提升运营效率的不可或缺的一部分。通过深入挖掘消费者行为背后的数据，企业可以更好地了解用户需求、优化产品和服务，实现精准营销和个性化服务。然而，随着技术的不断发展和法规的不断完善，企业在进行消费者行为数据的收集和分析时，需要更加注重隐私保护、数据安全和合规性，以建立可持续的良好关系。

　　未来，消费者行为数据的分析将更多地依赖于先进的人工智能技术、边缘计算、区块链等新兴技术。企业需要不断更新技术手段，提高数据分析的深度和广度，以应对不断变化的市场环境。同时，关注用户参与度、跨渠道一体化分析和持续优化用户体验等趋势，将有助于企业在激烈的市场竞争中保持竞争力，实现可持续的发展。

二、个性化推荐系统的原理

　　个性化推荐系统是一种利用用户的历史行为数据、兴趣和偏好等信息，通过算法分析和挖掘，为用户提供个性化推荐内容的系统。该系统的目标是提高用户体验、促进用户参与和提高平台的黏性，从而实现更好的商业效果。个性化推荐系统的原理涉及多个方面，包括数据收集、特征提取、算法模型和评估等。下面将详细介绍个性化推荐系统的原理。

（一）数据收集

　　个性化推荐系统的核心是用户行为数据。这些数据包括用户的浏览历史、点击记录、购买行为、评分以及其他与用户行为相关的信息。数据的收集可以通过多种方式实现，包括用户登录信息、Cookies、移动应用追踪等。在收集数据时需要考虑用户隐私保护，确保数据采集的合法性和透明性。

（二）数据预处理

　　收集到的原始数据需要进行预处理，以便更好地适应推荐算法的需求。预处理过程包括去除异常值、处理缺失数据、数据归一化等操作。同时，还需要进行用户和物品的标识，将用户和物品映射为算法可识别的特征。

（三）特征提取

　　特征提取是将用户和物品的原始数据转化为算法可用的特征表示的过程。对于用户，可以使用其历史行为数据、兴趣标签、人口统计学信息等；对于物品，可以使用物品的属性、标签、内容等。特征提取的目标是将原始数据转化为能够反映用户和物品之间关系的特征向量。

（四）推荐算法模型

推荐算法是个性化推荐系统的核心。常见的推荐算法包括：

1. 协同过滤

协同过滤是基于用户行为的相似性或物品之间的相似性进行推荐的方法。其中，用户行为相似性可以通过计算用户之间的共同兴趣来实现，而物品相似性可以通过计算物品之间的共同被喜欢程度来实现。协同过滤分为基于用户的协同过滤和基于物品的协同过滤。

2. 基于内容的推荐

基于内容的推荐通过分析物品的属性和用户的兴趣标签等信息，匹配用户的兴趣。这种方法适用于用户和物品都有明确的特征信息的场景。

3. 深度学习方法

近年来，深度学习方法在个性化推荐中取得了显著的进展。使用深度学习模型如神经网络，能够更好地捕捉用户和物品之间的复杂关系。常见的深度学习模型包括多层感知机（MLP）、循环神经网络（RNN）、长短时记忆网络（LSTM）、注意力机制等。

（五）推荐结果生成

推荐系统通过算法模型生成推荐结果。这些结果可以是用户可能喜欢的物品列表，也可以是推荐的排序。在生成推荐结果时，需要考虑算法的实时性、准确性和多样性等因素。

（六）评估与优化

为了保证个性化推荐系统的质量，需要对系统进行评估和优化。评估指标包括准确率、召回率、覆盖率、多样性等。通过分析这些指标，可以了解推荐系统的性能，并进行优化，例如调整算法参数、增加新的特征等。

（七）实时性和在线学习

实时性是个性化推荐系统的一个重要考虑因素。在用户与系统交互时，系统需要能够实时地生成推荐结果。为了提高实时性，一些系统采用在线学习的方法，通过不断更新模型来适应用户行为的变化。

（八）用户反馈与再训练

用户反馈是个性化推荐系统优化的关键。通过收集用户对推荐结果的反馈，系统可以更好地理解用户的喜好和偏好，进而调整推荐策略。再训练模型是利用用户反馈不断更新模型参数的过程，以提高推荐系统的准确性和适应性。

总体来说，个性化推荐系统的原理涉及数据收集、数据预处理、特征提取、推荐算法模型、推荐结果生成、评估与优化、实时性和在线学习、用户反馈与再训练等多个方面。这些步骤共同构成了一个完整的个性化推荐系统，通过不断优化和学习，提供更符合用户兴趣和需求的推荐内容。

三、推荐算法对用户行为的影响研究

推荐算法对用户行为的影响是个性化推荐系统研究领域的一个重要课题。随着互联网和数字化技术的发展，人们在日常生活中产生了大量的行为数据，这些数据成为推荐算法的重要基础。推荐算法通过分析用户行为数据，为用户提供个性化的推荐内容，从而影响用户的购物、阅读、观影等行为。本部分将深入探讨推荐算法对用户行为的影响，涵盖以下几个方面：用户满意度、用户信任、用户多样性、用户隐私和推荐系统的可解释性。

1. 用户满意度

推荐算法的核心目标之一是提高用户满意度。通过分析用户历史行为数据，推荐系统可以更准确地理解用户的兴趣和偏好，从而推荐更符合用户期望的内容。当用户感到推荐结果符合其兴趣时，他们更有可能进行购买、阅读或观影，从而提高平台的交易量和用户活跃度。然而，如果推荐算法准确性不高，可能导致用户对推荐系统失去信心，降低用户满意度。

2. 用户信任

用户信任是推荐系统成功运作的基石之一。推荐算法需要通过准确的个性化推荐，赢得用户的信任。如果用户感到推荐系统能够理解他们的需求并提供有价值的信息，就会更加愿意信任系统的推荐结果。然而，如果推荐算法过于依赖个人隐私数据，或者因为滥用用户数据而导致不当的行为，用户可能对推荐系统感到不信任。因此，平衡个性化推荐和用户隐私之间的关系对于建立用户信任至关重要。

3. 用户多样性

推荐算法在为用户提供个性化推荐时，需要考虑用户的多样性。如果系统过于强调个性化，可能导致用户陷入信息"过滤泡泡"中，只看到与自己兴趣相符的内容，而忽略了其他潜在有趣的信息。因此，推荐算法需要在追求个性化的同时，保持一定程度的推荐多样性，为用户呈现更广泛的信息。

4. 用户隐私

用户隐私是推荐系统研究中一个备受关注的议题。推荐算法通过分析用户行为数据，获得用户的个人偏好和兴趣，然而这些信息通常是敏感的。因此，推荐系统需要制定有效的隐私保护策略，确保用户数据的合法使用，并避免用户信息泄漏。一方面，保护用户隐私可以提高用户信任感，另一方面，也有助于满足法规和道德要求。

5. 推荐系统的可解释性

推荐系统的可解释性是指用户能够理解系统为何做出某个推荐的能力。可解释性对于提高用户信任、满意度和接受度至关重要。如果用户不理解为什么会得到某个推荐结果，可能会对系统感到困惑或不满。因此，推荐算法需要设计可解释性强的模型，向用户清晰地展示推荐的依据，从而提高用户对推荐系统的认可度。

6. 推荐算法的个性化效果

推荐算法的个性化效果直接影响用户体验。如果个性化推荐的效果良好，用户更容易找到符合自己兴趣的内容，提高了使用效率和满意度。反之，如果个性化推荐效果差，用户可能会面临信息过载或错过感兴趣的内容。因此，推荐系统需要不断改进算法，以提高个性化推荐的准确性和实用性。

7. 推荐算法与用户行为反馈

推荐算法通过分析用户行为数据生成推荐结果，而用户行为反馈则成为算法优化的关键信息源。用户的点击、购买、评分等反馈数据被用于训练和调整推荐模型，以提高推荐的精准性。这种双向的互动关系促使推荐系统不断学习和优化，从而更好地满足用户的需求。

8. 推荐算法在不同领域的影响

推荐算法在不同领域的应用，如电商、社交媒体、新闻阅读等，对用户行为产生了不同的影响。在电商领域，推荐算法可以促进用户购物，提高销售额。在社交媒体中，推荐算法可以加强用户与平台的互动，增强社交体验。在新闻阅读领域，推荐算法可以帮助用户发现更多相关的新闻内容，拓展信息视野。因此，推荐算法的研究和应用对于不同领域的用户行为产生了深远的影响。

9. 推荐算法对用户决策的影响

推荐算法在用户决策过程中起到了引导和辅助的作用。通过分析用户的历史行为数据和兴趣，推荐系统可以减轻用户信息过载的压力，提供有针对性的建议，使用户更容易做出决策。然而，这也带来了一个潜在的问题，即用户可能过于依赖推荐系统，减弱了自主决策的能力。因此，研究推荐算法如何在不削弱用户决策能力的前提下提供有效的辅助是一个重要的方向。

10. 推荐算法的长期影响

推荐算法对用户行为的影响并不仅仅局限在短期，还涉及长期的用户习惯和行为模式的形成。用户长期接受个性化推荐后，系统逐渐了解用户的兴趣，从而更加准确地为用户推荐内容。这种长期积累的效果可以使推荐算法在用户体验上产生更为深远的影响，建立起用户与平台之间的黏性，促进用户对平台的忠诚度。

11. 推荐算法与社交影响

在社交媒体等平台上，推荐算法对用户行为的影响还涉及社交因素。推荐系统不仅要考虑个体用户的兴趣，还要考虑用户之间的社交关系。通过分析用户的社交网络，推荐系统可以更好地理解用户的兴趣，向用户推荐与朋友相关的内容，从而提高社交媒体平台的互动性和用户参与度。

12. 推荐算法的反馈循环

推荐算法与用户行为之间存在一个反馈循环。用户的行为数据被用于训练推荐模型，而推荐结果又影响用户的行为。这种循环使得推荐系统能够不断学习和优化，适应用户的兴趣变化。然而，反馈循环也可能导致用户陷入信息的局限性，只看到系统认为他们喜欢的内容，而忽略了一些可能对其有益的信息。

13. 推荐算法与商业利益

推荐算法对用户行为的影响与商业利益密切相关。在电商平台上，通过精准的个性化推荐，可以提高用户购物的便捷性，从而增加销售额。同时，推荐算法也可以通过提高广告点击率等方式为平台带来更多的广告收入。因此，推荐算法的优化与商业利益之间存在紧密的关系，平衡用户体验和商业收益成为推荐系统设计中的一个挑战。

14. 推荐算法的社会影响

推荐算法的影响不仅仅局限在个体用户层面，还涉及整个社会层面。推荐系统通过塑造用户的信息获取方式，可以在一定程度上影响社会的信息流动和态度形成。这可能导致信息过滤、信息茧房的问题，使用户更容易接触到与自己观点相符的信息，从而加剧信息的碎片化和社会极化。

综上所述，推荐算法对用户行为的影响是一个复杂而多层次的问题。在追求个性化推荐的同时，需要考虑用户满意度、用户信任、推荐多样性、用户隐私、推荐系统的可解释性等方面的平衡。推荐算法与用户行为之间存在着相互影响的关系，这种影响不仅体现在短期的购物、阅读等行为上，还涉及用户的决策习惯、社交互动、长期黏性等方面。在不断发展的数字化时代，推荐系统的研究和应用对于提高用户体验、促进商业发展以及社会信息流动等方面都有着深远的影响。因此，进一步深入研究推荐算法对用户行为的影响，提高算法的精准性和可解释性，是推荐系统研究领域的重要方向。

第五节　精准营销对电商业务的影响与益处

一、销售增长与客户满意度提升

销售增长与客户满意度提升是企业持续发展的两个关键方面。这两者之间存在着密切的关系，相互之间影响着企业的长期成功和竞争力。在当今竞争激烈的商业环境中，企业必须不断努力提高销售业绩，并确保客户对其产品和服务的满意度。本部分将深入探讨如何通过有效的销售策略和客户关系管理来实现销售增长和客户满意度提升。

（一）销售增长的重要性

销售增长是企业发展的生命线。只有在不断增长的基础上，企业才能保持竞争力，实现可持续发展。以下是销售增长的一些重要方面：

1. 市场份额扩大

通过提高销售业绩,企业可以在市场上占据更大的份额。市场份额的增加意味着更多的客户选择了企业的产品或服务,从而为企业创造了更多的收入和利润。

2. 创造更多就业机会

销售增长通常伴随着企业规模的扩大,这意味着企业需要更多的人才来支持业务运营。因此,销售增长直接促进了就业机会的创造,对经济和社会的贡献也相应增加。

3. 提高企业的财务状况

销售增长不仅带来更多的收入,还可以改善企业的财务状况。通过增加销售额,企业可以更轻松地应对成本上升、扩大生产规模等挑战,从而提高企业的盈利能力。

4. 吸引投资者

具有持续销售增长的企业通常更受投资者青睐。投资者更倾向于投资那些表现良好、前景广阔的企业,销售增长是一个重要的衡量标准。

(二)实现销售增长的策略

实现销售增长需要企业制定有效的策略,并在市场竞争中不断调整和优化。以下是一些常见的销售增长策略:

1. 客户导向的销售策略

将客户置于销售策略的核心是实现销售增长的关键。了解客户的需求,提供个性化的产品和服务,建立持久的客户关系,将有助于提高客户满意度,并为企业赢得更多的市场份额。

2. 创新产品和服务

不断创新产品和服务是吸引客户的重要手段。通过推出具有独特特色或高附加值的产品,企业可以在市场上脱颖而出,引起客户的关注,从而促进销售增长。

3. 市场拓展和多元化

寻找新的市场机会和业务领域是实现销售增长的另一途径。通过市场拓展和多元化,企业可以降低市场风险,扩大业务规模,创造更多的销售机会。

4. 销售团队培训和激励

一个高效的销售团队是实现销售增长的重要保障。为销售团队提供专业培训，激励他们达成销售目标，将有助于提高销售效率，促进业绩增长。

（三）客户满意度的重要性

客户满意度是企业成功的基石。满意的客户更容易成为忠实客户，为企业带来稳定的收入，并通过口碑传递正面的品牌形象。以下是客户满意度的一些关键方面：

1. 忠诚度和口碑

满意的客户更有可能成为忠实客户，不仅会继续购买企业的产品或服务，还会推荐给其他人。这种口碑效应是实现长期销售增长的可持续动力。

2. 重复购买和交叉销售

满意度高的客户更愿意进行重复购买，同时也更容易接受企业推荐的其他相关产品或服务。这种交叉销售的机会有助于提高客户的生命周期价值，为企业创造更多的销售机会。

3. 投诉处理和问题解决

有效处理客户的投诉和问题是维护客户满意度的重要环节。及时、专业地解决客户的疑虑和不满，有助于建立良好的客户关系，提升客户满意度。

4. 持续改进

通过定期收集客户反馈，企业可以了解客户的期望和需求，及时调整产品和服务，持续改进以提高客户满意度。这种持续改进的过程是保持竞争力的关键。

（四）实现客户满意度提升的策略

实现客户满意度提升需要综合运用多种策略，涉及产品、服务、沟通和关系管理等多个层面。以下是一些实现客户满意度提升的关键策略：

1. 了解客户需求

深入了解客户的需求是提高客户满意度的第一步。通过定期的市场调研、客户反馈和数据分析，企业可以更好地理解客户的期望，从而有针对性地调整产品和服务。

2. 提供个性化服务

客户希望感受到被个性化对待的体验。通过利用技术手段，例如客户关系管理系统（CRM），企业可以跟踪客户的购买历史、偏好和反馈，从而提供更加个性化的服务和建议。

3. 建立有效的沟通渠道

保持与客户的及时、透明的沟通是提高满意度的关键。建立多样化的沟通渠道，包括在线聊天、社交媒体、客户服务热线等，以确保客户能够方便地获取信息和解决问题。

4. 投资员工培训

企业的员工是直接与客户接触的重要角色。通过为员工提供专业的培训，使其能够更好地理解客户需求、提供卓越的服务，从而增强客户对企业的满意度。

5. 处理投诉和问题

及时处理客户的投诉和问题对于维护客户满意度至关重要。建立高效的投诉处理机制，采取积极的态度解决问题，有助于挽回因问题而降低的客户满意度。

6. 持续改进和创新

客户需求和市场环境不断变化，因此企业需要保持敏锐的洞察力，并不断改进和创新。定期进行客户满意度调查、分析市场趋势，推出新产品和服务，以满足客户的不断变化的期望。

7. 建立强有力的客户关系管理

建立强有力的客户关系是提高满意度的长远之计。通过建立客户忠诚计划、定期与客户交流、参与社交媒体互动等方式，企业可以与客户建立紧密的关系，增强客户满意度。

（五）销售增长与客户满意度的综合影响

销售增长和客户满意度之间存在密切的相互关系。下面是二者之间相互影响的一些方面：

1. 满意的客户成为忠实客户

销售增长和客户满意度之间最显著的联系在于满意的客户更有可能成为忠实客户。忠实客户不仅会持续购买企业的产品或服务，还会推荐给其他潜在客户，从而促进销售增长。

2. 销售增长带来更多资源

随着销售的增长，企业获得了更多的资源，包括财务资源、人才资源和市场资源。这些资源的增加为提高客户满意度提供了更多的手段和机会，例如增加客户服务团队、优化产品质量等。

3. 品牌形象提升

销售增长通常伴随着企业品牌形象的提升。一个成功、成长迅猛的企业会在客户心中留下积极的印象，提高品牌的信誉度和客户对企业的信任感，从而增加客户满意度。

4. 满意度促进重复购买

客户满意度直接影响客户的购买决策。满意的客户更倾向于进行重复购买，为企业带来稳定的收入流。因此，提高客户满意度有助于巩固销售增长的基础。

5. 反馈循环

销售增长和客户满意度形成了一个正向的反馈循环。销售增长提高了企业的实力和资源，有助于提升客户满意度；而提高的客户满意度又反过来促进了更多的销售增长。

在当今竞争激烈的商业环境中，企业需要综合考虑销售增长和客户满意度提升这两个关键方面。通过制定有效的销售策略、注重客户关系管理以及持续改进和创新，企业可以实现销售的稳健增长。同时，通过了解客户需求、提供个性化服务、积极解决问题等手段，企业可以提高客户满意度，建立忠诚的客户群体，从而为销售增长奠定长期的基础。销售增长和客户满意度相辅相成，共同推动企业持续发展，赢得市场竞争的优势。

二、市场份额扩大与竞争优势加强

市场份额的扩大与竞争优势的加强是企业在竞争激烈的市场中取得成功的两个关键要素。市场份额的增加不仅代表企业在特定市场中的地位和影响力提升，还意味着更多的销售机会和资源。而竞争优势的加强则使企业能够更好地满足客户需求、提高产品或服务的质量，并在长期内保持领先地位。

本部分将深入探讨如何通过市场份额扩大与竞争优势加强来推动企业的可持续发展。

（一）市场份额扩大的重要性

市场份额是企业在整个市场中所占的销售额或产量的百分比。市场份额的扩大对企业来说具有多重意义：

1. 增加销售机会

市场份额的扩大通常伴随着销售机会的增加。当企业在市场中的份额增加时，将有更多的客户选择其产品或服务，从而促进销售额的提高。

2. 提高收入和盈利能力

随着市场份额的扩大，企业的销售收入也随之增加。这不仅提高了企业的盈利能力，还为企业在市场上投资、创新和发展提供了更多的资本支持。

3. 降低成本

随着规模的扩大，企业通常能够实现生产、采购和分销等方面的规模经济。这有助于降低单位产品的生产成本，提高企业整体的竞争力。

4. 强化品牌影响力

市场份额的增加有助于提高企业的品牌知名度和影响力。在市场上占据主导地位的企业更容易引起客户的关注，建立起品牌的信誉和忠诚度。

5. 投资者信心

拥有较大市场份额的企业通常更受投资者的青睐。投资者更倾向于投资那些市场份额稳健增长的企业，因为这表明企业有良好的市场前景和管理实力。

（二）实现市场份额扩大的策略

要实现市场份额的扩大，企业需要制定明智的战略，并灵活调整以适应市场变化。以下是一些常见的市场份额扩大策略：

1. 产品创新与差异化

通过不断创新产品或服务，并赋予其独特的特点，企业可以在市场中脱颖而出，吸引更多客户。不仅要关注产品的功能和质量，还要注重用户体验和品牌价值。

2. 市场细分与定位

将市场分为不同的细分市场，并根据目标客户的需求和特征进行定位，有助于企业更有针对性地满足客户需求。不同细分市场可能有不同的需求，因此企业可以根据市场特点制定相应的营销策略。

3. 价格战略

通过合理的价格战略，企业可以在市场中吸引更多的客户。这包括定价竞争、折扣和奖励计划等方式，以提高产品的市场竞争力。

4. 渠道拓展与合作伙伴关系

寻找新的销售渠道和建立战略性的合作伙伴关系，可以扩大企业的市场覆盖面。通过与其他企业合作，共同开发市场，实现互利共赢。

5. 品牌营销与推广

通过有力的品牌营销和广告推广，企业可以提高品牌的知名度和形象，从而吸引更多的潜在客户。品牌的强大形象有助于在竞争激烈的市场中脱颖而出。

（三）竞争优势加强的重要性

竞争优势是使企业能够在竞争激烈的市场中脱颖而出、取得持续成功的关键因素。竞争优势不仅包括产品或服务的独特性，还包括企业在市场上的定位、运营效率、创新能力等多个方面。以下是竞争优势加强的一些重要方面：

1. 提高产品或服务质量

优质的产品或服务是竞争优势的基础。通过不断提高产品的质量，企业可以在市场上树立良好的口碑，赢得客户的信任和忠诚度。

2. 降低成本

成本领先是一种常见的竞争优势。通过提高生产效率、优化供应链和降低运营成本，企业可以提供更具竞争力的价格，吸引更多客户。

3. 创新能力

在技术和市场方面的创新能力是企业保持竞争优势的重要组成部分。持续的创新使企业能够推出更先进、更符合市场需求的产品或服务。这不仅有助于吸引新客户，还能够提高客户满意度，促使现有客户保持忠诚。

4. 品牌建设与知名度

建设强大的品牌是获得竞争优势的有效途径。一个具有良好品牌声誉的企业更容易被认可和信任，这有助于吸引更多的客户，并使其对品牌产生忠诚感。

5. 客户关系管理

建立强大的客户关系是维持竞争优势的关键。通过了解客户需求、提供个性化服务、及时解决问题，企业可以在竞争中脱颖而出，赢得客户的长期支持。

6. 灵活的战略调整

在快速变化的市场环境中，灵活调整战略是加强竞争优势的必要条件。企业需要密切关注市场趋势、竞争对手的动态，及时调整业务战略以保持竞争优势。

7. 全面的绩效管理

全面的绩效管理可以帮助企业更好地理解自身在市场中的表现，并及时纠正不足。通过设定清晰的目标、制定有效的绩效指标，企业可以更有针对性地提高整体运营绩效，从而增强竞争优势。

（四）实现竞争优势加强的策略

为加强竞争优势，企业需要采取一系列战略，从不同角度全面提升其在市场中的竞争地位。

1. 持续创新

不断推陈出新，保持在产品、服务或技术方面的领先地位是提升竞争优势的核心。通过研发新产品、优化现有产品、引入新技术等方式，企业可以不断满足市场需求，留住客户并吸引新客户。

2. 投资于员工培训与发展

员工是企业最重要的资源之一。通过投资于员工培训与发展，提高员工的专业素养、团队协作和创新能力，可以增强企业的竞争力。具备高素质的团队有助于提供更优质的服务，从而赢得客户的认可。

3. 优化供应链与生产流程

通过优化供应链和生产流程，降低生产成本，提高效率，企业可以实现成本优势。这使得企业能够以更有竞争力的价格提供产品或服务，从而赢得市场份额。

4. 加强市场营销与品牌建设

通过巧妙的市场营销策略，提高品牌的知名度和形象，使企业在竞争中更为突出。有力的品牌建设有助于吸引消费者，增加销售机会，并提升客户对品牌的忠诚度。

5. 整合数字化技术

数字化技术的运用可以提高企业的运营效率、加速决策过程，并创造更好的客户体验。通过整合人工智能、大数据分析、云计算等技术，企业能够更灵活地应对市场变化，提高竞争优势。

6. 构建强大的客户关系管理体系

建立全面的客户关系管理体系，包括客户服务、投诉处理、客户反馈收集等，有助于更好地理解客户需求，提供个性化服务，增强客户满意度，从而巩固竞争优势。

（五）市场份额扩大与竞争优势加强的综合影响

市场份额扩大和竞争优势加强之间存在着相互促进的关系。下面是这两者之间相互影响的一些方面：

1. 市场份额扩大支持竞争优势

市场份额的扩大意味着企业在市场上的影响力增强，从而有更多的机会建立竞争优势。规模经济效应、更高的销售收入等都为企业提供了更多资源，支持其在技术、品牌建设等方面的投资，增强竞争优势。

2. 竞争优势有助于市场份额的持续增长

具有竞争优势的企业更容易获得客户的认可和忠诚度，从而促使其在市场中保持较高的市场份额。例如，通过提供高质量的产品、独特的服务或价格竞争力，企业能够在激烈的市场竞争中脱颖而出，吸引更多客户，实现市场份额的持续增长。

3. 竞争优势增强品牌形象

竞争优势不仅仅是在产品或服务上的差异化，还包括企业的整体形象。一个具有竞争优势的企业在市场中更容易被认可，形成良好的品牌声誉。品牌的强大形象进一步巩固了企业的市场份额，因为消费者更愿意选择那些信誉良好的品牌。

4. 市场份额扩大提供资源支持创新

市场份额的扩大通常伴随着更多的资源，这使得企业能够更自由地投资于研发和创新。有了更多的资金和支持，企业能够推出新产品、服务或技术，从而巩固竞争优势，吸引更多客户。

5. 竞争优势提高客户满意度

竞争优势意味着企业能够在产品、服务、价格等方面提供更优越的选择，满足客户的需求。高品质的产品和服务、具有竞争力的价格，有助于提高客户满意度。而满意度提高则进一步促使客户保持忠诚，支持企业在市场上保持竞争优势。

6. 竞争优势加强渠道拓展

竞争优势可以使企业更轻松地拓展新的销售渠道和合作伙伴关系。合作伙伴愿意与竞争优势明显的企业合作，从而扩大市场份额。同时，更多的销售渠道也有助于提高企业在市场上的可见性，进一步巩固竞争优势。

7. 市场份额扩大提高市场份额稳定性

随着市场份额的扩大，企业在市场中的地位变得更为稳固。这种市场份额的稳定性有助于企业在竞争激烈的环境中更好地抵御竞争对手的挑战，从而保持竞争优势。

市场份额扩大与竞争优势加强是企业在竞争激烈的商业环境中实现长期成功和可持续发展的两个关键要素。通过制定明智的市场扩张策略、强化产品创新、建立强大的品牌形象，企业可以在市场中扩大份额。同时，通过不断提升产品质量、优化供应链、加强客户关系管理，企业能够加强竞争优势。这两者相互促进，形成正向循环，使企业能够在市场中保持竞争力，取得长期的商业成功。企业在实施市场扩大和竞争优势加强的策略时，需要灵活应对市场变化，注重客户需求，不断追求创新，以确保能够适应不断变化的商业环境，取得更大的市场份额和竞争优势。

三、数据驱动决策对企业战略的影响

数据驱动决策是指企业在制定战略和进行决策时，通过系统地收集、分析和解释大量数据，以获得深入的洞察和信息。这种方法通过科学、客观的方式指导企业管理层的决策，提高了决策的准确性和效果。数据驱动决策在当今数字化时代变得尤为重要，对企业战略的影响是全面而深远的。以下是关于数据驱动决策对企业战略的影响的详细探讨。

（一）战略制定与规划

1. 数据分析指导目标设定

数据驱动决策允许企业管理层更准确地了解市场和内部业务状况。通过对大数据进行分析，企业能够识别市场趋势、客户需求和竞争对手的动态。这些信息有助于设定更具针对性和实际可行性的战略目标，确保企业的战略规划与市场的实际需求相契合。

2. 风险评估与规律性分析

数据分析不仅能够揭示市场机会，还能帮助企业识别潜在的风险和挑战。通过对历史数据和市场趋势的分析，企业能够更好地预测可能面临的风险，并采取相应的措施进行规律性分析。这有助于制定更为全面、可靠的战略计划，降低战略执行的不确定性。

3. 迭代和灵活的战略调整

数据驱动决策的一个重要特点是其灵活性。企业可以通过不断收集和分析数据来评估战略执行的效果，并及时调整战略方向。这种迭代的过程使得企业能够更灵活地适应市场变化，快速做出反应，保持竞争力。

（二）市场营销与客户关系

1. 客户行为分析

数据驱动决策使得企业能够深入了解客户行为。通过对客户的购买历史、网站浏览行为、社交媒体互动等数据的分析，企业可以识别客户的偏好和需求。这有助于企业制定更为个性化的市场营销策略，提供更符合客户期望的产品和服务。

2. 精准营销和广告投放

数据驱动决策使得企业能够更加精准地进行市场营销和广告投放。通过分析客户数据，企业可以确定目标受众，选择更有效的营销渠道，提高广告的投资回报率。这有助于企业优化营销策略，确保资源的最大化利用。

3. 客户满意度提升

通过数据驱动的方法，企业可以更及时地获取客户反馈和意见。对客户满意度的数据分析有助于发现潜在问题，及时进行改进。提升客户满意度不仅有助于留住现有客户，还能够通过口碑传播吸引新客户，对企业的长期发展产生积极影响。

（三）产品和服务创新

1. 基于市场需求的创新

通过数据分析，企业可以更好地了解市场需求和客户期望。这使得企业能够基于实际数据制定创新战略，推出更符合市场需求的产品和服务。数据驱动的创新能够降低市场风险，提高新产品和服务的成功率。

2. 效益分析和优化

企业可以利用数据来对产品和服务的效益进行分析。通过对销售、生产和客户反馈等方面的数据进行整合，企业能够了解产品和服务的实际表现，并对其进行优化。这有助于提高产品和服务的竞争力，满足客户不断变化的需求。

3. 反馈循环和持续改进

数据驱动决策建立了一个持续改进的反馈循环。企业可以通过数据分析收集客户反馈，了解产品和服务的不足之处，并迅速做出改进。这种迭代的过程有助于企业保持创新能力，不断适应市场的变化。

（四）战略执行与绩效管理

1. 监测和评估绩效

数据驱动决策使得企业能够更全面地监测和评估战略执行的绩效。通过对关键绩效指标（KPIs）的数据分析，企业可以了解战略目标的实际达成情况。这有助于及时发现问题，做出调整，确保战略的顺利执行。

2. 实时决策和应对

数据驱动决策的一个优势是实时性。企业可以通过实时监测数据，及时做出决策响应。这对于迅速变化的市场环境至关重要。通过及时了解业务运营状况，企业可以更灵活地调整战略、解决问题，确保在市场上保持竞争优势。

3. 成本管理与效率提升

数据驱动决策有助于企业更有效地管理成本和提高效率。通过分析各个业务环节的数据，企业能够找到成本高昂或效率低下的环节，并采取相应措施进行改进。这有助于降低运营成本，提高整体效率，为企业提供更大的竞争优势。

4. 预测和规划

基于历史数据和趋势分析，企业可以使用数据来进行预测和规划。这包括市场需求的预测、销售趋势的分析等。通过具有前瞻性的数据分析，企业能够更好地规划未来的战略方向，提前应对市场的变化。

（五）风险管理与合规性

1. 风险预警和识别

数据驱动决策有助于企业及早识别和评估潜在的风险。通过对大量数据的监测和分析，企业可以发现市场波动、供应链问题、法规变化等潜在风险。这使得企业能够提前采取措施，减缓风险的影响。

2. 合规性监测

在许多行业中，合规性是一个重要的考量因素。通过数据分析，企业可以更好地监测和确保其业务活动符合法规和行业标准。这有助于降低法律风险，避免因合规性问题而面临的罚款和法律诉讼。

3. 数据安全和隐私保护

在数据驱动决策的过程中，企业需要重视数据安全和隐私保护。确保采集、存储和处理数据的过程符合相关法规和标准，以及采取措施保护客户隐私，对企业建立信任和声誉至关重要。

（六）组织文化和人才发展

1. 数据文化的建设

数据驱动决策需要建立一种积极的数据文化，使得员工能够充分利用数据进行决策。这包括对员工进行数据素养培训，鼓励他们主动使用数据分析工具，推动数据在组织中的广泛应用。

2. 拥有数据驱动的团队

组织需要拥有具备数据分析能力的团队。这包括数据科学家、分析师、业务智能专家等。拥有专业的数据团队有助于深入挖掘数据潜力，为企业战略提供更有力的支持。

3. 培养创新和实验精神

数据驱动决策强调实证分析和实验的重要性。企业需要培养创新和实验的精神，鼓励员工尝试新的方法和理念，以促进业务的不断发展和改进。

数据驱动决策对企业战略的影响是多层次且全面的。它不仅在战略制定、市场营销、产品创新、战略执行等方面发挥作用，还推动了组织文化的变革和人才发展。通过科学、客观、实时地利用大数据，企业能够更准确地洞察市场，更灵活地调整战略，更高效地管理资源。然而，实施数据驱动决策也面临一些挑战，如数据质量、隐私保护、文化转变等。企业需要在战略层面，以及在技术和组织文化层面，共同努力解决这些挑战，确保数据驱动决策的顺利实施，从而取得更大的竞争优势和商业价值。

第二章　用户画像与数据分析

第一节　用户画像的构建与意义

一、用户画像定义与要素

用户画像是指根据用户的个人信息、兴趣、行为等多方面的数据，构建出的关于用户的详细描述。这个描述能够帮助企业更好地了解他们的目标用户，以便更精准地进行市场定位、产品设计、营销策略等方面的工作。用户画像的建立是一个系统性的过程，需要收集、整理和分析大量的用户数据，以便从中提取出有价值的信息，形成对用户的深刻理解。以下是关于用户画像定义与要素的详细讨论。

（一）用户画像的定义

用户画像是企业或组织通过搜集、整理和分析用户相关数据，综合考虑用户的个人信息、兴趣爱好、行为习惯等多方面因素，构建出的用户特征描述。它是对用户群体的综合概括，帮助企业更好地理解和把握他们的目标用户。用户画像的建立是基于大数据时代的产物，通过对用户数据的挖掘，能够为企业提供更精准的市场定位和个性化服务。

（二）用户画像的要素

1. 个人信息

个人信息是构建用户画像的基础要素之一，包括用户的姓名、性别、年龄、职业、教育背景等。这些信息有助于企业了解用户的基本身份特征，从而为产品设计和市场推广提供基础数据。

2. 兴趣爱好

用户的兴趣爱好直接关系到他们的消费行为和选择偏好。通过了解用户喜欢的活动、领域、娱乐方式等，企业可以更好地进行定制化的产品和服务推广，提高用户的满意度和忠诚度。

3. 行为数据

用户在网络上的行为数据包括浏览记录、搜索记录、购买记录等，这些数据反映了用户的实际行为和需求。通过分析这些数据，企业可以更深入地了解用户的购物习惯、偏好产品类型等信息，为精准推荐和个性化服务提供依据。

4. 设备信息

用户使用的设备类型、操作系统、浏览器等信息也是构建用户画像的一部分。这些信息有助于企业适配不同设备的用户体验，提高产品的可用性和用户满意度。

5. 地理位置

用户所在地理位置对于推广和服务范围的确定具有重要作用。了解用户的地理位置可以帮助企业更好地进行本地化服务、针对地区性需求进行产品定制。

6. 消费能力

了解用户的消费能力对于定价策略和产品定位至关重要。企业可以通过用户的购买记录、消费频率等信息来推断其经济实力，从而更好地调整产品策略。

7. 社交网络

用户在社交网络上的活跃度和社交关系也是构建用户画像的要素之一。通过了解用户在社交媒体上的互动和关注，企业可以更好地进行社交化营销和推广。

8. 心理特征

了解用户的心理特征，包括购物动机、信任度、决策方式等，有助于企业更好地制定营销策略和提供个性化服务。

（三）用户画像的建立流程

用户画像的建立是一个系统性的过程，包括以下步骤：

1. 数据收集

收集用户的各类数据，包括个人信息、行为数据、社交网络信息等。

2. 数据整理

将收集到的数据进行清洗、整理，去除噪声和冗余信息，以便更好地进行后续分析。

3. 数据分析

通过数据分析工具和算法，挖掘数据中的规律和关联，形成对用户的深入认识。

4. 用户分群

根据用户的相似特征，将他们分成不同的群体，形成用户画像的基础。

5. 用户画像建立

将用户分群的结果和各类要素整合，形成具体的用户画像，为企业提供有针对性的参考和决策依据。

（四）用户画像在业务中的应用

1. 精准营销

通过用户画像，企业可以更有针对性地进行精准营销，提高广告的点击率和转化率。

2. 个性化推荐

基于用户画像，企业可以实现个性化推荐，为用户提供更符合其兴趣和需求的产品和服务。

3. 产品定制

了解用户的需求和喜好，有助于企业设计和推出更符合市场需求的定制化产品。

4. 客户服务优化

通过用户画像，企业可以更好地了解用户的问题和需求，提供更精准的客户服务，增强用户体验。

5. 市场定位

通过用户画像的分析，企业可以更准确地确定目标市场和定位，制定更有效的市场策略。

6. 用户留存与忠诚度提升

了解用户画像可以帮助企业更好地理解用户的需求，从而设计更符合用户期望的产品和服务。通过提供个性化、定制化的体验，企业能够提升用户的满意度，从而增加用户的留存和忠诚度。

7. 反欺诈与安全保障

通过用户画像分析，企业可以检测异常行为，识别潜在的欺诈风险。这有助于提高交易安全性，保护用户的利益，增强平台的信誉。

8. 数据驱动决策

用户画像为企业提供了大量的用户信息，使得决策更具数据支持。从市场营销到产品改进，企业可以根据用户画像中的洞察做出更明智的决策，提高业务效率和竞争力。

（五）用户画像的挑战与隐患

尽管用户画像在提高业务效益方面具有显著优势，但也面临一些挑战和隐患：

1. 隐私问题

收集用户数据可能涉及隐私问题，因此企业需要谨慎处理用户信息，确保合法合规，以免引发用户和监管方的担忧。

2. 数据安全

用户数据的泄露或被滥用可能导致严重的后果，企业需要采取有效的安全措施，确保用户数据的安全性和保密性。

3. 数据准确性

用户画像的准确性直接影响到后续的业务决策和执行效果。如果数据收集和分析过程存在偏差或错误，将影响用户画像的质量，导致不准确的业务判断。

4. 用户变化

用户是动态的，其兴趣、行为等随时间可能发生变化。因此，用户画像需要定期更新和调整，以保持对用户的准确理解。

5. 算法偏见

在使用算法进行用户画像分析时，可能存在算法偏见，导致对某些用户群体的歧视。企业需要审慎选择和调整算法，避免因为算法偏见而损害用户利益和声誉。

（六）未来发展趋势

随着技术的不断进步和用户需求的不断变化，用户画像的建立和应用也将面临新的挑战和机遇。以下是一些未来发展趋势：

1. 人工智能与深度学习

人工智能和深度学习技术的发展将进一步提升用户画像的精准度和实时性，使其更符合用户当前状态和需求。

2. 边缘计算

边缘计算技术的应用将使用户数据更加分散和本地化，有助于提高用户数据的安全性和隐私保护。

3. 区块链技术

区块链技术的应用可以增强用户对于个人数据的掌控权，提高数据的透明度和安全性。

4. 多模态数据融合

将多种数据源（文本、图像、音频等）进行融合分析，有望为用户画像提供更全面和准确的信息。

5. 跨平台协同

用户在不同平台上的行为和信息可以进行更好的协同，为企业提供更全面的用户画像，帮助实现全渠道的用户体验。

总的来说，用户画像在数字化时代扮演着关键的角色，帮助企业更好地理解和服务用户。然而，企业在使用用户画像时需要注意隐私和安全等问题，同时关注技术的发展趋势，以适应未来商业环境的变化。

二、用户画像在精准营销中的作用

在数字化时代，市场竞争日益激烈，企业需要更加精准地了解和满足用户需求，以取得竞争优势。用户画像作为一种全面而深入的用户描述工具，在精准营销中发挥着关键的作用。本部分将深入探讨用户画像在精准营销中的作用，从数据收集到策略执行的整个过程进行分析。

（一）用户画像的定义和构建

用户画像是通过收集、整理和分析用户的多方面信息而形成的用户特征描述。这些信息包括但不限于个人信息、兴趣爱好、行为数据、设备信息、地理位置等。构建用户画像的过程需要通过大数据分析和人工智能等技术手段，将庞大的用户数据转化为对用户行为和需求的深刻理解。

（二）精准营销的概念和目标

精准营销是一种根据用户的个性化需求、兴趣爱好和行为习惯，有针对性地进行产品推广和营销的策略。其目标是通过提供更加个性化、符合用户期望的产品或服务，提高市场竞争力，增强用户满意度，促进销售增长。

（三）用户画像在精准营销中的作用

1. 精准定位目标用户群体

通过用户画像，企业可以更加精准地定位目标用户群体。了解用户的年龄、性别、兴趣爱好、地理位置等信息，有助于企业确定最有潜力的市场细分，准确锁定目标用户。

2. 个性化产品推荐

用户画像为企业提供了用户的兴趣、偏好等详细信息，使得企业能够推出更加符合用户口味的产品。通过个性化推荐，企业可以提高用户对产品的认可度和购买欲望。

3. 精准广告投放

了解用户的行为数据和兴趣爱好，企业可以更加精准地进行广告投放。通过在用户更可能关注的平台和时间进行广告投放，提高广告的曝光效果，降低投放成本。

4. 客户细分和定制化服务

用户画像可以帮助企业将用户细分为不同的群体，根据不同群体的需求提供定制化的服务。这有助于企业更好地满足不同用户群体的需求，提高客户满意度。

5. 营销策略的个性化设计

通过用户画像，企业可以更深入地了解用户的消费心理、购物习惯等，从而设计更具针对性的营销策略。个性化的营销策略能够更好地引导用户行为，提高转化率。

6. 数据驱动决策

用户画像提供了大量的用户数据，使得企业能够基于数据进行决策。

通过数据分析，企业可以更加客观地评估营销策略的效果，及时调整和优化策略。

7. 精细化运营管理

通过对用户画像的深入分析，企业可以进行更加精细化的运营管理。例如，调整库存、优化物流等，以更好地满足用户需求，提升运营效率。

（四）用户画像的建立与维护

1. 数据收集

用户画像的建立首先需要进行数据收集。这包括用户的个人信息、兴趣爱好、行为数据等多方面信息的收集。数据来源包括用户注册信息、网站浏览记录、购买历史等。

2. 数据整理与清洗

收集到的数据通常是杂乱无章的，需要进行整理和清洗。去除重复、不准确或过时的数据，确保数据的质量和准确性。

3. 数据分析与挖掘

通过数据分析工具和算法对整理后的数据进行挖掘，找出用户的行为规律、喜好特征等，形成初步的用户画像。

4. 用户分群

基于分析结果，将用户划分为不同的群体。这些群体通常具有相似的特征，便于企业更有针对性地制定营销策略。

5. 用户画像的维护

用户画像是动态的，随着用户行为和需求的变化，用户画像也需要不断更新和维护。定期进行数据更新和分析，确保用户画像始终具有准确性。

（五）挑战与应对措施

1. 隐私与安全问题

用户画像建立的过程中涉及大量用户数据，隐私和安全问题成为亟待解决的挑战。企业需要采取有效的隐私保护措施，确保用户信息的安全和合法使用。

2. 数据准确性

用户画像的准确性直接关系到精准营销的效果。不准确的用户画像可能导致错误的决策和投放，影响市场推广的效果。为了解决这个问题，企业需要不断优化数据收集和整理的流程，确保从源头上提高数据的准确性。

3. 算法偏见与公平性

在用户画像的构建中使用算法时，可能存在算法偏见，导致对某些群体的不公平对待。为了应对这一挑战，企业应该选择公平的算法，并且在使用算法的过程中进行监测和调整，以确保对所有用户的公平对待。

4. 跨平台数据整合

用户在不同平台上的行为数据需要进行整合，以形成全面的用户画像。然而，跨平台数据整合面临数据格式不一致、数据标准不统一等问题。解决这一挑战需要企业投入更多资源，采用先进的技术手段进行数据整合。

5. 用户拒绝共享信息

一些用户可能出于隐私保护的考虑，选择不共享个人信息。这会对用户画像的建立造成困扰，因为数据的不完整性可能降低对用户的深入理解。企业需要通过提供更有吸引力的激励或者更加透明的数据使用政策来解决这个问题。

（六）未来发展趋势

1. 多模态数据融合

未来的用户画像趋势将会包括更多的多模态数据，例如图像、语音、视频等。通过整合这些多样化的数据，用户画像将更加全面和立体，有助于更精准地洞察用户行为和偏好。

2. 自主可控的用户画像

用户对于个人数据安全的担忧日益增加，未来的用户画像趋势将更加注重用户的自主权和控制权。用户将更加主动参与到用户画像的构建中，拥有更多的选择权和决策权。

3. 增强学习算法

未来用户画像的建立将更多地依赖于增强学习等先进的算法。这些算法能够从用户的反馈和互动中学习，实现更加动态和个性化的用户画像。

4. 区块链技术的应用

为了提高用户数据的安全性和透明度，未来用户画像的建立可能会加入区块链技术。这将确保用户数据的不可篡改性和可追溯性，增强用户信任感。

5. AI 可解释性

用户画像中使用的人工智能算法需要更加透明和可解释。未来趋势将注重开发可以解释其决策逻辑的 AI 算法，以提高用户对于算法决策的信任。

用户画像在精准营销中发挥着不可替代的作用，帮助企业更加深入地了解用户需求、制定个性化的营销策略。在不断发展的数字化时代，用户画像的建立面临挑战和机遇，企业需要克服隐私问题、提高数据准确性、关注算法公平性等方面，以更好地服务用户、提高市场竞争力。未来，用户画像将更趋向于全面、智能、可解释，并与新兴技术如区块链、增强学习等融合，助力企业在精准营销领域取得更大的成功。

三、构建全面用户画像的方法与挑战

（一）构建全面用户画像的方法

1. 数据收集

数据收集是构建用户画像的第一步，企业需要从多个渠道获取用户相关数据。这些渠道包括但不限于：

用户注册信息：包括姓名、年龄、性别、联系方式等。

行为数据：用户在网站、应用上的浏览记录、点击行为、搜索记录等。

交易数据：用户的购买记录、交易金额、购物篮中的商品等信息。

社交媒体数据：用户在社交平台上的活动、关注的人物、发布的内容等。

通过多样的数据来源，企业可以更全面地了解用户的多方面特征。

2. 数据整理与清洗

获得的数据通常是杂乱无章的，可能包含重复、不准确或不完整的信息。在这一阶段，需要对数据进行清洗和整理，确保数据的质量和准确性。使用数据清洗工具、算法等手段，去除异常值、填充缺失值，使数据更具可用性。

3. 数据分析与挖掘

通过数据分析和挖掘技术，企业可以从海量数据中提取有价值的信息。常用的分析方法包括：

关联分析：发现用户行为之间的关联关系，例如购买某商品的用户更有可能购买其他商品。

聚类分析：将用户划分为具有相似特征的群体，有助于精准定位目标用户。

分类分析：预测用户属于哪个类别，例如对某产品感兴趣的用户、潜在流失用户等。

4. 用户分群

通过数据分析的结果，将用户分成不同的群组。每个群组具有相似的特征，可以更好地理解和服务这些用户。用户分群是构建全面用户画像的关键一步，有助于个性化的营销和服务策略的制定。

5. 多渠道数据整合

用户在不同渠道上的数据可能相互独立，为了构建更全面的用户画像，企业需要整合来自多个渠道的数据。这可能涉及跨平台的数据整合、标准化等问题，需要采用先进的技术手段确保数据的一致性和完整性。

6. 建立动态用户画像

用户的兴趣、需求、行为等都是动态变化的。因此，构建全面用户画像不仅仅是一次性的工作，还需要建立动态的用户画像体系。定期更新用户画像，及时反映用户变化，有助于保持对用户的准确理解。

（二）构建全面用户画像的挑战

1. 隐私问题

隐私问题是构建全面用户画像过程中的主要障碍之一。用户对于个人数据的隐私关切逐渐增加，企业需要谨慎处理用户数据，确保符合相关法规，同时采用透明的政策向用户解释数据的收集和使用方式。

2. 数据安全

大量用户数据的收集和存储可能会成为黑客攻击的目标，数据泄露可能导致严重的后果。构建全面用户画像需要企业投入大量资源来确保数据的安全性，包括加密、访问控制等措施。

3. 数据准确性

用户数据的准确性直接影响到后续的决策和执行效果。如果数据收集和分析过程存在偏差或错误，将影响用户画像的质量，导致不准确的业务判断。企业需要关注数据的来源、清洗和整理过程，提高数据的准确性。

4. 多渠道数据整合

用户在不同渠道上的行为数据可能具有差异，导致跨渠道数据整合的困难。不同渠道的数据格式、标准、时效性等问题都需要企业投入大量资源来解决。

5. 用户拒绝共享信息

一些用户出于隐私保护的考虑，选择不共享个人信息。这会对用户画像的建立造成困扰，因为数据的不完整性可能降低对用户的深入理解。企业需要通过提供更有吸引力的激励或者更加透明的数据使用政策来解决这个问题。

6. 算法偏见与公平性

在使用算法进行用户画像分析时，可能存在算法偏见，导致对某些用户群体的不公平对待。这可能由于数据样本的不均衡或算法设计的缺陷引起。企业需要审慎选择和调整算法，以确保用户画像的建立是公平、公正的。

7. 数据治理与合规性

随着数据隐私法规的不断完善，企业需要在用户画像的构建过程中进行严格的数据治理和合规性管理。确保用户数据的采集、处理、存储等环节符合法规要求，避免可能的法律风险。

8. 技术挑战

构建全面用户画像需要运用先进的技术手段，包括大数据分析、人工智能、机器学习等。企业需要不断更新技术体系，跟进技术发展，以适应构建更全面用户画像的需求。

（三）克服挑战的方法

1. 增强隐私保护措施

为了克服隐私问题，企业可以采取一系列增强隐私保护措施，例如：

采用匿名化技术，对用户敏感信息进行脱敏处理；

实施端到端的加密措施，保障数据传输和存储的安全性；

提供更清晰、透明的隐私政策，向用户解释数据的使用目的和方式。

2. 强化数据安全措施

为了应对数据安全的挑战，企业可以采取以下方法：

实施多层次的数据安全控制，包括身份认证、访问控制、加密等技术手段；

定期进行安全漏洞扫描和风险评估，及时发现和修复潜在的安全问题；

建立完善的数据备份和灾难恢复机制，确保数据的可靠性和可恢复性。

3. 引入可解释的算法

为了解决算法偏见和公平性问题，企业可以选择可解释性强的算法，并通过适当的调整和监控机制来确保算法的公平性。此外，引入多样性的数据样本，避免过度依赖特定群体的数据，有助于减少算法偏见。

4. 采用先进的数据治理工具

为了提高数据准确性、整合多渠道数据和保证合规性，企业可以采用先进的数据治理工具。这些工具可以协助企业进行数据质量管理、元数据管理、合规性检查等工作，确保数据的高质量和合法性。

5. 提高用户参与度

为了解决用户拒绝共享信息的问题，企业可以通过提高用户参与度，激励用户自愿分享更多信息。例如，提供个性化的奖励、优惠券或增值服务，以换取用户对于数据的更开放共享。

6. 引入区块链技术

为了加强数据的透明性和安全性，企业可以考虑引入区块链技术。区块链的不可篡改性和去中心化特点，有助于确保用户数据的真实性和安全性，提升用户对于数据管理的信任。

7. 持续学习与更新技术

为了应对技术挑战，企业需要建立一个持续学习的机制，及时了解和应用新的技术成果。同时，建立技术团队，保证企业在技术领域的竞争力，更好地满足用户画像构建的需求。

第二节　数据采集与处理方法

一、用户数据采集渠道与工具

在数字化时代，用户数据成为企业决策的关键因素之一。了解用户行为、喜好和需求，是提升产品和服务质量、优化营销策略的不可或缺的一环。本部分将深入探讨用户数据采集的渠道和工具，帮助企业建立全面的用户洞察力，为业务发展提供有力支持。

（一）概述

随着互联网技术的飞速发展，用户数据已经成为企业竞争的核心要素之一。通过深入了解用户的行为、偏好和需求，企业可以更好地制定战略、改进产品和服务，提升用户体验，从而在市场中取得竞争优势。

（二）用户数据采集的重要性

战略决策支持：通过收集用户数据，企业可以更好地理解市场趋势、用户需求，从而做出更明智的战略决策，提高业务的灵活性和适应性。

产品和服务优化：了解用户的使用习惯和反馈，有助于优化产品和服务，满足用户的实际需求，提高产品的竞争力。

个性化营销：通过分析用户数据，企业可以实施个性化的营销策略，提高用户参与度，提升品牌忠诚度。

风险管理：及时掌握用户行为数据，有助于发现潜在的风险和问题，采取相应的措施，保障企业的可持续发展。

（三）用户数据采集的渠道

1. 网站和应用分析

通过网站分析工具（如 Google Analytics、百度统计等）和应用分析工具（如 Flurry、Mixpanel 等），企业可以追踪用户在网站和应用上的行为，包括访问时长、页面浏览量、点击路径等，从而了解用户的兴趣和偏好。

2. 社交媒体监测

社交媒体是用户表达意见、分享心情的主要平台之一。通过社交媒体监测工具（如 Hootsuite、Brandwatch 等），企业可以实时了解用户对品牌和产品的评价，抓住市场动态，及时做出反应。

3. 客户关系管理（CRM）系统

CRM 系统是管理客户信息的关键工具，通过集成各个客户接触点的数据，企业可以全面了解客户的历史交互、购买记录、投诉反馈等信息，为个性化服务和精准营销提供基础。

4. 电子邮件营销

电子邮件是一种直接与用户沟通的方式，通过分析电子邮件营销工具（如 Mailchimp、SendGrid 等）收集到的用户开放率、点击率等数据，企业可以更好地了解用户对营销活动的反应，调整策略提升效果。

5. 在线调查和反馈

通过在线调查工具（如 SurveyMonkey、Typeform 等）收集用户反馈，了解用户的满意度、需求和建议，为产品改进和服务优化提供直接参考。

6. 传感器和物联网设备

在物联网时代，通过传感器和物联网设备收集用户的实时数据，如运动追踪、健康数据等，有助于个性化服务和定制化产品的推出。

（四）用户数据采集的工具

1. Google Analytics

作为最常用的网站分析工具之一，Google Analytics 提供了丰富的数据报告，包括访问来源、用户行为、转化率等，帮助企业深入了解网站流量和用户行为。

2. Mixpanel

Mixpanel 是一款专注于用户行为分析的工具，通过跟踪用户在应用中的具体行为，如点击、滑动等，为企业提供深度的用户体验分析。

3. Hootsuite

Hootsuite 是一款社交媒体管理工具，通过集成多个社交媒体平台，帮助企业实时监测用户在社交媒体上的活动，管理发布内容，提高社交媒体效果。

4. Salesforce

作为领先的 CRM 系统之一，Salesforce 集成了销售、客户服务、营销等多个模块，帮助企业全面了解客户信息，实现个性化服务和有效的客户管理。

5. Mailchimp

Mailchimp 是一款广泛应用的电子邮件营销工具，通过分析邮件开放率、点击率等数据，帮助企业优化邮件营销策略，提高用户参与度。

6. SurveyMonkey

SurveyMonkey 是一款在线调查工具，企业可以通过创建定制化问卷收集用户反馈，了解用户需求和满意度，指导产品和服务的改进。

7. ThingsBoard

ThingsBoard 是一款开源的物联网平台，通过集成传感器和物联网设备，帮助企业实时监测和管理物联网数据，为个性化服务提供基础支持。

（五）用户数据采集的挑战与应对策略

隐私保护一直是用户数据采集面临的重要挑战。在不违反法规和道德的前提下，企业需要采取有效的措施来保护用户隐私。以下是一些应对策略：

透明度与合规性：在数据采集过程中，企业应明确告知用户数据的收集目的、方式和使用范围。同时，确保符合相关法规和法律，如欧洲的 GDPR（通用数据保护条例）或美国的 CCPA（加利福尼亚消费者隐私法）。

用户选择权：给予用户对其数据的一定控制权，包括选择是否分享特定类型的信息、选择订阅或取消订阅服务等。这有助于建立用户信任和品牌声誉。

加密与匿名化：采用数据加密技术和匿名化处理方法，确保敏感信息在传输和存储过程中的安全性。这有助于减少潜在的数据泄露风险。

1. 数据质量与一致性

确保采集到的用户数据具有高质量和一致性是另一个挑战。低质量或不一致的数据可能导致错误的分析和决策。以下是一些建议的应对策略：

数据清洗与验证：定期进行数据清洗和验证，删除重复、不完整或错误的数据，确保数据的准确性和一致性。

标准化数据格式：在数据采集阶段就确保采用标准的数据格式和命名规范，有助于简化数据整合和分析过程。

定期更新数据源：定期更新数据源，以确保采集到的信息与用户实际情况保持同步。这在快速变化的市场环境中尤其重要。

2. 数据安全性

用户数据的安全性是用户信任的基础。遭受数据泄露或攻击可能对企业声誉造成长期影响。以下是一些保障数据安全的建议：

强化网络安全：采用最新的网络安全技术，包括防火墙、入侵检测系统等，确保用户数据在传输和存储过程中受到有效保护。

权限管理：实施严格的权限管理措施，确保只有授权人员能够访问和处理敏感用户数据。

定期安全审计：定期进行数据安全审计，检查系统漏洞，评估安全政策的有效性，及时发现并修复潜在的安全问题。

3. 数据分析与洞察

采集到大量用户数据后，有效地进行分析和转化为实际洞察是关键一步。以下是一些建议的应对策略：

使用先进的分析工具：利用先进的数据分析工具和算法，如机器学习和人工智能，挖掘数据中的潜在模式和关联，提高分析的深度和广度。

多维度分析：不仅仅局限于单一维度的数据分析，结合多个数据源，进行多维度的综合分析，获取更全面的用户洞察。

建立实时分析系统：建立实时数据分析系统，及时捕捉市场变化和用户行为，使企业能够快速做出反应，提高决策效率。

用户数据采集是企业获取核心竞争力的关键步骤之一。通过多渠道的数据采集和有效的分析工具，企业可以全面了解用户，更好地制定战略、优化产品和服务，提高市场竞争力。然而，企业在进行用户数据采集时，必须面对隐私保护、数据质量、安全性和分析转化等一系列挑战，需要综合运用技术手段、管理制度和法规合规等方面的手段，以确保用户数据的合理、安全和有效使用。在数字化时代，拥有强大的用户数据洞察力将成为企业持续创新和发展的重要动力。

二、数据清洗与预处理技术

在大数据时代，数据清洗与预处理是构建高质量数据基础的关键步骤之一。本部分将深入探讨数据清洗与预处理的概念、重要性以及常用的技术方法，以帮助企业更好地处理原始数据，提高数据质量，为后续分析和建模提供可靠的基础。

（一）概述

在现代社会，大数据正成为企业决策和创新的关键资源。然而，原始数据通常包含噪声、缺失值、异常值等问题，直接使用这样的数据进行分析和建模可能导致不准确的结果。因此，数据清洗与预处理成为确保数据质量的不可或缺的步骤。

（二）数据清洗与预处理的概念

1. 数据清洗

数据清洗是指通过识别和纠正数据集中的错误、不一致性和缺陷，以提高数据的质量和可用性的过程。清洗的目标是消除数据中的异常值、重复值、缺失值等问题，使数据更加可靠和准确。

2. 数据预处理

数据预处理是在进行分析和建模之前对原始数据进行转换和处理的过程。预处理的目标是使数据更易于理解、更适合进行分析，包括数据的标准化、归一化、特征选择等操作。

（三）数据清洗的重要性

提高数据质量：清洗能够消除数据中的错误、噪声和异常值，提高数据的准确性和一致性。

减少误导性分析：如果数据中存在异常值或缺失值，可能导致分析和建模的结果产生误导，影响决策的准确性。

增加模型稳定性：清洗后的高质量数据能够提高模型的稳定性和可靠性，使其更好地适应不同数据集和环境。

节省资源：避免在后续分析和建模阶段浪费资源和时间，提高整体工作效率。

（四）数据清洗的常见问题与解决方法

缺失值处理：缺失值是常见的问题，可能影响到数据的完整性和可用性。

删除缺失值：对于缺失值较少的情况，可以选择直接删除包含缺失值的行或列。

插值填充：利用邻近值、均值、中位数等进行插值，填充缺失值。

模型预测：使用机器学习模型预测缺失值，以更精确地填充数据。

异常值处理：异常值可能影响分析的准确性，需要进行检测和处理。

基于统计方法的检测：利用均值、标准差等统计指标，识别超出一定范围的异常值。

箱线图：使用箱线图识别数据分布中的异常值。

模型驱动的方法：利用机器学习模型识别异常值，如聚类、分类等。

重复值处理：重复值可能导致对数据的重复计数和误导性分析。

删除重复值：直接删除数据集中的重复记录。

标记和保留：标记重复值，并根据需要选择是否保留其中一个。

数据格式转换：数据集中的不一致格式可能影响后续的分析。

统一格式：将数据格式统一为特定的标准，以确保数据的一致性。

日期和时间处理：对日期和时间进行格式转换，使其符合分析需求。

（五）数据预处理的常见技术方法

数据标准化和归一化：将不同尺度和单位的数据转换为统一的标准，避免特征之间的量纲差异影响模型的性能。

特征选择：选择对建模任务有意义的特征，去除无关或冗余的特征，提高模型的泛化能力。

数据变换：对数据进行变换，使其更适合特定的分析或模型。

对数转换：处理偏态分布的数据，使其更接近正态分布。

Box-Cox 变换：用于处理非常偏态的数据分布。

PCA（主成分分析）：通过线性变换将原始特征转换为线性无关的新特征，降低数据维度。

处理类别型变量：将类别型变量转换为模型可以理解的形式。

独立编码：将类别型变量转换为二进制编码，避免模型将其视为有序变量。

标签编码：将有序的类别型变量转换为整数标签。

（六）数据清洗与预处理工具

Pandas：Python 中强大的数据分析库，提供了丰富的数据清洗和预处理功能，包括缺失值处理、重复值处理、数据格式转换等操作。Pandas 具有灵活性和高效性，适用于各种数据处理场景。

Scikit-learn：作为机器学习领域的重要工具包，Scikit-learn 提供了多种数据预处理方法，包括标准化、归一化、特征选择、PCA 等。它与其他 Python 库良好集成，支持数据预处理和建模的无缝流程。

Open Refine：以前称为 Google Refine，是一个用于清理和转换数据的开源工具。Open Refine 提供直观的用户界面，方便用户进行数据清洗、处理异常值和转换数据格式等操作。

Apache Spark：适用于大规模数据处理的开源分布式计算引擎。Spark 提供了丰富的数据清洗和转换操作，支持在分布式集群上进行高效的数据处理。

Excel：对于小规模数据集，Excel 也是一种常用的数据清洗和预处理工具。它提供了诸如筛选、排序、公式计算等功能，方便用户快速进行简单的数据处理操作。

（七）数据清洗与预处理的挑战与策略

大规模数据处理：面对大规模数据，传统的数据清洗和预处理方法可能效率较低。采用分布式计算框架如 Apache Spark，以及适用于大数据场景的算法，能够提高处理效率。

复杂数据结构：处理包含复杂数据结构的数据（如 JSON、XML 等）可能需要特殊的处理方法。选择能够解析和处理复杂数据结构的工具和库进行清洗与预处理。

处理实时数据：对于实时产生的数据，需要建立实时的数据清洗与预处理流程。使用流式处理框架，如 Apache Flink、Kafka Streams 等，以保证对实时数据的及时处理。

自动化与半自动化：为了提高效率，可以考虑使用自动化或半自动化的数据清洗工具。这包括利用机器学习模型自动识别异常值、缺失值填充等操作，减轻人工处理的负担。

保持数据可追溯性：在数据清洗和预处理过程中，保持对数据操作的记录，以确保数据的可追溯性。这对于排查数据质量问题和维护数据治理非常重要。

数据清洗与预处理是构建高质量数据基础的关键步骤，直接影响着后续分析和建模的结果。通过采用适当的工具和方法，可以有效地处理数据中的噪声、异常值、缺失值等问题，提高数据的质量和可用性。在数据驱动的决策和建模过程中，数据清洗与预处理不仅是一项技术工作，更是确保数据可信度和决策准确性的基础工程。企业应充分认识到数据清洗与预处理的重要性，建立规范的数据清洗流程，并利用先进的工具和技术，以保障数据在整个数据生命周期中的质量和价值。

三、数据安全与隐私保护措施

（一）概述

在数字化时代，数据被认为是企业最重要的资产之一。随着大数据、云计算、物联网等技术的广泛应用，企业面临着更多的数据安全威胁和隐私泄露风险。因此，数据安全与隐私保护成为企业数字化转型的不可或缺的一环。

（二）数据安全与隐私保护的概念

数据安全：数据安全是指保护数据免受未经授权的访问、使用、披露、破坏、修改或丢失的过程。数据安全不仅包括数据在存储和传输中的安全性，还涉及对数据进行合法访问和使用的控制。

隐私保护：隐私保护是指确保个人信息不被未经授权的访问和使用，以维护个人隐私权益。隐私保护关注的是对个人敏感信息的收集、处理和存储过程中的合法性和透明性。

（三）数据安全与隐私保护的挑战

数据泄露：由于黑客攻击、内部恶意行为或系统漏洞，企业面临数据泄露的风险，导致敏感信息落入不法分子手中。

身份盗窃：不法分子可能通过盗取用户身份信息进行身份盗窃，进而进行欺诈、非法交易等活动。

技术进步带来的挑战：随着技术的不断发展，新的数据安全威胁层出不穷，如人工智能攻击、量子计算的潜在威胁等。

合规性要求：随着隐私法规的不断完善，企业需要适应不同国家和地区的合规性要求，如欧洲的 GDPR、美国的 CCPA 等。

员工失误：人为因素仍然是数据泄露的主要原因之一，员工的疏忽或错误可能导致重要信息的泄露。

（四）数据安全与隐私保护的重要性

维护声誉和信任：数据泄露和隐私侵犯可能导致企业声誉受损，客户和合作伙伴的信任降低，进而影响业务发展。

法规合规：各国和地区都在加强对个人隐私的法规监管，企业需要遵守相关法规，否则将面临巨大的法律责任和罚款。

提升竞争力：数据安全与隐私保护成为企业竞争力的一部分。在信息时代，用户更愿意选择能够保护他们隐私的企业，这有助于企业在市场上建立优势。

避免经济损失：数据泄露和隐私侵犯可能导致严重的经济损失，包括法律诉讼、赔偿支付、业务中断等。

提高数据质量：通过加强数据安全与隐私保护，企业可以确保数据的完整性和可靠性，为后续分析和决策提供高质量的数据基础。

（五）数据安全与隐私保护的技术措施

加密技术：使用加密技术对数据进行加密，确保即使数据被窃取，黑客也难以解密获得有用信息。包括数据传输加密（SSL/TLS）、数据存储加密等。

身份验证与访问控制：强化身份验证机制，确保只有授权用户可以访问敏感数据。采用访问控制策略，限制不同用户对数据的访问权限。

匿名化：对数据进行匿名化处理，使得个人身份无法直接关联到数据，以减轻隐私泄露的风险。

安全存储：将数据存储在安全的环境中，包括采用安全的云存储解决方案、实施备份和灾难恢复计划等。

安全开发：在应用和系统开发过程中，采用安全编码标准，确保代码的安全性，及时修复潜在的安全漏洞。

监控与审计：建立监控与审计机制，实时监测系统和应用程序的活动，及时发现异常行为和安全威胁。审计记录可以用于追踪和分析潜在的安全事件。

安全培训与意识提升：对员工进行定期的安全培训，提高其对数据安全与隐私保护的认识和意识，减少人为失误和恶意操作的可能性。

安全合作伙伴选择：对于涉及数据处理的合作伙伴，如云服务提供商、数据处理服务商等，选择有良好安全记录和合规性的合作伙伴，确保数据在共享和传递中得到妥善保护。

第三节　用户数据分析技术与工具

一、数据分析方法的选择与比较

数据分析在当今信息时代扮演着至关重要的角色，对于企业决策、科学研究、社会发展等方面都具有不可忽视的作用。然而，在面对庞大的数据集和多样的分析方法时，选择适当的数据分析方法成为一个关键问题。本部分将探讨数据分析方法的选择与比较，分析不同方法的优劣势，以帮助研究人员和决策者更好地利用数据进行决策和创新。

（一）概述

随着大数据时代的到来，数据的产生呈现爆发式增长，数据分析作为一种从数据中提取有价值信息的手段，变得日益重要。数据分析方法的选择直接影响到分析结果的准确性和可靠性，因此，深入研究数据分析方法的选择与比较是十分必要的。

（二）常见数据分析方法

1. 描述统计学方法

描述统计学方法是通过对数据进行总结和描述来了解数据的分布、中心趋势和离散程度。常见的描述统计学方法包括均值、中位数、众数、标准差等，适用于初步了解数据的基本特征。

2. 探索性数据分析（EDA）

EDA 是通过图形和统计工具来探索数据的内在结构和规律，帮助发现数据中的模式和异常。常见的 EDA 方法包括直方图、散点图、箱线图等，适用于初步探索数据的特征和趋势。

3. 统计推断方法

统计推断方法通过对样本数据进行推断，从而对总体进行估计和假设检验。常见的统计推断方法包括置信区间、假设检验、方差分析等，适用于从样本推断总体特征。

4. 机器学习方法

机器学习方法通过训练模型来对数据进行预测和分类。常见的机器学习方法包括线性回归、决策树、支持向量机、深度学习等，适用于复杂的数据模式识别和预测任务。

5. 时间序列分析方法

时间序列分析方法适用于按时间顺序排列的数据，通过分析时间趋势和周期性变化来预测未来趋势。常见的时间序列分析方法包括移动平均法、指数平滑法、ARIMA 模型等。

（三）数据分析方法的选择

1. 数据性质与分析目的

选择适当的数据分析方法首先要考虑数据的性质和分析的目的。例如，对于连续型变量的分析可以使用回归分析，对于分类问题可以使用决策树或支持向量机。

2. 数据规模与计算资源

数据规模较大时，机器学习方法通常更适用，而对于小样本数据，传统的统计方法可能更为合适。同时，考虑到计算资源的限制，选择合适的方法也是必要的。

3. 数据的分布与假设

某些分析方法对数据分布有假设，例如正态分布假设。在选择分析方法时，要考虑数据是否符合这些假设，以确保分析结果的可靠性。

4. 模型的可解释性

有些情况下，模型的可解释性比预测性更为重要，特别是在决策支持和解释结果的场景下。在这种情况下，可以选择较为简单且可解释性强的模型，如线性回归。

（四）数据分析方法的比较

1. 精度比较

不同的数据分析方法在处理不同类型的数据和问题时，其精度可能有差异。通过比较不同方法在相同数据集上的表现，可以评估其精度优劣。

2. 鲁棒性比较

鲁棒性是指模型对异常值和噪声的敏感程度。一些方法可能在面对异常值时表现较好，而另一些可能容易受到影响。通过比较方法的鲁棒性，可以选择适用于不同数据质量的方法。

3. 计算效率比较

在大规模数据集和复杂模型的情况下，计算效率成为一个重要的考虑因素。比较不同方法的计算效率，可以选择在给定计算资源下表现最佳的方法。

4. 可解释性比较

在一些场景下，模型的可解释性比预测性更为重要。通过比较模型的可解释性，可以选择适合解释和沟通的方法。

数据分析方法的选择与比较是一个复杂而关键的问题，需要综合考虑数据性质、分析目的、数据规模、计算资源、模型的可解释性等因素。不同的方法有各自的优劣势，选择适当的方法可以更好地发现数据中的规律和洞察。未来，随着数据科学领域的不断发展，可能会涌现出更多新的数据分析方法，为解决实际问题提供更多选择。因此，不断更新和学习新的数据分析方法是保持在这个领域竞争力的关键。

二、用户数据可视化与报告

随着数字化时代的到来，用户数据成为企业和组织重要的资产之一。为了更好地理解和利用这些数据，用户数据可视化成为一种关键的手段。本部分将深入探讨用户数据可视化的背景、意义以及常用的可视化工具和技术。通过详细介绍可视化的原则和方法，以及其在决策制定和业务优化中的应用，本部分旨在帮助读者更好地理解用户数据可视化的重要性，并为实际应用提供指导。

（一）概述

用户数据在今天的商业和科研领域扮演着至关重要的角色。这些数据包含了用户的行为、偏好、趋势等信息，对于企业决策、产品优化以及市场推广都具有重要意义。然而，这些数据往往是复杂而庞大的，直接理解和分析起来具有一定难度。用户数据可视化通过图形化呈现数据，使得信息更加直观、易懂，为决策者提供了有力的支持。

（二）用户数据可视化的意义

提供直观洞察：用户数据可视化通过图表、图形等可视化手段呈现数据，使得抽象的数字转化为直观的图像，决策者可以更直观地理解数据，把握关键信息。

加速决策过程：与传统的数据分析相比，用户数据可视化更加迅速和高效。决策者可以通过图表一目了然地了解数据趋势和关联性，从而更迅速地做出决策。

优化用户体验：通过可视化分析用户行为，企业可以更好地了解用户的需求和喜好。这有助于优化产品设计、改进服务流程，提升用户体验。

改善沟通与协作：可视化图表具有通俗易懂的特点，可以帮助不同专业背景的团队成员更好地沟通和协作。可视化报告能够被更广泛地分享和理解，促进团队合作。

发现潜在问题：用户数据可视化有助于发现潜在的问题和机会。通过观察趋势图、分布图等可视化结果，可以快速识别异常或者瓶颈，从而采取相应措施。

（三）常用的用户数据可视化工具和技术

Microsoft Power BI：Power BI 是一套由 Microsoft 开发的商业分析服务，支持将数据集成在一起，创建交互式的报告和仪表板。用户可以使用 Power BI Desktop 创建报告，然后在 Power BI Service 中进行共享和协作。

Tableau：Tableau 是一款交互式的数据可视化工具，支持从各种数据源中提取数据并生成动态的报表。其直观的拖放界面使得用户无需编写代码即可创建复杂的可视化图表。

Python 的 Matplotlib 和 Seaborn 库：对于数据科学家和分析师，使用 Python 的 Matplotlib 和 Seaborn 库是一种常见的选择。这些库提供了灵活的绘图功能，适用于各种可视化需求。

R 语言的 ggplot2 包：ggplot2 是 R 语言中一款强大的可视化包，支持创建各种高质量的统计图表。通过设定图层、主题等参数，用户可以定制化地生成自己想要的可视化结果。

Google Data Studio：Google Data Studio 是一款免费的云端数据可视化工具，支持连接多种数据源。用户可以创建自定义的报告和仪表板，并与其他 Google 服务集成。

（四）用户数据可视化的原则和方法

选择合适的图表类型：不同的数据和目的适合不同的图表类型。例如，趋势分析适合使用线形图，分布分析适合使用直方图或箱线图，比较分析适合使用柱状图等。选择合适的图表类型有助于准确表达数据。

保持简洁清晰：可视化应当保持简洁，避免过多的图形元素和冗余信息。清晰简洁的图表更容易引起关注，也更易于理解。

注重颜色搭配：色彩搭配对于用户数据可视化非常重要。合理的颜色搭配不仅美观，还能够强调关键信息。同时，要避免使用过于刺眼或难以区分的颜色。

提供交互功能：通过添加交互功能，用户可以更深入地探索数据。例如，添加过滤器、下拉菜单、放大缩小功能等，使得用户能够根据自己的需求动态调整可视化结果。

关注数据的上下文：可视化结果要与数据的上下文相呼应。在解释图表时，要提供相关的数据背景信息，确保观众能够正确理解可视化的含义。

（五）用户数据可视化在决策制定和业务优化中的应用

决策制定：用户数据可视化为决策者提供了直观、全面的数据洞察，使其能够更加明晰地了解用户行为和市场趋势。通过分析可视化图表，决策者能够快速做出战略性的决策，包括产品优化、市场推广、定价策略等。例如，通过观察用户转化漏斗，可以确定购物流程中的瓶颈，并采取相应措施提高转化率。

业务优化：用户数据可视化是优化业务流程和用户体验的有力工具。通过监测用户活跃度、访问路径、点击热力图等可视化结果，企业可以更好地理解用户需求，优化产品设计和服务流程。例如，通过用户访问路径图，可以发现网站上的热门页面，从而调整网站布局，提高用户体验。

市场推广：可视化分析还有助于指导市场推广活动。通过地理分布热图，企业可以了解不同地区用户的偏好和行为习惯，有针对性地进行本地化推广。此外，通过对用户行为统计的柱状图，可以发现用户喜好的商品类型，有助于优化广告投放策略。

客户服务改进：用户数据可视化对于客户服务的改进也有着显著的作用。通过分析用户反馈和行为数据，企业可以了解用户对产品和服务的满意度，并及时作出调整。例如，通过用户活跃度折线图，可以识别用户流失的趋势，从而采取措施提高用户忠诚度。

预测和规划：利用机器学习和数据分析方法，用户数据可视化可以用于预测用户行为趋势，为未来的规划提供有力支持。例如，通过时间序列分析，可以预测未来用户活跃度的变化，有助于企业合理调配资源。

（六）未来发展趋势

更智能的可视化工具：随着人工智能和机器学习的发展，未来的可视化工具将更加智能化。这些工具将能够自动识别数据中的模式和趋势，为用户提供更深层次的洞察。

增强现实（AR）和虚拟现实（VR）的应用：AR 和 VR 技术将为用户数据可视化提供全新的交互体验。用户可以通过 AR 和 VR 设备更直观地感受数据，以更深层次地理解用户行为和趋势。

更高级的数据分析方法：随着数据科学领域的不断发展，未来可视化将与更高级的数据分析方法相结合，如复杂的深度学习模型和自然语言处理技术，以更全面地挖掘数据的潜在信息。

实时可视化：随着数据的实时产生和更新，实时可视化将成为一个趋势。企业将需要更快速地了解和响应用户行为，实时可视化工具将满足这一需求。

更强调用户隐私和安全：随着对用户隐私和数据安全的关注增加，未来的可视化工具将更加注重数据的匿名化和安全性，以保护用户的个人信息。

用户数据可视化作为理解和利用用户数据的有力工具，对于企业决策和业务优化具有重要作用。通过选择合适的可视化工具和技术，企业可以更直观、更深入地理解用户行为，从而更好地满足用户需求、优化产品和服务。未来，随着技术的不断发展和用户需求的不断演变，用户数据可视化将迎来更多创新和发展，成为企业数字化转型的关键一环。

三、数据分析工具在电商平台中的应用

电商行业在数字化时代迅速崛起，大量的交易、用户行为数据被积累。为了更好地理解市场趋势、用户需求和优化运营策略，电商平台广泛应用各种数据分析工具。本部分将深入探讨数据分析工具在电商平台中的应用，包括常用的工具、应用场景、优势和挑战，旨在为电商从业者提供有关数据驱动决策的深入认识。

（一）概述

随着互联网和移动技术的飞速发展，电商平台已成为商业生态系统中的重要组成部分。在这个数字化时代，大量的交易数据、用户行为数据以及市场信息在电商平台中被生成和积累。如何充分挖掘和利用这些数据成为电商企业提升竞争力、实现可持续发展的关键。数据分析工具的应用在这一背景下显得尤为重要。

（二）电商数据分析工具概述

Power BI 是一款由 Microsoft 开发的商业智能工具，可以从多个数据源中提取数据，进行数据清洗、转换和建模，并生成交互式的报告和仪表板。Power BI 具有强大的可视化功能，支持用户通过拖拽的方式创建各种图表和图形，方便用户深入了解业务数据。

Google Analytics 是一款由 Google 提供的网站分析服务，广泛应用于电

商平台。它能够追踪网站访问者的行为、交易数据、流量来源等信息，并通过可视化报告展示这些数据。Google Analytics 帮助电商平台了解用户在网站上的行为，从而优化用户体验和提高转化率。

Tableau 是一款交互式的数据可视化工具，支持从各种数据源中提取数据，创建丰富多样的图表和仪表板。在电商中，Tableau 可用于分析销售趋势、用户行为、库存状况等，帮助企业制定更有针对性的策略。

对于数据科学家和分析师，使用 Python 的 Pandas 和 Matplotlib 库是一种常见的选择。Pandas 用于数据处理和分析，Matplotlib 用于绘制各种图表。这对于深入挖掘大规模数据和实施更复杂的分析非常有帮助。

DataV 是阿里云提供的一套数据可视化工具，可以实现多种数据源的连接和展示。在电商平台中，DataV 可以用于实时监控交易数据、用户行为，以及实施个性化的数据可视化报告。

R 语言是一门用于统计计算和图形绘制的强大语言，而 ggplot2 是其生态系统中用于可视化的包。在电商领域，可以利用 ggplot2 创建各种图表，用于分析销售趋势、用户画像等。

以上工具提供了不同层次和角度的数据分析功能，可以根据具体业务需求选择合适的工具或进行组合使用。

（三）电商数据分析工具的应用场景

销售趋势分析：通过对销售数据的分析，电商平台可以了解产品的热销情况、销售季节性变化等，帮助企业更好地制定促销策略、调整库存水平。

用户行为分析：通过分析用户在平台上的浏览、点击、购买等行为，电商企业能够深入了解用户喜好、购物习惯，以便更好地个性化推荐商品、提升用户体验。

营销效果评估：通过分析不同营销活动的效果，电商平台可以了解各种促销手段对销售额、用户转化率的影响，优化营销策略，提高投资回报率。

库存管理与预测：利用数据分析工具，电商平台可以实现对库存水平的精准控制，通过销售预测和季节性分析，避免过多或过少的库存，提高库存周转率。

用户留存和流失分析：通过分析用户的留存率和流失率，电商平台可以了解用户忠诚度，找到引起流失的原因，从而采取措施提高用户留存。

地域分布分析：通过地理信息的数据可视化，电商企业可以了解不同地区的销售状况、用户喜好，有针对性地调整供应链、仓储布局或开展地域性的推广活动。

竞争对手分析：通过对竞争对手的市场份额、产品特点、价格策略等进行深入分析，电商平台可以更好地调整自身定位、优化产品线、制定差异化的竞争策略。

支付和交易安全分析：数据分析工具可以用于监控支付和交易过程中的安全性。通过实时分析异常交易模式和风险指标，电商平台可以及时采取措施，防范欺诈行为，保障用户和平台的安全。

用户体验优化：通过用户行为数据的分析，电商平台可以识别用户在购物过程中可能遇到的问题，优化页面设计、购物流程，提高整体用户体验。

产品推荐优化：基于用户的历史行为数据，电商平台可以利用数据分析工具实现个性化产品推荐。这有助于提高用户对推荐商品的点击率和购买率。

社交媒体监测：数据分析工具可用于监测社交媒体上与电商平台相关的讨论和评论。通过分析社交媒体数据，电商企业可以及时了解用户反馈、舆情动向，进行危机公关和品牌管理。

客户服务改进：通过分析客户服务数据，电商平台可以了解用户反馈、投诉、售后需求等情况，及时改进客户服务流程，提高用户满意度。

（四）数据分析工具在电商平台中的优势

深入了解用户需求：数据分析工具能够深入挖掘用户在平台上的行为，为企业提供更全面、深入的用户洞察，帮助企业更好地满足用户需求。

实时监控和反馈：数据分析工具可以实时监控业务运营状况，及时发现问题并采取措施。这对于电商平台来说尤为重要，因为市场变化迅速，实时决策对于应对市场变化至关重要。

个性化服务和推荐：基于用户行为数据的分析，电商平台可以实现个性化的产品推荐和服务，提高用户体验，促进销售增长。

优化营销策略：通过分析不同营销活动的效果，电商平台可以优化营销策略，提高广告投入的效益，实现更精准的广告推送。

精准库存管理：数据分析工具可以帮助电商平台更精准地进行库存管

理，避免因库存过多或过少而导致的损失。

增加运营效率：通过数据分析工具，电商平台可以更有效地分析大量数据，降低人工处理的时间和成本，提高运营效率。

追踪竞争对手：数据分析工具提供了追踪竞争对手的途径，电商平台可以根据竞争对手的动态调整自身战略，提高市场竞争力。

提高决策的科学性：数据分析工具通过客观、量化的方式呈现数据，帮助决策者基于事实做出决策，降低决策的主观性和风险。

（五）数据分析工具在电商平台中的挑战

大数据处理难度：电商平台产生的数据量巨大，对数据的存储、处理和分析提出了巨大的挑战。如何有效处理大规模数据成为一个重要问题。

数据质量：数据的质量对于分析结果的准确性至关重要。不同数据源、数据格式的异构性，以及数据采集中可能存在的误差都可能影响数据分析的准确性。

隐私和安全问题：电商平台处理大量用户信息，涉及用户的隐私。如何在数据分析中确保用户隐私和数据的安全性是一个持续的挑战。

人才短缺：数据分析需要具备一定的专业技能和知识，但目前数据分析领域的人才短缺，招聘和培养合格的数据分析人才是一个挑战。

技术更新迭代：数据分析领域的技术更新迭代较快，电商平台需要不断跟进最新的技术和工具，以保持在数据分析领域的竞争力。

成本和投资：选择和部署合适的数据分析工具需要一定的投资。电商平台需要权衡成本与效益，确保投资能够带来明显的业务价值。

第四节　行为数据挖掘与用户分类

一、行为数据挖掘的目标与方法

（一）概述

随着互联网、移动设备和物联网的迅速发展，社会中产生了大量的行为数据。这些数据记录了用户在各种场景中的活动，包括网上购物、社交媒体互动、移动应用使用等。行为数据不仅为企业提供了更深入的了解用户的机会，也为科学研究、社会管理等领域提供了宝贵的信息。行为数据挖掘作为一种数据分析技术，旨在从大规模的行为数据中发现隐藏的模式、关系和规律，以实现更精准的业务决策和社会管理。

（二）行为数据挖掘的目标

模式识别：行为数据挖掘的一个主要目标是发现数据中的模式。这些模式可以是用户行为的重复规律、趋势、异常行为等。通过模式识别，企业可以更好地理解用户习惯，科学家可以发现实验数据中的规律。

关联规则挖掘：行为数据中常常存在着各种关联关系，例如用户购买商品的关联性、文章阅读的关联性等。通过关联规则挖掘，可以发现这些关系，帮助企业进行交叉销售、推荐系统等方面的优化。

异常检测：行为数据中的异常行为可能是潜在问题的标志，例如欺诈、网络攻击等。行为数据挖掘可以通过检测异常行为，提前预警潜在的风险，帮助企业保护数据安全。

趋势预测：行为数据中的趋势对于业务决策具有重要意义。通过分析过去的行为数据，可以预测未来可能的趋势，帮助企业更好地制定战略规划。

个性化推荐：行为数据挖掘可以分析用户的历史行为，为用户提供个性化的推荐服务。这包括电商平台的商品推荐、社交媒体的内容推荐等。

用户画像构建：通过分析用户在不同场景中的行为，可以构建用户的画像，深入了解用户的兴趣、偏好、行为特征等。这有助于企业更有针对性地进行市场营销和服务定制。

（三）行为数据挖掘的方法

1. 关联规则挖掘

概念：关联规则挖掘是一种寻找数据中项之间关联性的方法。通过挖掘频繁项集和关联规则，可以发现数据中的相关模式。

方法：常用的算法包括 Apriori 算法和 FP-growth 算法。Apriori 算法通过生成候选项集和计算支持度来发现频繁项集。FP-growth 算法则通过构建FP 树和利用树结构进行高效的挖掘。

2. 聚类分析

概念：聚类分析旨在将数据划分为相似的群组，使得每个群组内的数据相似度较高，而不同群组之间的相似度较低。

方法：常见的聚类算法包括 K 均值聚类、层次聚类、DBSCAN 等。K 均值聚类通过迭代优化来确定簇的中心，层次聚类通过树状结构组织数据，DBSCAN 通过密度来划分簇。

3. 异常检测

概念：异常检测旨在识别与大多数数据不同的特殊模式，这些模式可能是潜在的异常或异常行为。

方法：常用的异常检测方法包括基于统计学的方法、基于机器学习的方法（如支持向量机、Isolation Forest 等）、基于深度学习的方法（如自编码器）。

4. 时间序列分析

概念：时间序列分析是一种研究时间序列数据中的趋势、周期性和规律的方法，适用于分析随时间变化的行为数据。

方法：常用的时间序列分析方法包括移动平均法、指数平滑法、ARIMA 模型等。这些方法可以用于预测未来的数据趋势。

5. 分类与预测

概念：分类与预测方法通过建立模型，将数据划分为不同的类别或预测未来的数值。这对于理解和预测用户行为至关重要。

方法：常见的分类与预测方法包括决策树、支持向量机、朴素贝叶斯、神经网络等。这些方法可以通过训练模型，利用历史行为数据进行学习，并对新数据进行分类或预测。

6. 关键路径分析

概念：关键路径分析旨在找到影响整体结果的重要路径或关键因素。在行为数据挖掘中，可以用于找到影响用户决策或业务流程的关键因素。

方法：关键路径分析通常借助图论和网络分析的方法，找到数据中的关键节点和路径。这有助于企业优化业务流程、提高关键环节的效率。

7. 自然语言处理（NLP）

概念：在处理包含文本信息的行为数据时，自然语言处理是一种重要的方法。它可以用于文本挖掘、情感分析等任务。

方法：NLP 的方法包括词袋模型、Word2Vec、BERT 等。这些方法可以用于从用户评论、社交媒体文本中提取有用的信息，了解用户的情感和观点。

8. 神经网络

概念：神经网络是一种模拟人脑结构的计算模型，可以用于处理复杂的非线性关系。在行为数据挖掘中，神经网络可以用于学习和建模复杂的用户行为模式。

方法：常见的神经网络结构包括多层感知机（MLP）、卷积神经网络（CNN）、循环神经网络（RNN）等。这些结构可以适用于不同类型的行为数据分析任务。

以上方法并非孤立存在，实际的行为数据挖掘任务通常需要综合运用多种方法，根据具体问题和数据特点选择合适的技术。

（四）行为数据挖掘的应用

电商个性化推荐：利用用户的浏览、购买历史等行为数据，通过行为数据挖掘技术，电商平台可以实现个性化的商品推荐，提高用户体验和购买转化率。

金融欺诈检测：在金融领域，通过分析用户的交易行为数据，可以发现异常模式，帮助金融机构及时识别和防范欺诈行为。

社交媒体情感分析：利用自然语言处理和文本挖掘技术，分析用户在社交媒体上的发言和评论，了解用户的情感倾向，有助于企业进行品牌管理和舆情监测。

医疗健康管理：在医疗领域，通过分析患者的健康行为数据，可以实现疾病风险预测、个性化治疗方案制定等，提高医疗服务的精准性和效果。

智能交通系统：利用车辆和行人的行为数据，可以优化交通信号控制、减缓交通拥堵，并提供更智能的导航和交通管理服务。

教育学习分析：在教育领域，通过分析学生的学习行为数据，可以个性化制订学习计划、提供个性化辅导，以促进学生的学业发展。

人力资源管理：通过分析员工的工作行为数据，可以评估员工绩效、提高招聘效率，以及制定更科学的人力资源策略。

智能城市规划：利用居民和城市设施的行为数据，可以进行城市规划和资源配置，提高城市的智能化程度和居民生活质量。

以上应用领域展示了行为数据挖掘在不同行业中的多样化应用，通过深入挖掘行为数据，各行业可以更好地理解用户和业务，实现更智能化、个性化的服务和决策。

二、用户分类模型与算法

（一）概述

用户分类是指根据用户的共同特征、行为模式或其他相关信息，将用户划分为若干个具有相似特征的群体。通过用户分类，企业和组织可以更好地理解不同用户群体的需求、行为习惯和偏好，从而实现个性化服务、精准营销以及优化产品和服务。在信息时代，用户分类已经成为数据驱动决策的重要手段。

（二）用户分类的目的

个性化服务：通过用户分类，企业可以根据不同用户群体的需求和兴趣，提供个性化的产品、服务和推荐，提高用户满意度和忠诚度。

精准营销：用户分类可以帮助企业更准确地识别潜在客户群体，有针对性地进行广告投放、促销活动，提高营销效果和投资回报。

产品优化：通过了解用户群体的特点和偏好，企业可以有针对性地优化产品设计、功能和性能，提高产品的市场竞争力。

客户维护：对不同类型的用户采取差异化的客户维护策略，可以更好地满足用户需求，提高客户满意度，减少流失率。

市场定位：用户分类有助于企业更清晰地了解市场细分和竞争对手的情况，从而更好地制定市场定位和竞争策略。

决策支持：用户分类结果可以为企业领导层提供决策支持，帮助他们制定战略规划、资源分配和业务发展方向。

（三）用户分类的常用模型和算法

基于规则的分类：基于规则的分类是一种简单直观的分类方法，通过人工定义规则，将用户分为不同的类别。这些规则可以基于特定的属性、行为或条件。

优点：简单易理解，可解释性强。

缺点：对复杂模式的识别能力有限，需要人工定义规则。

K均值聚类：K均值聚类是一种常见的聚类算法，它通过将用户划分为K个簇，使得每个簇内的用户相似度较高，簇间的用户相似度较低。

优点：算法简单，易于理解和实现。

缺点：对初始簇中心的选择敏感，不适用于非凸形状的簇。

层次聚类：层次聚类通过构建树状结构，将用户逐步合并为更大的簇或分裂为更小的簇，形成层次化的聚类结果。

优点：可以发现不同层次的簇结构，更适用于多尺度的数据分布。

缺点：对大规模数据集计算复杂度较高。

DBSCAN（Density-Based Spatial Clustering of Applications with Noise）是一种基于密度的聚类算法，通过将用户划分为核心点、边界点和噪声点，可以有效地识别具有不规则形状的簇。

优点：可以发现任意形状的簇，对噪声点具有较好的鲁棒性。

缺点：对密度变化较大的簇效果可能不理想。

关联规则挖掘：关联规则挖掘通过发现不同属性之间的关联关系，将用户划分为不同的规则组。

优点：可以发现属性之间的潜在关系，适用于离散型数据。

缺点：对连续型数据和高维数据的处理相对困难。

决策树：决策树是一种基于树状结构的分类算法，通过判断用户属性的取值来将用户划分为不同的类别。

优点：模型可解释性强，对缺失值和异常值具有较好的容忍性。

缺点：对于某些复杂模式的表达能力相对有限。

支持向量机（SVM）是一种强大的分类算法，通过找到将用户划分为两个类别的最优超平面来实现分类。

优点：在高维空间中表现较好，对于非线性关系的建模能力较强。

缺点：对大规模数据集的计算开销较大，对于参数的选择和调整相对敏感。

神经网络：神经网络是一种模拟人脑结构的分类模型，通过多层神经元的连接和权重调整来学习用户的特征。

优点：能够处理复杂的非线性关系，适用于大规模数据和高维度特征。

缺点：训练过程需要大量的计算资源和时间，模型可解释性相对较差。

以上算法和模型各有优缺点，选择适合任务需求和数据特征的算法是用户分类的关键。在实际应用中，通常需要综合考虑算法的性能、计算效率、可解释性等因素。

（四）用户分类的实际应用

电商个性化推荐：通过用户历史购买记录、浏览行为等数据，运用用户分类模型，实现对用户的个性化商品推荐，提高购物体验和销售转化率。

社交媒体内容推荐：分析用户在社交媒体上的点赞、评论、分享等行为，将用户分为不同的兴趣群体，实现个性化的内容推荐，提高用户留存和参与度。

金融风险评估：利用用户的交易记录、信用历史等数据，通过用户分类模型判断用户的信用水平，从而实现更准确的风险评估和信贷决策。

健康管理与医疗服务：分析用户的健康行为数据，如运动习惯、饮食记录等，通过用户分类模型为用户制定个性化的健康管理方案，提高医疗服务的精准性。

在线教育学习路径规划：分析学生在在线学习平台上的学习行为，通过用户分类模型识别不同学习风格的学生，为其提供个性化的学习路径和资源推荐。

人力资源招聘优化：根据求职者的简历、职业经历和技能等信息，应用用户分类模型，优化招聘策略，提高匹配度和招聘效率。

智能交通路线规划：利用用户的出行历史数据，通过用户分类模型为不同类型的出行者提供个性化的交通路线规划，缓解交通拥堵问题。

智能家居场景定制：通过分析居民的生活习惯、家庭结构等信息，运用用户分类模型，实现智能家居场景的个性化定制，提高智能家居系统的用户满意度。

以上应用案例展示了用户分类在不同领域的广泛应用，通过深度挖掘用户数据，企业和组织能够更好地适应用户需求，提供个性化的产品和服务。

三、用户分类结果在个性化营销中的应用

（一）概述

随着互联网的普及和社交媒体的崛起，用户的行为数据不断增加，给企业提供了丰富的用户信息。然而，如何从海量的数据中准确地洞察用户需求，成为企业面临的挑战。个性化营销作为一种基于用户个体差异的市场营销策

略，旨在通过定制化的产品、服务和推广活动，更好地满足用户的需求，提高用户满意度和忠诚度。

在个性化营销中，用户分类结果扮演着关键的角色。通过对用户进行分类，企业可以更好地理解用户的特征、偏好和行为，为其提供个性化的服务和推荐。本部分将深入探讨用户分类结果在个性化营销中的应用，包括其原理、方法、挑战以及具体的实施案例。

（二）用户分类的原理和方法

1. 用户分类原理

用户分类是通过对用户行为、兴趣、偏好等多方面信息进行分析，将用户划分为不同的群体或类别。其原理在于认为相似的用户在某些方面有相似的特征和需求，通过挖掘这些相似性，可以更好地满足用户的个性化需求。

2. 用户分类方法

用户分类方法包括传统的统计学方法和基于机器学习的方法。传统的统计学方法主要包括聚类分析、主成分分析等，而基于机器学习的方法则包括决策树、聚类算法、神经网络等。

决策树是一种常用的用户分类方法，通过构建一颗树状结构——将用户分为不同的叶子节点。聚类算法则是通过将相似的用户聚集在一起——形成不同的群体。神经网络则模拟人脑的学习和记忆过程，通过训练识别用户的特征和模式。

（三）个性化营销中用户分类结果的应用

1. 个性化推荐

通过对用户进行分类，企业可以更准确地了解用户的兴趣和偏好。基于这些信息，可以实现个性化推荐，为用户提供定制化的产品或服务推荐。例如，电商平台可以根据用户的购物历史、浏览记录和点击行为，向其推荐更符合其兴趣的商品。

2. 定制化营销策略

不同类别的用户具有不同的特征和需求，因此企业可以针对不同的用户群体设计定制化的营销策略。通过对用户进行分类，企业可以更有针对性地制定广告、促销活动等营销策略，提高广告的精准度和用户的点击率。

3. 个性化服务体验

通过用户分类结果，企业可以更好地了解用户的使用习惯和需求，为其提供个性化的服务体验。例如，移动应用可以根据用户的偏好调整界面风格、推送消息频率等，提升用户的使用体验。

4. 营销效果评估与优化

用户分类结果还可以用于评估和优化个性化营销的效果。通过监测不同用户群体的反馈和行为数据，企业可以及时调整营销策略，提高个性化营销的效果和 ROI（投资回报率）。

（四）用户分类在个性化营销中的挑战

1. 数据隐私与安全

在收集和分析用户数据的过程中，涉及用户隐私和数据安全的问题。企业需要确保合法合规的数据采集和处理，同时保护用户的隐私权，避免引发用户的不信任和担忧。

2. 数据质量和准确性

用户分类的结果取决于数据的质量和准确性。如果数据质量差或者存在错误，那么用户分类的结果就会失真，影响个性化营销的效果。因此，企业需要建立完善的数据质量管理体系，确保数据的准确性和可靠性。

3. 模型复杂度和解释性

基于机器学习的用户分类模型通常具有一定的复杂度，而复杂的模型可能难以解释。企业需要权衡模型的复杂度和解释性，确保模型不仅能够高效地分类用户，同时也能够为业务决策提供可解释的依据。

4. 用户行为的动态性

用户的兴趣和行为是动态变化的，因此用户分类结果也需要及时更新。企业需要建立定期更新的机制，以保持用户分类结果的时效性。同时，随着用户行为的变化，企业需要灵活调整个性化营销策略，以适应不同阶段用户的需求变化。

5. 深度理解用户需求

用户分类只是了解用户的第一步，企业还需要深入理解不同用户群体的实际需求。仅仅依靠用户分类结果可能无法全面把握用户的复杂需求，因此，企业需要通过用户调研、反馈收集等手段，深度挖掘用户的真实需求，以更好地提供个性化服务。

克服这些挑战，需要企业在技术、管理和法律合规方面做出全面的考量和投入。

第五节 用户画像在精准营销中的应用

一、个性化定制与精准推荐

个性化定制与精准推荐是当今数字化时代中个性化营销的两大核心策略，它们通过深度挖掘用户信息，精准洞察用户需求，为用户提供个性化的产品、服务和信息，极大地提升了用户体验和企业的市场竞争力。本部分将深入探讨个性化定制与精准推荐的概念、原理、技术手段，以及它们在个性化营销中的协同作用。

（一）概述

随着互联网的快速发展，信息技术的普及，用户对于个性化服务和体验的需求不断增加。在这个背景下，个性化营销逐渐成为企业获取用户关注、提高用户满意度的关键战略。其中，个性化定制与精准推荐作为个性化营销的两大支柱，通过深度分析用户数据，为用户提供定制化的产品和精准的推荐，成为企业赢得用户信任和忠诚度的重要手段。

（二）个性化定制的概念与原理

1. 个性化定制的概念

个性化定制是指根据用户个体差异、需求差异，为用户提供定制化的产品或服务。不同于传统的大规模生产和服务模式，个性化定制强调根据用户的独特需求和喜好，为其量身定制独一无二的产品或服务，以满足用户的个性化需求。

2. 个性化定制的原理

个性化定制的原理在于深度理解用户的个体特征、需求和偏好，并将这些信息纳入产品或服务的设计、制造、交付等环节。通过技术手段，企业可以收集、分析用户的行为数据、购买记录、反馈等信息，从而了解用户的个性化需求，为其提供个性化的解决方案。

（三）精准推荐的概念与原理

1. 精准推荐的概念

精准推荐是通过分析用户的历史行为、兴趣、偏好等数据，利用算法模型为用户提供个性化的推荐信息。精准推荐的目标是在海量信息中挖掘出用户感兴趣的内容，提高用户对信息的满意度，促使用户更加深度参与和互动。

2. 精准推荐的原理

精准推荐的原理在于利用推荐算法，通过对用户行为数据的分析，构建用户画像，挖掘用户的兴趣点，进而预测用户可能感兴趣的内容或产品。推荐算法包括协同过滤、内容过滤、基于关联规则的推荐等多种技术手段，通过不同算法的组合和调整，实现更加准确和个性化的推荐结果。

（四）个性化定制与精准推荐的技术手段

1. 数据采集与分析

个性化定制与精准推荐的第一步是通过各种手段收集用户数据。这包括用户在网站、应用上的浏览记录、购买历史、搜索行为、评价反馈等多方面的信息。企业通过大数据分析技术，对这些数据进行深度挖掘和分析，形成用户画像，为后续个性化服务提供数据支持。

2. 用户建模与分类

基于收集到的用户数据，企业可以利用机器学习技术建立用户模型和分类系统。用户模型通过分析用户的特征和行为，了解用户的需求和喜好，从而实现对用户的个性化理解。分类系统则将用户分为不同的群体，为后续的个性化服务提供基础。

3. 推荐算法

推荐算法是精准推荐的核心。不同的推荐算法有不同的应用场景，包括协同过滤、内容过滤、基于关联规则的推荐等。这些算法通过计算用户与物品之间的关系，预测用户对未知物品的兴趣，从而实现更加精准的推荐。

4. 个性化生产与交付

在个性化定制中，一旦确定了用户的个性化需求，企业需要调整生产和交付流程，以满足用户的个性化要求。这可能涉及生产线的灵活调整、库存管理的优化，以确保个性化产品能够及时、高效地交付给用户。

（五）个性化定制与精准推荐的协同作用

1. 个性化定制与精准推荐的融合

个性化定制和精准推荐并不是相互独立的两个概念，而是可以相互融合、协同作用的。个性化定制提供了产品或服务的个体化生产能力，而精准推荐则为个性化定制提供了更加准确的用户需求预测，通过两者的结合，可以实现更加精细和深度的个性化服务。例如，一个在线定制衣物的平台可以通过精准推荐系统分析用户的穿衣风格、颜色偏好等信息，为用户推荐更加符合其喜好的设计款式，从而提高个性化定制的满意度。

2. 用户反馈的闭环优化

个性化定制与精准推荐的协同作用还体现在用户反馈的闭环优化上。用户使用个性化定制产品或接受精准推荐后，其行为和反馈数据可以反哺到系统，用于不断优化个性化服务。通过分析用户的满意度、购买历史和反馈意见，企业可以进一步优化推荐算法、调整个性化定制流程，实现个性化服务的不断升级和改进。

3. 跨渠道个性化体验

个性化定制与精准推荐还可以在多渠道上实现协同作用。例如，用户在电商平台上购物的个性化推荐信息可以与线下实体店的个性化定制服务相结合。这种跨渠道的协同，能够为用户提供更加一体化、无缝的个性化体验，增强用户的黏性和忠诚度。

4. 数据驱动的决策与营销策略

个性化定制与精准推荐的协同作用还可以为企业提供数据驱动的决策和营销策略。通过分析用户数据，企业可以更好地了解用户的消费习惯、生活方式和偏好，从而制订更加精准的营销计划。个性化定制与精准推荐的数据支持，有助于企业在市场竞争中更具敏锐性和前瞻性。

（六）个性化定制与精准推荐的挑战与未来发展趋势

1. 数据隐私与安全问题

随着个性化服务的深入，涉及用户个人信息的采集和处理，数据隐私与安全问题日益凸显。企业在实施个性化定制与精准推荐时，需要严格遵守相关法规和政策，采取有效的隐私保护措施，以保障用户的隐私权和数据安全。

2. 模型解释性与公平性

个性化定制与精准推荐中使用的算法模型通常具有一定的复杂性，而复杂的模型可能难以解释，导致用户对推荐结果的不信任。同时，模型的建立可能存在潜在的偏见，影响推荐的公平性。未来的发展趋势将更加关注模型的解释性和公平性，以提高用户的信任度和满意度。

3. 跨平台协同与一体化体验

随着用户在不同平台上的行为日益多样化，个性化定制与精准推荐需要更好地实现跨平台协同。未来的发展趋势将趋向于实现个性化体验的一体化，让用户在不同平台上能够获得一致、无缝的个性化服务。

4. 智能化与自适应性

未来个性化定制与精准推荐的发展将更加智能化和自适应。通过引入更先进的人工智能技术，系统将能够更好地理解用户的实时需求，并实现更加智能、灵活的个性化服务。自适应性将成为系统设计的重要特征，以适应用户不断变化的需求和环境。

个性化定制与精准推荐作为个性化营销的核心策略，通过深度挖掘用户数据，为用户提供定制化的产品、服务和精准的推荐，推动了企业与用户之间的更加紧密的关系。本部分深入探讨了个性化定制与精准推荐的概念、原理、技术手段，以及它们在个性化营销中的协同作用。

尽管个性化定制与精准推荐在提升用户体验、提高企业竞争力方面发挥了重要作用，但也面临一系列挑战，包括数据隐私与安全问题、模型解释性与公平性等。未来，随着技术的不断进步和用户需求的不断演变，个性化定制与精准推荐将迎来更大的发展空间，成为数字时代个性化营销的双引擎。企业需要在实践中不断探索创新，解决挑战，以更好地满足用户需求，提升市场竞争力。

二、营销活动优化与效果评估

在竞争激烈的市场环境下，企业需要通过有效的营销活动来吸引目标受众、促进销售和提升品牌影响力。然而，为了确保营销活动的成功，企业不仅需要进行活动的精心策划与执行，还需要在活动结束后进行系统性的效果评估和优化。本部分将深入探讨营销活动优化与效果评估的关键步骤、方法、工具，以及如何最大化投资回报率（ROI）。

（一）概述

营销活动是企业推动产品销售、提升品牌认知和建立客户关系的关键手段。然而，在投入大量资源和精力进行营销活动之前，企业需要确保其活动是有针对性、可度量且能够达到预期效果的。营销活动的优化与效果评估成为企业提高市场竞争力和保障广告投资回报的不可忽视的环节。

（二）营销活动优化的关键步骤

1. 目标设定与定位

在启动任何营销活动之前，企业需要明确活动的目标和定位。这包括确定目标市场、受众群体、活动的关键信息传递点，以及期望的结果。明确的目标和定位将有助于后续活动的精准执行和效果评估。

2. 选择适当的营销渠道

不同的产品和目标受众可能在不同的营销渠道上有更高的活跃度。选择适当的营销渠道是成功活动的关键。可能的渠道包括社交媒体、电子邮件营销、内容营销、线下活动等。根据目标受众的特征和活跃性，选择最具效益的渠道，确保活动传播到最恰当的人群。

3. 制订详细的执行计划

一个详细的执行计划是成功营销活动的基石。计划应包括活动的时间表、内容创意、预算分配、团队责任等方面的详细信息。一个清晰的执行计划将有助于活动的有序实施，减少潜在的问题和延误。

4. 实时监控与调整

在活动执行过程中，实时监控活动的关键指标是确保活动成功的关键。通过使用分析工具、社交媒体监测工具等，及时收集数据并进行分析。如果发现活动效果不如预期，应该及时调整策略，确保活动朝着预期目标前进。

5. 数据收集与分析

在活动结束后，对各项数据进行收集和分析是优化的基础。这包括参与人数、转化率、用户反馈、销售额等各种指标。通过深入分析这些数据，企业可以了解活动的真实效果，找出亮点和改进空间。

（三）效果评估的方法与工具

1. 销售和收入指标

最直接的评估方式是通过销售和收入指标。通过比较活动前后的销售额和收入，企业可以评估活动对业务的实际贡献。这包括销售量的增长、订单价值的提升等。

2. 转化率

转化率是指从活动中获得预期行为的用户比例，例如点击广告、填写表单、购买产品等。通过分析转化率，企业可以了解活动对于用户决策行为的影响程度。

3. 受众参与度

社交媒体、电子邮件和其他数字渠道中的受众参与度是评估活动效果的关键指标。这包括关注、点赞、评论、分享等。高参与度通常代表着活动在引起目标受众兴趣方面的成功。

4. 用户反馈

通过收集用户反馈，包括调查问卷、在线评论、社交媒体评论等，企业可以获取用户对活动的主观感受。这些反馈可以揭示用户满意度、对产品或服务的期望和建议等信息。

5. 品牌影响力

品牌影响力是企业在目标受众中的知名度和形象。通过监测活动后的品牌知名度和形象，企业可以了解活动对品牌的影响程度。

6. 成本效益分析

成本效益分析是通过比较活动投入与获得的收益来评估活动效果的方法。企业需要综合考虑活动的各种成本，包括制作成本、广告费用、人工成本等，并与活动带来的直接和间接收益相比较。

（四）优化营销活动的策略

1. 数据驱动的决策

基于数据的决策是优化营销活动的关键。通过深度分析活动的效果数据，企业可以更好地了解受众的需求，找出活动的亮点和问题，从而制定更为精准的优化策略。数据驱动的决策可以帮助企业理解活动的关键驱动因素，优化投入产出比，提高整体效益。

2. A/B 测试

A/B 测试是一种通过对比两个或多个不同版本的活动来确定哪个版本效果更好的方法。通过在活动中应用不同的元素，例如不同的广告文案、页面设计、推送时机等，企业可以在真实场景中评估每个元素的效果，从而做出更有依据的决策。

3. 社交媒体监听

通过社交媒体监听工具，企业可以实时了解用户在社交媒体上对活动的反馈和讨论。这有助于抓住用户的实际需求、发现潜在问题，并及时做出调整，以保持活动的积极效果。

4. 及时调整策略

在活动执行过程中，根据实际效果进行及时调整是优化的关键。如果发现某一渠道效果较差，可以适时调整资源分配；如果某一广告创意受到欢迎，可以加大在该方面的投入。及时调整策略有助于最大限度地提高活动效果。

5. 学习竞争对手

学习竞争对手的营销活动也是一种有效的优化策略。通过了解竞争对手的活动方向、受众定位和创意表现，企业可以获取灵感，并在自己的活动中做出差异化的优化，提高活动的独特性和吸引力。

营销活动的优化与效果评估是企业提升市场竞争力和最大化投资回报的关键环节。通过明确目标、选择适当的营销渠道、制订详细的执行计划、实时监控和调整，企业可以有效地推动活动的执行。在活动结束后，通过多维度的效果评估方法，包括销售和收入指标、转化率、用户参与度、用户反馈等，企业可以全面了解活动的真实效果，为未来活动提供经验教训。

优化营销活动需要企业保持灵活性，学会从数据中获取洞察，不断尝试新的策略和方法。数据驱动的决策、A/B 测试、社交媒体监听、及时调整策略以及学习竞争对手等方法都是企业在优化营销活动中的得力助手。通过不断学习和优化，企业可以建立更为有效的营销活动策略，提升品牌影响力，吸引更多目标受众，实现营销活动的最佳效果。

三、用户画像更新与维护策略

用户画像是企业了解用户需求、推动个性化服务的基础。然而，随着用户行为和偏好的不断变化，用户画像的更新与维护成为保持个性化服务有效性的关键。本部分将深入探讨用户画像更新与维护的重要性，以及有效的策略和方法，帮助企业更好地理解和服务其用户群体。

（一）概述

在数字化时代，用户数据积累如雪片般增长，企业通过建立用户画像来更好地理解用户需求和行为。然而，用户的兴趣、偏好和行为习惯是动态变化的，用户画像的更新与维护成为个性化服务的关键。本部分将探讨用户画像的概念，阐述用户画像更新与维护的必要性，以及实施有效的策略和方法。

（二）用户画像概述

1. 用户画像的定义

用户画像是通过对用户行为、兴趣、偏好等多方面数据进行分析和整合，形成对用户全貌的抽象描述。它是一个动态的、多维度的用户信息模型，能够帮助企业更好地理解用户、预测用户行为，并为个性化服务提供基础。

2. 用户画像的构建要素

用户画像的构建涉及多个要素，主要包括：

基本信息：包括用户的年龄、性别、地理位置等基础信息。

行为数据：用户在平台上的浏览、点击、搜索、购买等行为记录。

兴趣和偏好：用户对特定主题、类别的兴趣和喜好。

社交关系：用户在社交网络上的连接、互动关系。

设备信息：用户使用的设备类型、操作系统等信息。

3. 用户画像在个性化服务中的应用

用户画像是实现个性化服务的基础。通过深度理解用户的特征和需求，企业可以为用户提供定制化的产品、推荐、广告等服务，提高用户满意度和忠诚度。用户画像还有助于精准的目标定位和市场营销，提高营销活动的效果。

（三）用户画像更新与维护的必要性

1. 用户行为的动态性

用户行为是动态变化的，受到季节、时段、新闻事件等多种因素的影响。用户的兴趣和偏好可能随时间发生变化，过时的用户画像将无法准确反映用户的真实需求和兴趣。

2. 产品和服务的更新

企业推出新产品、服务或调整现有产品、服务时，用户画像也需要相应更新。用户画像应该随着企业业务的发展和变化而及时调整，以确保个性化服务的贴切性和有效性。

3. 数据质量的保障

用户画像的质量取决于所使用的数据，而数据质量受到多种因素的影响，包括数据来源、数据收集方法等。及时更新和清理数据，保障数据的准确性和完整性，是维护用户画像的必要步骤。

4. 竞争环境的变化

市场竞争激烈，竞争对手的策略、产品和服务也在不断变化。为了适应竞争环境的变化，企业需要不断调整自身的战略和服务，这就要求对用户画像进行及时更新，以更好地满足用户的期望。

5. 法规与隐私合规

随着数据隐私和保护法规的不断升级，企业需要确保用户画像的更新与维护过程中严格遵循相关法规和隐私合规标准。及时删除过时或无效的用户数据，保护用户的隐私权。

（四）用户画像更新与维护的策略与方法

1. 实时数据更新

采用实时数据更新的策略，可以确保用户画像能够及时反映用户的最新行为和偏好。通过使用实时数据流处理技术，企业可以在用户产生行为的同时进行数据的实时处理和更新。

2. 引入机器学习算法

机器学习算法可以帮助企业更好地理解用户的行为模式，并根据用户的实时行为进行预测。通过引入机器学习，企业可以建立更为智能、自适应的用户画像更新系统，提高画像的准确性和灵活性。

3. 用户参与与反馈

鼓励用户参与和提供反馈是维护用户画像的有效途径。通过用户调查、问卷调查、互动活动等方式，获取用户的主观意见和反馈，有助于更全面地了解用户需求和期望。

4. 多维度数据融合

多维度数据融合是提高用户画像准确性的关键。将用户在不同渠道、不同平台产生的数据进行融合分析，能够更全面地了解用户行为和兴趣，建立更为完整的用户画像。这包括整合在线和线下数据、融合社交媒体数据和传统数据等多方面的信息。通过多维度数据融合，用户画像更加全面和精准，为个性化服务提供更好的基础。

5. 利用自动化工具

引入自动化工具可以提高用户画像的更新效率。自动化工具可以自动收集、清理和分析数据，减轻人工负担，提高工作效率。这包括使用数据清洗工具、机器学习模型、智能分析系统等。

6. 客户关系管理（CRM）系统

CRM 系统是一个强大的工具，可以用于收集、整合和分析用户信息。通过 CRM 系统，企业可以跟踪客户的交互历史、购买记录、客户服务记录等，帮助建立更为全面的用户画像。不仅如此，CRM 系统还可以支持客户互动、客户分类和个性化营销活动。

7. 合作伙伴数据共享

合作伙伴数据共享是一种拓展数据源的方法。与其他企业或合作伙伴共享数据，可以获得更多的用户信息，进一步完善用户画像。在确保隐私合规的前提下，通过数据共享可以获取更为全面的用户洞察。

8. 定期审查与更新

建立定期审查与更新机制是用户画像维护的关键。企业需要定期审查用户画像的准确性和完整性，发现并纠正可能存在的问题。定期更新用户画像，确保其与用户实际行为保持同步。

（五）用户画像更新与维护的挑战与应对策略

1. 隐私保护挑战

在更新和维护用户画像时，隐私保护是一个不可忽视的挑战。企业需要确保遵守相关法规，采取措施保护用户隐私，如数据脱敏、匿名化处理等。

2. 数据安全挑战

用户画像涉及大量敏感信息，因此数据安全是更新与维护过程中的另一重要挑战。采取加密、访问控制、安全传输等措施，保障用户数据的安全性。

3. 数据质量挑战

用户画像的质量受到数据质量的制约。不完整、不准确的数据会导致用户画像的失真。建立完善的数据清洗和验证机制，提高数据的质量。

4. 技术复杂性挑战

用户画像的建立和更新涉及多个技术领域，包括大数据处理、机器学习、数据挖掘等。企业需要投入足够的技术资源，不断跟进技术发展，以适应更新与维护的技术复杂性。

5. 用户参与度挑战

获取用户参与和反馈需要一定的促使机制，而用户可能不愿意主动参与。企业需要设计巧妙的激励措施，鼓励用户提供更多有价值的信息。

6. 多渠道整合挑战

用户在多个渠道上产生数据，如社交媒体、移动应用、线下购物等。将这些数据进行整合是一个挑战，需要建立多渠道数据的统一标准和整合模型。

在应对这些挑战时，企业需要综合考虑法规合规、技术安全、用户体验等方面的因素，制定全面的更新与维护策略。

用户画像的更新与维护是企业实现个性化服务、提高用户满意度的基础。在信息爆炸的时代，用户画像需要保持与用户实际行为的同步，以确保准确反映用户的需求和兴趣。通过引入实时数据更新、机器学习算法、用户参与与反馈等策略，企业可以建立更为智能、精准的用户画像系统。

然而，用户画像的更新与维护并非一帆风顺，面临隐私保护、数据安全、技术复杂性等多重挑战。在这个过程中，企业需要综合考虑法规合规、技术安全、用户体验等方面的因素，制定全面的策略。数据的质量保障和多渠道整合也需要得到充分的重视。

为了应对这些挑战，企业可以建立跨部门协作的团队，整合技术、市场、法务等多方资源，共同推动用户画像的更新与维护。此外，不断学习和借鉴行业最佳实践，及时调整策略，也是保持用户画像系统持续有效的关键。

　　在未来，随着技术的不断进步和用户行为的不断演变，用户画像的更新与维护将更加注重智能化、个性化和安全合规。企业需要保持敏锐的洞察力，灵活调整战略，以更好地满足用户的需求，提供更加精准和个性化的服务。通过持续优化用户画像系统，企业能够在激烈的市场竞争中保持竞争优势，实现可持续发展。

第三章　个性化推荐系统

第一节　个性化推荐的原理与方法

一、推荐系统基本原理概述

推荐系统是一种利用算法为用户提供个性化推荐的技术，它在当前信息爆炸的时代发挥着越来越重要的作用。推荐系统通过分析用户的历史行为、兴趣、偏好等信息，以及物品的属性、内容等信息，从而向用户推荐可能感兴趣的物品。在这篇文章中，我们将探讨推荐系统的基本原理，包括推荐系统的类型、推荐算法的分类、评估方法以及推荐系统的挑战和未来发展方向。

（一）推荐系统的类型

推荐系统根据其推荐方式和应用领域可以分为不同的类型，主要包括：

1. 基于内容的推荐系统

基于内容的推荐系统根据物品的内容信息和用户的历史行为，推荐与用户过去喜欢的相似物品。这种推荐系统的关键在于对物品和用户进行特征提取和匹配。

2. 协同过滤推荐系统

协同过滤推荐系统基于用户与用户之间或物品与物品之间的相似性，通过挖掘用户历史行为数据进行推荐。协同过滤可以分为基于用户的协同过滤和基于物品的协同过滤。

3. 混合推荐系统

混合推荐系统综合了不同类型的推荐系统，充分发挥它们各自的优势。例如，将基于内容的推荐系统和协同过滤推荐系统结合，可以提高推荐的准确性和覆盖范围。

（二）推荐算法的分类

推荐算法是推荐系统的核心，根据算法的不同原理和思想，可以将推荐算法分为多种类型，主要包括：

1. 基于规则的推荐算法

基于规则的推荐算法通过定义一系列规则，根据用户的行为和系统的设计来进行推荐。这种方法的缺点是需要手动定义规则，且无法很好地适应用户兴趣的变化。

2. 基于统计的推荐算法

基于统计的推荐算法利用统计学方法，分析用户和物品之间的关系，进行推荐。其中，最简单的是热门推荐，即推荐热门物品，但也包括一些复杂的统计学方法，如贝叶斯网络等。

3. 机器学习推荐算法

机器学习推荐算法是当前应用最广泛的推荐算法类型，它包括协同过滤、基于内容的推荐、深度学习推荐等。这些算法通过学习用户和物品的特征，建立模型进行推荐，具有较好的灵活性和适应性。

（三）推荐系统的评估方法

评估推荐系统的性能是十分重要的，常用的评估方法包括：

1. 离线评估

离线评估是在离线环境中使用离线数据进行评估，包括准确率、召回率、覆盖率、多样性等指标。这些指标可以反映推荐系统的性能，但无法完全模拟真实用户的行为。

2. 在线评估

在线评估是在实际应用环境中通过实验测试推荐系统的性能，包括用户满意度、点击率、转化率等指标。这种评估方法更接近真实用户的反馈，但成本较高。

（四）推荐系统的挑战

推荐系统面临着一些挑战，包括但不限于：

1. 冷启动问题

对于新用户或新物品，由于缺乏历史行为数据，推荐系统很难准确预测用户的兴趣或物品的特征，这就是冷启动问题。

2. 数据稀疏性

用户行为数据通常是稀疏的，即用户与物品的交互数据很有限。这使得推荐系统面临着挑战，如何从有限的数据中准确地学习用户和物品的特征。

3. 碎片化和多样性

用户的兴趣和偏好是多样化的，推荐系统需要能够处理碎片化的用户行为数据，同时提供多样性的推荐，避免让用户陷入信息茧房。

（五）推荐系统的未来发展方向

推荐系统领域仍然在不断发展和演变，未来可能的发展方向包括：

1. 深度学习推荐系统

随着深度学习的发展，深度学习技术在推荐系统中得到广泛应用。未来，深度学习推荐系统可能会进一步提高推荐的准确性和个性化。

2. 多模态推荐系统

多模态推荐系统考虑用户的多种行为数据，如文本、图像、音频等，以提供更丰富的用户特征。这可以通过结合不同模态的数据，利用深度学习方法进行跨模态的学习，从而更全面地理解用户的兴趣和需求。

3. 强化学习在推荐系统中的应用

强化学习作为一种通过与环境的交互学习最优策略的方法，也在推荐系统中逐渐得到应用。通过引入强化学习算法，推荐系统可以更灵活地适应用户的变化兴趣，并在长期交互中不断优化推荐结果。

4. 隐私保护与个性化权衡

随着对用户隐私的关注增加，未来的推荐系统需要在提供个性化推荐的同时，更加注重用户隐私的保护。可能会涌现出一些新的方法，如联邦学习等，以在不共享用户敏感信息的前提下提供个性化的推荐。

5. 跨领域推荐系统

未来的推荐系统可能会更加关注跨领域的推荐，不仅考虑用户在某一领域的行为数据，还可以结合用户在其他领域的兴趣。这可以通过多源信息融合和跨领域学习来实现，为用户提供更全面的个性化推荐服务。

推荐系统作为信息技术领域的重要应用之一，不断在算法、模型和应用方面进行创新和发展。本部分概述了推荐系统的基本原理，包括不同类型的推荐系统、推荐算法的分类、评估方法以及面临的挑战和未来发展方向。

推荐系统的发展离不开数据的支持,随着大数据和人工智能技术的不断进步,推荐系统的性能和效果也将不断提升。同时,我们也需要在推荐系统的设计中更加注重用户体验和隐私保护,以确保用户能够得到更贴近实际需求的个性化推荐服务。在未来,随着新的技术和方法的涌现,推荐系统将继续为用户提供更智能、更精准的推荐体验。

二、协同过滤与内容推荐的区别

协同过滤(Collaborative Filtering)和基于内容的推荐(Content-Based Recommendation)是推荐系统中两种主要的推荐方法,它们在原理、适用场景和优缺点等方面存在显著的区别。本部分将深入探讨这两种推荐方法的基本原理、特点以及各自的优劣之处。

(一)协同过滤的基本原理

1. 用户协同过滤

用户协同过滤是协同过滤的一种形式,其基本原理是根据用户之间的相似性来进行推荐。具体而言,如果两个用户在过去的行为中表现出相似的兴趣和喜好,那么他们在未来可能也会对相似的物品产生兴趣。用户协同过滤可以进一步分为两种:

基于用户的协同过滤(User-Based Collaborative Filtering):该方法通过计算用户之间的相似性,将与目标用户相似的其他用户喜欢的物品推荐给目标用户。这种方法的关键在于找到相似用户并利用他们的行为进行推荐。

基于项目的协同过滤(Item-Based Collaborative Filtering):与基于用户的协同过滤不同,基于项目的协同过滤主要关注物品之间的相似性。通过计算物品之间的关联度,向用户推荐那些与他们过去喜欢的物品相似的物品。

2. 物品协同过滤

物品协同过滤也是协同过滤的一种,其核心思想是通过物品之间的相似性来进行推荐。当用户喜欢某个物品时,系统会根据该物品与其他物品的相似性,向用户推荐与其喜好相近的其他物品。物品协同过滤与用户协同过滤相比,更加注重物品之间的关系。

（二）基于内容的推荐的基本原理

基于内容的推荐系统侧重于分析物品的内容和属性，以理解物品的特征，并通过匹配用户兴趣的特征来进行推荐。其基本原理包括：

特征提取：首先，对物品进行特征提取，这可以是物品的关键词、标签、描述等，具体取决于物品的性质。这些特征描述了物品的本质属性。

用户特征建模：对用户进行特征建模，这可以通过分析用户过去的行为、喜好、评价等信息来构建用户的特征向量。

匹配和推荐：通过比较用户特征与物品特征之间的相似性，系统可以推荐那些与用户兴趣相匹配的物品。

（三）区别与对比

1. 基本原理

协同过滤：主要基于用户之间的相似性或物品之间的相似性来进行推荐，不依赖于物品的内容信息。

基于内容的推荐：主要基于物品的内容和属性，通过匹配用户的兴趣特征来进行推荐，不依赖于用户之间的相似性。

2. 数据需求

协同过滤：需要大量的用户行为数据，例如用户的点击、购买、评价等信息，以计算用户之间或物品之间的相似性。

基于内容的推荐：需要详细的物品内容信息，包括关键词、描述、标签等，以建立物品的特征模型。

3. 冷启动问题

协同过滤：对于新用户或新物品，由于缺乏历史行为数据，协同过滤很难进行有效推荐，存在冷启动问题。

基于内容的推荐：相对于协同过滤，基于内容的推荐在面对新用户或新物品时更容易处理，因为可以利用物品的内容信息进行推荐。

4. 推荐的解释性

协同过滤：通常较难提供推荐的解释，因为它主要基于用户行为的相似性，难以解释为什么某个物品被推荐。

基于内容的推荐：由于依赖物品的内容信息，因此更容易提供推荐的解释，用户可以理解为什么系统给出这样的推荐。

（四）优缺点

1. 协同过滤的优缺点

优点：

不需要事先对物品进行特征提取，自动学习用户的兴趣。

适用于大规模数据，可以发现潜在的用户兴趣。

缺点：

对于冷启动问题敏感，新用户或新物品难以进行准确推荐。

数据稀疏性问题，当用户或物品数量庞大时，相似性计算复杂度较高。

2. 基于内容的推荐的优缺点

优点：

相对于协同过滤，更容易处理冷启动问题。

推荐结果更容易解释，因为推荐是基于物品的内容和属性，可以提供更明确的解释。

缺点：

需要手动或自动提取物品的特征，这可能需要一定的领域知识。

对于长尾物品，可能由于缺乏用户行为数据而难以进行有效的推荐。

（五）综合应用与混合推荐系统

尽管协同过滤和基于内容的推荐各自有其独特的优势和劣势，但在实际应用中，研究者和从业者也发现将两者结合起来形成混合推荐系统是一种有效的策略。混合推荐系统可以弥补各自方法的不足，提高推荐的准确性和覆盖率。

混合推荐系统的设计可以基于以下几种策略：

1. 并行模型

在并行模型中，系统同时使用协同过滤和基于内容的推荐模型，然后综合它们的推荐结果。最终推荐的物品可能来自于两个模型的交集或并集，具体取决于系统的设计。

2. 串行模型

在串行模型中，系统首先使用一种推荐方法生成初始的推荐列表，然后将该列表作为输入，通过另一种推荐方法进行进一步的筛选和优化，生成最终的推荐结果。这种方法可以减少每个模型的计算复杂度。

3. 加权模型

在加权模型中，系统为每个推荐模型分配权重，然后将它们的推荐结果进行加权组合。这样的权重可以根据模型的性能、用户反馈等进行调整，以达到最佳的推荐效果。

协同过滤和基于内容的推荐作为两种主要的推荐系统方法，各自在不同场景和问题上有其独特的优势和劣势。协同过滤通过挖掘用户之间或物品之间的相似性，能够发现潜在的用户兴趣，但对于冷启动问题和数据稀疏性敏感。基于内容的推荐通过分析物品的内容和属性，更容易处理冷启动问题，但可能需要更多的领域知识和特征提取工作。

混合推荐系统的出现为推荐系统提供了一种更全面、灵活的解决方案。通过结合不同的推荐方法，混合推荐系统可以综合利用各种信息，弥补各自的不足，提高推荐的准确性和个性化程度。在实际应用中，选择合适的混合策略需要根据具体的应用场景、用户行为特征等因素进行综合考虑。随着推荐系统领域的不断发展，混合推荐系统将继续在提升用户体验、解决冷启动问题等方面发挥重要作用。

三、混合推荐策略与算法选择

混合推荐系统是利用多种推荐算法和策略的结合，以综合利用它们的优势，提高推荐系统的性能和适应性。在混合推荐系统中，不同的算法和策略可以相互补充，解决单一推荐方法的局限性，从而更好地满足用户的个性化需求。本部分将深入探讨混合推荐系统的策略选择和算法组合，以及在实际应用中的一些考虑因素。

（一）混合推荐系统的策略选择

混合推荐系统的策略选择涉及不同推荐算法和方法的组合方式，可以基于多个维度进行分类和选择。以下是一些常见的混合推荐系统模型：

1. 并行模型

在并行模型中，系统同时使用多个独立的推荐模型，然后将它们的推荐结果综合起来。这种模型通常能够提高推荐的覆盖范围和准确性。例如，同时使用基于协同过滤的模型和基于内容的模型，将它们的推荐结果进行加权融合或简单叠加。

2. 串行模型

在串行模型中，系统使用一个推荐模型生成初始的推荐列表，然后将该列表作为输入，通过另一个推荐模型进行进一步的筛选和优化。这样的模型可以降低每个模型的计算复杂度，同时利用不同模型的优势。例如，先使用基于协同过滤的模型生成候选列表，然后使用基于内容的模型对候选进行筛选。

3. 加权模型

在加权模型中，系统为每个推荐模型分配权重，然后将它们的推荐结果进行加权组合。这样的模型可以根据模型的性能、用户反馈等动态调整权重，以达到最佳的推荐效果。例如，通过机器学习方法或在线学习算法根据用户的反馈动态调整每个模型的权重。

4. 深度融合模型

深度融合模型是指将不同推荐算法通过深度学习的方式进行融合，以端到端的方式学习用户和物品的特征，并输出最终的推荐结果。这种模型通常包括多个子网络，每个子网络对应一个推荐算法。深度学习方法能够更好地捕捉用户和物品之间的复杂关系，提高推荐的准确性。

（二）混合推荐系统的算法选择

混合推荐系统的算法选择涉及不同推荐算法的组合，可以从不同类型的推荐算法中选取。以下是一些常见的混合推荐系统中使用的算法：

1. 协同过滤与基于内容的推荐

结合协同过滤和基于内容的推荐是一种常见的混合策略。协同过滤能够利用用户行为数据挖掘用户之间的相似性，而基于内容的推荐则可以利用物品的内容信息，解决冷启动问题。这两者的结合能够弥补彼此的不足，提高推荐的全面性。

2. 深度学习与传统方法的结合

深度学习方法在推荐系统中的应用日益广泛，通过深度学习可以学习到更复杂的用户和物品特征表示。将深度学习模型与传统的推荐方法结合，例如协同过滤或基于内容的推荐，可以充分利用深度学习的优势，并结合传统方法的稳定性和可解释性。

3. 多源信息融合

多源信息融合是指从多个信息源中获取数据，将这些信息整合在一起，为用户提供更全面的个性化推荐。例如,将用户的社交网络信息、历史行为数据、文本内容等多种信息源结合,通过融合多个推荐模型输出的结果,提高推荐的准确性和多样性。

4. 强化学习与传统推荐算法的结合

强化学习在推荐系统中的应用也逐渐受到关注。通过引入强化学习算法,推荐系统可以根据用户的反馈动态调整推荐策略,提高个性化推荐的效果。强化学习与传统的协同过滤、基于内容的推荐等方法结合,可以实现更灵活的个性化推荐。

(三)算法选择的考虑因素

在选择混合推荐系统的算法时,需要考虑多个因素,以确保最终的推荐系统能够满足业务需求和用户期望:

1. 业务场景和目标

不同的业务场景和目标可能需要不同的推荐算法。例如,在电商领域,协同过滤和基于内容的推荐可能同时起作用,而在社交媒体平台,多源信息融合可能更为有效。因此,首先需要明确混合推荐系统的应用场景和目标,以确定最合适的算法组合。

2. 数据可用性和稀疏性

数据的可用性和稀疏性是选择算法的重要考虑因素。如果用户行为数据较为稀疏,协同过滤可能面临较大的挑战,而基于内容的推荐可能更为适用。反之,如果有大量的用户行为数据,协同过滤可能表现更好。

3. 冷启动问题

冷启动问题是指推荐系统在面对新用户或新物品时的困境。选择算法时需要考虑系统对冷启动问题的解决能力。基于内容的推荐通常对新物品的推荐较为有效,而协同过滤可能需要一定的用户行为数据来建立相似性。

4. 计算复杂度和实时性

不同算法的计算复杂度和实时性也是选择的重要因素。一些复杂的深度学习模型可能在计算上较为耗时,而传统的协同过滤方法可能更为轻量。实时性要求高的场景可能更适合快速的推荐算法。

5. 用户体验和解释性

最终的推荐系统需要考虑用户体验和推荐结果的解释性。用户体验包括推荐的准确性、多样性和个性化程度，而解释性则指系统是否能够清晰地解释为什么给出了某个推荐。基于内容的推荐通常较容易提供解释性，而深度学习模型可能在准确性上更为出色。

6. 模型的鲁棒性和稳定性

推荐系统需要具备一定的鲁棒性和稳定性，能够应对数据的波动和变化。一些模型可能对数据噪声更为敏感，而另一些模型可能更具稳定性。选择算法时需要综合考虑模型的鲁棒性。

混合推荐系统的策略选择和算法组合需要根据具体的业务场景和目标来进行合理的选择。考虑因素包括数据可用性、冷启动问题、计算复杂度、用户体验等多个方面。不同的混合策略和算法组合能够综合利用各种信息，提高推荐的全面性和准确性。在实际应用中，需要通过实验和测试来验证不同组合的性能，不断优化推荐系统，以满足用户的个性化需求。

第二节　协同过滤与内容推荐算法

一、基于用户的协同过滤算法

基于用户的协同过滤（User-Based Collaborative Filtering）是推荐系统中一种经典的算法，旨在通过分析用户之间的相似性来进行个性化推荐。这种方法的核心思想是：如果两个用户在过去的行为中表现出相似的兴趣和偏好，那么他们在未来可能也会对相似的物品产生兴趣。本部分将深入探讨基于用户的协同过滤算法的基本原理、实现步骤、优缺点以及改进方法。

（一）基本原理

1. 用户相似性计算

基于用户的协同过滤的核心在于计算用户之间的相似性。常用的相似性度量方法包括余弦相似度、皮尔逊相关系数、欧氏距离等。这些方法用于衡量用户在项目上的行为模式是否相似，从而找到相似的用户群体。

2. 预测目标用户对未评价物品的评分

计算用户相似性后，可以利用相似用户的历史行为来预测目标用户对未评价物品的评分。一个常见的预测方法是加权平均，即将相似用户对物品的评分按相似度加权求和。

（二）实现步骤

基于用户的协同过滤的实现步骤主要包括：

1. 构建用户-物品评分矩阵

首先，将用户对物品的评分信息构建成一个用户-物品评分矩阵。矩阵的每一行代表一个用户，每一列代表一个物品，矩阵元素表示用户对物品的评分。

2. 计算用户相似性矩阵

利用用户-物品评分矩阵，计算用户之间的相似性矩阵。常用的相似性度量包括余弦相似度、皮尔逊相关系数等。

3. 预测目标用户的评分

对于目标用户，通过计算与其相似的用户对物品的加权平均评分，预测目标用户对未评价物品的评分。

4. 生成推荐列表

根据预测的评分，为目标用户生成推荐列表。可以按照评分降序排列，选择评分最高的物品推荐给用户。

（三）优缺点

1. 优点

简单直观：基于用户的协同过滤直观易懂，容易解释和理解。

无需物品内容信息：不需要物品的内容信息，仅依赖用户对物品的行为数据。

2. 缺点

数据稀疏性：当用户行为数据稀疏时，难以找到足够相似的用户，影响推荐的准确性。

计算复杂度：随着用户数量和物品数量的增加，相似性矩阵的计算复杂度较高，影响实时性。

（四）改进方法

1. 解决数据稀疏性问题

邻域方法：采用更精确的邻域方法，如 K 近邻算法，选择与目标用户相似度最高的前 K 个用户进行预测，减轻数据稀疏性问题。

加权方法：引入用户活跃度和物品流行度的权重，对相似用户的评分进行加权，减少对稀疏数据的过度依赖。

2. 降低计算复杂度

降维方法：利用降维技术，如奇异值分解（SVD），将原始用户-物品评分矩阵降维，减少计算复杂度。

近似方法：使用近似方法，如局部敏感哈希（LSH），在保持相似性的同时减少计算开销。

3. 融合其他信息

整合内容信息：将物品的内容信息整合到推荐中，以解决冷启动问题和改善推荐的准确性。将基于内容的推荐方法与基于用户的协同过滤结合，形成混合推荐系统，可以在用户行为数据稀疏或冷启动情况下提供更可靠的推荐。

4. 引入时间因素

考虑时间衰减：引入时间因素，对用户历史行为进行时间衰减，更加关注近期行为，使得推荐更符合用户当前兴趣。

5. 使用机器学习方法

应用机器学习：利用机器学习方法，如集成学习、深度学习等，对用户相似性的计算和评分的预测进行优化，提高推荐的精准度。

基于用户的协同过滤是推荐系统领域中经典而有效的算法之一。其通过分析用户之间的相似性，利用相似用户的历史行为对目标用户进行个性化推荐。然而，该方法也面临着数据稀疏性、计算复杂度高以及冷启动问题等挑战。

为了应对这些挑战，研究者们提出了一系列的改进方法，包括邻域方法、降低计算复杂度的方法、融合其他信息和引入时间因素等。这些改进方法旨在提高基于用户的协同过滤的推荐效果，使其更适用于各种实际场景。

在实际应用中，基于用户的协同过滤通常与其他推荐算法相结合，形成混合推荐系统，以充分利用各种信息源。综合考虑业务需求、数据特点和用户体验，选择合适的改进方法和混合策略，将有助于构建更具准确性和实用性的推荐系统。

二、基于物品的协同过滤算法

基于物品的协同过滤（Item-Based Collaborative Filtering）是推荐系统领

域中一种重要的算法，其核心思想是通过分析物品之间的相似性，向用户推荐与其历史兴趣相似的物品。本部分将深入探讨基于物品的协同过滤算法的基本原理、实现步骤、优缺点以及改进方法。

（一）基本原理

1. 物品相似性计算

基于物品的协同过滤的关键在于计算物品之间的相似性。常用的相似性度量方法包括余弦相似度、皮尔逊相关系数、Jaccard 相似度等。这些方法用于衡量物品在用户行为上的相似性，以找到相似物品的集合。

2. 预测目标用户对未评价物品的评分

计算物品相似性后，可以利用目标用户已评价物品的评分和物品相似性来预测目标用户对未评价物品的评分。一个常见的预测方法是加权平均，即将用户已评价物品的评分按物品相似性加权求和。

（二）实现步骤

基于物品的协同过滤的实现步骤主要包括：

1. 构建用户-物品评分矩阵

将用户对物品的评分信息构建成一个用户-物品评分矩阵。矩阵的每一行代表一个用户，每一列代表一个物品，矩阵元素表示用户对物品的评分。

2. 计算物品相似性矩阵

利用用户-物品评分矩阵，构建物品之间的相似性矩阵。常用的相似性度量包括余弦相似度、皮尔逊相关系数等。

3. 预测目标用户的评分

对于目标用户，通过计算与其已评价物品相似的物品对其未评价物品的加权平均评分，预测目标用户对未评价物品的评分。

4. 生成推荐列表

根据预测的评分，为目标用户生成推荐列表。可以按照评分降序排列，选择评分最高的物品推荐给用户。

（三）优缺点

1. 优点

简单高效：基于物品的协同过滤简单易懂，且计算效率高，适用于大规模数据集。

111

稳定性：相对于基于用户的协同过滤，基于物品的方法对于数据稀疏性的影响较小，推荐结果更为稳定。

2. 缺点

冷启动问题：面对新物品的冷启动问题，当新物品加入系统时，由于缺乏用户行为数据，难以进行有效的推荐。

计算复杂度：随着物品数量的增加，相似性矩阵的计算复杂度较高，影响实时性。

（四）改进方法

1. 解决冷启动问题

整合内容信息：将物品的内容信息整合到推荐中，以解决新物品的冷启动问题，提高对新物品的推荐效果。

2. 降低计算复杂度

近似方法：使用近似方法，如局部敏感哈希（LSH），在保持相似性的同时减少计算开销。

降维方法：利用降维技术，如奇异值分解（SVD），将原始用户-物品评分矩阵降维，减少计算复杂度。

3. 引入时间因素

考虑时间衰减：引入时间因素，对用户历史行为进行时间衰减，更加关注近期行为，使得推荐更符合用户当前兴趣。

4. 使用机器学习方法

应用机器学习：利用机器学习方法，如集成学习、深度学习等，对物品相似性的计算和评分的预测进行优化，提高推荐的准确性。

5. 考虑用户个性化

个性化相似性计算：在计算物品相似性时，考虑用户的个性化需求，通过加权或过滤的方式，更好地适应用户的兴趣。

基于物品的协同过滤是推荐系统中一种经典而有效的算法，通过分析物品之间的相似性，向用户推荐与其历史兴趣相似的物品。其优势在于简单高效，且相对于基于用户的协同过滤，更稳定且适用于大规模数据集。

然而，基于物品的协同过滤也存在一些挑战，如冷启动问题和计算复杂度高。为了应对这些挑战，研究者们提出了一系列的改进方法，包括整合内容信息、降低计算复杂度的方法、引入时间因素和使用机器学习方法等。

在实际应用中，基于物品的协同过滤通常与其他推荐算法相结合，形成混合推荐系统，以充分利用各种信息源。综合考虑业务需求、数据特点和用户体验，选择合适的改进方法和混合策略，将有助于构建更具准确性和实用性的推荐系统。

三、内容推荐算法与个性化内容生成

（一）概述

内容推荐系统是通过分析用户的兴趣和行为，为用户提供个性化的信息和资源的系统。在内容推荐领域，算法的选择和个性化内容生成是至关重要的，因为它们直接影响用户体验和推荐系统的效果。本部分将深入探讨内容推荐算法的基本原理、常见方法以及个性化内容生成的关键技术，以及二者在构建更智能、精准的推荐系统中的作用。

（二）内容推荐算法

内容推荐算法是推荐系统中的核心，其目标是根据用户的历史行为、兴趣和偏好，为其提供个性化的、相关度较高的内容。以下是一些常见的内容推荐算法：

1. 基于内容的推荐

基于内容的推荐是通过分析物品的内容信息，如文本、图片、音频等，以及用户的历史行为，来推荐与用户兴趣相符的物品。该方法的核心在于使用物品的特征向量表示，通过计算物品之间的相似性，为用户推荐相似度较高的物品。

2. 协同过滤

协同过滤是一种根据用户群体的行为来进行推荐的方法。它分为基于用户的协同过滤和基于物品的协同过滤。基于用户的协同过滤通过计算用户之间的相似性，为用户推荐与其相似用户喜欢的物品。而基于物品的协同过滤则是通过计算物品之间的相似性，为用户推荐与其历史喜欢的物品相似的其他物品。

3. 混合推荐算法

混合推荐算法结合了多种推荐算法的优势，通过综合考虑基于内容的推荐和协同过滤等方法，提高了推荐的全面性和准确性。混合推荐系统可以根据场景和数据的特点，选择合适的算法进行组合，以实现更好的推荐效果。

4. 推荐模型的发展

近年来，随着深度学习技术的发展，推荐模型也逐渐从传统的浅层模型转向深度学习模型。深度学习模型可以更好地挖掘用户和物品之间的复杂关系，提高推荐的精度。典型的深度学习推荐模型包括多层感知机（MLP）、卷积神经网络（CNN）和循环神经网络（RNN）等。

（三）个性化内容生成

个性化内容生成是推荐系统中的一个关键环节，它通过分析用户的个性化需求，生成符合用户兴趣和特点的内容。以下是一些个性化内容生成的关键技术：

1. 自然语言处理（NLP）

在文本内容生成方面，自然语言处理技术被广泛应用。通过 NLP 技术，系统可以理解用户的语言特点、兴趣和情感，从而生成更符合用户口味的文本内容。生成式模型，如循环神经网络（RNN）和长短时记忆网络（LSTM），在文本生成中取得了显著的成果。

2. 图像处理技术

对于图像内容的生成，图像处理技术是不可或缺的。生成对抗网络（GAN）是一种强大的图像生成技术，它可以通过对抗训练的方式生成高质量、逼真的图像。GAN 的应用使得推荐系统能够向用户提供更生动、视觉上吸引人的内容。

3. 强化学习

强化学习可以用于个性化内容生成的决策过程。通过引入奖励机制，系统可以根据用户的反馈不断调整生成的内容，使得生成的内容更符合用户的期望。这种方法在个性化推荐和生成对话系统中得到广泛应用。

4. 多模态融合

随着多模态数据的普及，融合多种类型的数据进行个性化内容生成变得愈发重要。多模态融合可以利用文本、图像、音频等多种信息，为用户生成更具多样性和丰富性的个性化内容。

（四）内容推荐算法与个性化内容生成的融合

内容推荐算法和个性化内容生成两者的融合可以构建更加智能和人性化的推荐系统。以下是两者融合的一些关键点：

1. 个性化内容作为推荐项

生成的个性化内容可以作为推荐系统的一部分，为用户提供更为个性化、独特的推荐体验。这样的推荐不仅仅是基于用户过去行为的统计，更能反映用户当前的兴趣和需求。

2. 利用生成模型提升用户体验

通过个性化内容生成，推荐系统可以更好地满足用户的个性化需求，提高用户体验。

3. 利用用户反馈优化生成模型

推荐系统可以收集用户对生成内容的反馈，例如点击、喜欢或评论等，通过强化学习等方法优化生成模型，使得生成的内容更符合用户的期望。这种反馈机制有助于系统实时调整生成模型，适应用户变化的兴趣。

4. 多模态信息融合

融合内容推荐算法和个性化内容生成时，可以考虑多模态信息的融合。例如，推荐系统可以同时考虑用户的历史行为、文本偏好、图像偏好等多种信息，从而更全面地理解用户需求，生成更具多样性和个性化的内容。

5. 基于生成模型的冷启动处理

在推荐系统中，冷启动问题是一个常见的挑战，尤其是对于新用户或新物品。个性化内容生成可以通过对用户进行问卷调查、关注用户社交媒体等方式获得初始信息，然后基于生成模型为新用户生成初步的个性化内容，帮助解决冷启动问题。

（五）挑战与未来发展

虽然内容推荐算法与个性化内容生成的融合带来了许多优势，但也面临一些挑战：

1. 数据隐私和安全性

融合生成模型的推荐系统可能涉及大量用户数据，因此需要高度关注数据隐私和安全性。合理的数据加密、匿名化和访问控制机制是解决这一问题的重要手段。

2. 模型可解释性

生成模型通常被认为是"黑盒"模型,难以解释其生成内容的具体原因。在建立可信任的推荐系统时,模型的可解释性是一个需要解决的问题,以便用户能够理解和信任推荐结果。

3. 多样性与新颖性

融合生成模型的推荐系统在提供个性化内容的同时,也需要保持推荐的多样性和新颖性,以避免让用户陷入信息过滤的"信息茧房"。

4. 训练和计算资源

深度学习生成模型通常需要大量的训练数据和计算资源,这对于一些小规模的推荐系统来说可能是一个挑战。未来的研究可以关注如何在有限的资源下提高生成模型的效果。

5. 用户反馈收集

为了不断优化生成模型,推荐系统需要设计有效的用户反馈收集机制。用户对生成内容的反馈能够帮助系统更好地理解用户兴趣,从而提供更为精准的个性化推荐。

内容推荐算法与个性化内容生成的融合是推荐系统发展的一个重要方向。通过将内容推荐与生成模型相结合,可以实现更为智能、个性化和多样化的推荐体验。然而,这一融合也面临着一系列挑战,如数据隐私、模型可解释性、多样性与新颖性等问题,需要综合考虑算法、技术和用户体验,不断改进和优化。未来,随着技术的不断进步和推荐系统对用户需求的深入理解,内容推荐与个性化内容生成的融合将为用户提供更为个性化、丰富多彩的信息服务。

第三节 推荐系统的优化与改进

一、深度学习在推荐系统中的应用

随着信息技术的飞速发展,互联网时代赋予了我们前所未有的数据和信息资源。然而,这也带来了一个新的问题,即信息过载。在海量信息的背后,用户面临着如何高效获取个性化信息的挑战。推荐系统因此应运而生,成为解决信息过载问题的有效工具。近年来，深度学习技术的迅猛发展为推荐系统的性能提升提供了新的可能性。本部分将探讨深度学习在推荐系统中的应用，以及其对推荐系统性能的影响。

（一）推荐系统概述

推荐系统是一种通过分析用户的历史行为、偏好和兴趣，为用户提供个性化推荐的系统。推荐系统广泛应用于电子商务、社交媒体、在线视频和音乐平台等领域。其核心目标是提高用户体验，促使用户更好地发现符合其兴趣的内容或产品。

传统的推荐系统主要依赖于协同过滤、基于内容的推荐和矩阵分解等方法。然而，这些方法在处理大规模、高维度的数据时存在一些限制。深度学习技术的崛起为推荐系统带来了新的机遇，通过利用深度神经网络对用户和物品之间的复杂关系进行建模，提高了推荐系统的性能和准确性。

（二）深度学习在推荐系统中的应用

1. 神经网络模型

深度学习的核心是神经网络模型，它通过多层次的神经元网络来学习数据的复杂特征。在推荐系统中，神经网络模型可以用于捕捉用户和物品之间的非线性关系。典型的深度学习推荐模型包括多层感知机（MLP）、卷积神经网络（CNN）和循环神经网络（RNN）等。

MLP 模型通过多个全连接层来学习用户和物品的特征表示，其中每个隐藏层的输出作为下一层的输入。CNN 模型可以有效捕捉图像和序列数据中的局部特征，对于推荐系统中的图像和文本信息处理具有优势。RNN 模型则适用于处理序列数据，例如用户的历史行为序列。

2. Embedding 技术

Embedding 技术是深度学习在推荐系统中广泛使用的一种方法，它将用户和物品映射到低维度的向量空间中。通过学习这些向量表示，模型能够更好地捕捉用户和物品之间的关系。Word Embedding 技术在自然语言处理领域取得了巨大成功，而在推荐系统中，User Embedding 和 Item Embedding 分别表示用户和物品，通过它们之间的内积来预测用户对物品的喜好程度。

3. 自注意力机制

自注意力机制是一种允许模型动态关注输入序列中不同位置的方法。在推荐系统中,用户对物品的兴趣可能随时间变化,自注意力机制可以有效地捕捉这种动态变化。通过引入注意力机制,模型可以更灵活地对用户历史行为进行建模,提高推荐的个性化程度。

4. 深度强化学习

深度强化学习结合了深度学习和强化学习的优势,在推荐系统中取得了显著的成果。强化学习框架将推荐过程视为一个决策过程,通过与用户的交互来优化推荐策略。深度强化学习模型可以学习到用户的长期和短期偏好,更好地平衡探索和利用的权衡。

(三)深度学习在推荐系统中的优势

1. 非线性建模能力

深度学习模型能够学习到复杂的非线性关系,更好地捕捉用户和物品之间的隐含特征。这使得推荐系统能够更准确地预测用户的兴趣,提供更个性化的推荐。

2. 端到端的学习

深度学习模型支持端到端的学习,无需手工设计特征。模型可以直接从原始数据中学习到用户和物品的表示,减少了特征工程的工作,提高了模型的泛化能力。

3. 多模态信息融合

在推荐系统中,用户和物品的信息往往包含多种模态,如文本、图像和音频。深度学习模型能够有效地融合这些多模态信息,提高推荐系统对于复杂内容的处理能力。

4. 动态建模能力

深度学习模型通过引入自注意力机制和长短时记忆网络(LSTM)等结构,能够更好地建模用户兴趣的动态变化。这使得推荐系统能够更好地适应用户的实时需求。

(四)深度学习在推荐系统中的挑战与未来发展:

数据稀疏性和冷启动问题:推荐系统面临的一个主要挑战是用户行为数据的稀疏性和冷启动问题。深度学习模型通常需要大量的训练数据来发挥其优势,但在现实场景中,很多用户的行为数据相对有限。冷启动问题涉及新用户或新物品的推荐,这时很难依靠历史数据进行准确的推荐。

1. 模型解释性

深度学习模型通常被认为是"黑箱"模型，难以解释其决策过程。在一些应用场景中，用户可能需要了解为什么某个物品被推荐，以提高推荐系统的可信度。因此，深度学习在推荐系统中的应用需要进一步研究如何提高模型的解释性，以满足用户对推荐原因的需求。

2. 计算资源和训练时间

深度学习模型通常需要大量的计算资源和时间进行训练，特别是在处理大规模数据时。这可能对一些资源有限的应用场景造成挑战，需要在计算效率和模型性能之间找到平衡。

3. 未来发展方向

深度学习与传统方法的融合：将深度学习与传统的协同过滤、基于内容的推荐方法相结合，以克服深度学习模型在数据稀疏性和冷启动问题上的局限性。这种融合可以充分利用深度学习模型的非线性建模能力和传统方法的稳定性。

多模态信息的处理：随着推荐系统应用场景的不断拓展，涉及多模态信息的需求也逐渐增加。深度学习在处理文本、图像、音频等多模态信息方面具有天然的优势，未来的研究可以进一步深化在多模态推荐中的应用。

4. 增强推荐系统的实时性

对于一些实时性要求较高的应用场景，如在线广告、实时推荐等，深度学习模型需要进一步优化以提高推荐系统的响应速度。这可能涉及模型结构的简化、参数的精简以及更高效的推理算法等方面的研究。

用户个性化体验的细化：随着对用户个性化需求的不断提高，推荐系统需要更细致地理解用户的兴趣和需求。未来的深度学习模型可以通过引入更复杂的用户建模机制，包括情感分析、用户心理模型等，以提供更加精准的推荐服务。

深度学习在推荐系统中的应用为提高个性化推荐的效果和效率提供了新的途径。通过引入深度学习模型，推荐系统能够更好地捕捉用户和物品之间的复杂关系，实现更准确、更个性化的推荐。然而，深度学习在推荐系统中仍然面临一些挑战，需要继续研究和探索解决方案。未来，随着深度学习技术的不断发展和推荐系统应用场景的不断丰富，深度学习在推荐系统中的应用将会更加广泛和深入。

二、推荐系统性能优化与用户体验改善

随着互联网的迅速发展，推荐系统在各个领域中扮演着越来越重要的角色，为用户提供个性化的产品和服务。然而，随着推荐系统规模的不断扩大和用户期望的提高，推荐系统性能优化和用户体验改善成为当前研究和实践中的重要课题。本部分将探讨推荐系统性能优化和用户体验改善的相关问题，并介绍一些有效的方法和策略。

（一）推荐系统性能优化

数据处理与存储优化：推荐系统通常需要处理大规模的用户行为数据，因此数据的高效处理和存储是性能优化的首要任务。采用分布式存储和计算技术，如 Hadoop、Spark 等，可以提高数据处理的效率。同时，对于一些热门的数据，可以使用缓存技术，减少对数据库的频繁访问，提高推荐系统的响应速度。

模型训练与推理优化：推荐系统中的模型训练和推理是计算密集型的任务。通过使用深度学习框架的优化算法、模型剪枝、量化等技术，可以降低模型的复杂度，提高训练和推理的速度。另外，模型并行和分布式训练也是提高性能的有效手段。

实时性与批处理的平衡：在一些实时性要求较高的应用场景中，需要权衡实时性和批处理的效率。使用流处理技术，如 Flink、Kafka 等，可以实现对实时数据的快速处理。而对于一些不需要实时反馈的场景，可以通过批处理方式降低系统的复杂度，提高整体效率。

分布式计算与负载均衡：推荐系统往往需要处理大规模的用户和物品数据，采用分布式计算技术可以更好地应对这些挑战。负载均衡技术可以确保系统各个节点的负载均匀，避免单一节点的性能瓶颈。

算法与模型的在线更新：推荐系统中的算法和模型需要不断地适应用户和物品的变化。引入在线学习和增量学习的技术，可以使得模型能够及时捕捉到用户兴趣的变化，提高推荐的准确性。

（二）用户体验改善

个性化推荐的透明度：用户往往对于为其推荐的内容希望有一定的解释

和透明度。推荐系统可以通过展示推荐的原因、用户历史行为等方式，增加用户对推荐结果的理解和信任感。

多渠道用户反馈：用户反馈是改善推荐系统的重要信息源。推荐系统应该建立多样化的用户反馈渠道，包括用户调查、评价系统、举报系统等，及时获取用户对推荐结果的意见和建议。

界面设计与用户交互体验：推荐系统的用户界面设计直接关系到用户体验。合理的信息展示、用户交互设计可以提高用户对推荐系统的满意度。响应式设计、个性化界面等技术都可以用于改善用户体验。

推荐解释与用户控制：为了提高用户对推荐的可控性，推荐系统可以提供用户可定制的推荐策略，让用户能够参与到推荐过程中。同时，推荐解释技术也可以告知用户推荐系统是如何得出某个推荐结果的，从而提高用户的满意度。

跨平台一致性：对于涉及多个平台的推荐系统，确保用户在不同平台上的体验一致性也是至关重要的。用户在移动设备、网页和应用程序之间切换时，推荐系统应该能够保持用户状态的一致性，避免用户感到不适应。

（三）推荐系统性能优化与用户体验改善的整合

实时反馈与调整：将用户的实时反馈纳入推荐系统的调整过程，通过分析用户反馈信息，实时调整推荐策略和模型参数，提高系统的准确性和用户满意度。

A/B 测试与评估体系：通过 A/B 测试等实验手段，对不同的推荐算法和策略进行比较和评估。建立完善的评估体系，综合考虑推荐系统的性能指标和用户体验指标，制定系统的改进方案。

用户画像与个性化调整：利用用户画像技术，综合考虑用户的兴趣、行为、社交关系等信息，调整推荐系统的个性化策略。确保用户在不同场景下都能够得到符合其个性化需求的推荐。

智能预加载与响应优化：为了提高用户体验，推荐系统可以采用智能预加载技术，提前加载可能感兴趣的内容，减少用户等待时间。此外，优化系统的响应速度，确保在用户使用时能够快速响应，也是改善用户体验的关键。

深度学习模型的实时化应用：将深度学习模型应用到实时推荐中，通过在线学习等技术实现模型的动态调整，更好地适应用户兴趣的变化。这有助于提高推荐的时效性和个性化程度。

推荐结果的多样性：为了提升用户体验，推荐系统应该注重推荐结果的多样性。过于突出的个性化推荐可能导致信息茧房效应，用户只看到与自己兴趣相似的内容。通过引入多样性推荐，可以让用户更全面地了解不同类型的内容，丰富用户体验。

用户隐私与透明度：用户隐私是推荐系统设计中的重要考虑因素。系统应该保护用户的隐私信息，避免滥用用户数据。同时，提供透明的隐私政策和设置选项，让用户能够了解和控制他们的隐私。

社交元素的整合：结合用户社交网络信息，引入社交元素，使得推荐系统更好地理解用户的兴趣和偏好。推荐系统可以考虑用户在社交媒体上的分享、评论等信息，以提高推荐的精准度和吸引力。

综上所述，推荐系统性能优化和用户体验改善是一个相辅相成的过程。性能优化可以确保系统高效稳定地运行，而用户体验改善则是为了满足用户对于推荐系统的期望。这两者之间的平衡与整合对于推荐系统的长期发展至关重要。未来，随着技术的不断进步和用户需求的变化，推荐系统的性能优化和用户体验改善将需要持续不断地进行创新和改进。通过综合运用各种技术手段和方法，推动推荐系统朝着更智能、更个性化、更符合用户期望的方向不断发展。

第四节　推荐系统在电商平台中的应用

一、商品推荐与购物车推送

随着电子商务的蓬勃发展，商品推荐与购物车推送成为了在线购物平台中不可或缺的两大功能。这两项功能通过智能化算法和个性化推荐技术，为用户提供更加个性化、便捷的购物体验。本部分将深入探讨商品推荐与购物车推送的重要性、实现原理、技术挑战以及未来发展趋势。

（一）商品推荐的重要性

提高销售量和用户黏性：商品推荐通过向用户展示可能感兴趣的产品，增加了用户在购物平台上的停留时间，提高了用户的购物体验。同时，合适的商品推荐也可以促使用户产生购买欲望，从而提高销售量和用户黏性。

个性化体验：通过分析用户的历史购物行为、偏好和兴趣，商品推荐可以实现个性化的推荐，为每位用户量身定制独特的购物体验。这不仅提高了用户对购物平台的满意度，也有助于建立用户与平台的紧密连接。

促进交叉销售：商品推荐不仅可以推荐用户可能感兴趣的产品，还可以通过交叉销售策略，将相关性较强的商品捆绑推荐，促进用户购买更多相关产品，从而提高购物篮的订单价值。

增加用户探索性：在庞大的商品库存中，用户可能并不熟悉所有的产品，商品推荐通过引导用户发现新品、热销商品，提高用户的探索欲望，同时丰富了购物平台的内容。

（二）商品推荐的实现原理

协同过滤：协同过滤是一种基于用户历史行为或商品相似性的推荐算法。基于用户行为，协同过滤可以推断出用户的兴趣，然后向用户推荐与其历史行为相似的其他商品。基于商品相似性，算法会根据用户当前选择的商品，推荐与之相似的其他商品。

内容推荐：内容推荐是基于商品本身的属性和特征进行推荐。这包括商品的描述、标签、类别等信息。通过对商品内容的分析，系统可以向用户推荐与其喜好相符的商品，而不依赖于用户与其他用户的行为相似性。

深度学习：深度学习技术在商品推荐中得到了广泛应用。通过构建深度神经网络模型，系统可以更好地学习用户和商品之间的复杂关系，从而提高推荐的准确性。常见的深度学习模型包括多层感知机、卷积神经网络（CNN）、循环神经网络（RNN）等。

实时推荐：随着用户行为的不断变化，实时推荐成为了提高推荐效果的关键。实时推荐系统通过采用流处理技术，能够迅速捕捉用户行为的变化，及时更新推荐结果，以确保推荐的时效性和准确性。

（三）购物车推送的重要性

提升用户购物体验：购物车推送是在用户添加商品到购物车后向其推送相关信息的功能。通过购物车推送，用户可以随时查看购物车中的商品、修改商品数量、了解商品价格，从而提升了用户的购物体验。

降低购物车遗漏率：购物车推送可以提醒用户购物车中的商品，降低因用户忘记购物车中的商品而导致的遗漏率。通过及时提醒，购物车推送帮助用户保持对购物车的关注，增加了购物车中商品被购买的机会。

促进交叉销售：购物车推送不仅可以提醒用户购物车中的商品，还可以推荐相关性较强的其他商品，促使用户将更多商品加入购物车，实现更高价值的订单。

精准的促销与优惠信息：通过购物车推送，平台可以向用户发送个性化的促销和优惠信息，如满减、折扣券等。这有助于提高用户的购买决策，增加交易金额。

提高用户留存率：购物车推送不仅在用户购物过程中发挥作用，还可以通过提供个性化的购物建议，引导用户完成交易。这有助于提高用户留存率，促使用户持续在平台上购物。

（四）购物车推送的实现原理

实时购物车更新：购物车推送需要实时更新购物车的信息，包括商品数量、价格变动等。通过实时的数据同步和推送技术，系统能够及时将最新的购物车信息反馈给用户。

个性化推荐：除了基础的购物车信息，购物车推送还可以利用个性化推荐技术，向用户推荐与购物车中商品相关性较强的其他商品。这可以通过分析用户的历史购物行为、兴趣和偏好，以及购物车中商品的属性等信息，实现更加个性化的推荐。

实时促销与优惠信息：购物车推送通常包含与购物车中商品相关的促销和优惠信息。平台可以通过实时监测商品价格、库存等变化，以及用户的购物行为，实时生成个性化的促销和优惠信息，并推送给用户。

多渠道推送：为了确保用户及时收到购物车推送，系统需要支持多渠道的推送方式，包括站内消息、手机短信、App 通知等。这样可以在用户离开购物平台时，通过适当的渠道提醒用户购物车中尚未结算的商品。

用户行为分析：通过对用户在购物车中的行为进行分析，系统可以更好地理解用户的购物意图。例如，用户在购物车中停留的时间、频繁加入或删除的商品等行为都可以为系统提供重要的用户反馈，用于优化购物车推送策略。

智能提醒：购物车推送可以利用智能提醒技术，根据用户的行为和购物车中的情况，给出个性化的提醒建议。例如，对于购物车中存在的促销活动，系统可以提醒用户在限时内完成购买以享受优惠。

（五）商品推荐与购物车推送的技术挑战

大规模数据处理：商品推荐和购物车推送通常需要处理大规模的用户行为数据、商品信息和实时数据流。处理这些庞大的数据量需要高效的分布式计算和存储系统，以确保推荐和推送的实时性和准确性。

用户隐私保护：商品推荐和购物车推送涉及大量用户个人数据的处理，因此用户隐私保护是一个重要的考虑因素。系统需要采取有效的隐私保护措施，确保用户信息不被滥用和泄露。

多样性与新颖性：提供个性化推荐时，系统需要平衡推荐结果的多样性和新颖性，以避免让用户陷入信息茧房。如何在保持个性化的同时确保推荐结果的多样性是一个挑战。

实时性要求：商品推荐和购物车推送需要在用户购物过程中实时响应，因此需要应对实时性要求。系统需要采用流式处理技术，保证用户的购物体验是及时更新和准确的。

模型的不确定性：推荐系统中使用的算法和模型存在不确定性，用户的兴趣和购物意图可能会发生变化。系统需要能够适应用户行为的变化，实时更新模型，提高推荐的准确性。

（六）未来发展趋势

融合增强现实技术：随着增强现实技术的发展，未来商品推荐和购物车推送可能会融合增强现实技术，为用户提供更直观、沉浸式的购物体验。用户可以通过 AR 设备在实际场景中查看商品推荐和购物车内容。

引入图神经网络：图神经网络在处理用户-商品关系图等复杂网络结构方面具有优势。未来推荐系统可能会引入图神经网络，更好地建模用户与商品之间的关系，提高推荐的精准度。

个性化推荐与社交整合：未来的推荐系统可能更加注重整合社交网络信息，通过分析用户在社交媒体上的行为和好友关系，提供更精准的个性化推荐。

语音和自然语言处理：随着语音助手和智能语音交互的普及，未来的商品推荐和购物车推送可能会更加注重语音和自然语言处理技术，以提供更自然、智能的用户体验。

持续强调用户体验：未来的发展趋势将继续强调用户体验的重要性。推荐系统将不仅仅关注推荐的准确性，还将更注重提升用户在购物过程中的整体体验，包括界面设计、用户交互、个性化推荐等方面。

总体而言，商品推荐和购物车推送在电子商务中发挥着至关重要的作用，对于提升用户购物体验、增加销售量和用户黏性具有重要意义。随着技术的不断发展，推荐系统将进一步融入更多智能化技术，以更好地满足用户的个性化需求。在未来，我们有望看到更加智能、便捷、人性化的商品推荐和购物车推送服务。

二、营销活动推荐与促销策略

在现代商业环境中，随着市场竞争的加剧和消费者需求的变化，企业越来越重视营销活动和促销策略的制定与实施。为了更好地满足消费者需求，提高销售额，推荐系统在营销活动和促销策略中扮演了关键的角色。本部分将深入探讨营销活动推荐与促销策略的重要性、实现原理、技术挑战以及未来发展趋势。

（一）营销活动推荐与促销策略的重要性

提高销售量：营销活动和促销策略通过降价、赠品、折扣等手段，能够吸引更多的消费者进行购买。通过合理制定和推荐促销活动，企业可以有效地提高销售量，增加收入。

改善用户体验：个性化的营销活动和促销策略有助于提高用户体验。通过根据用户的历史购买行为、喜好和偏好，向用户推荐符合其兴趣的促销活动，可以使用户感到被重视，增加用户对品牌的忠诚度。

优化库存管理：通过合理设计促销策略，企业可以更好地调控商品的库存。例如，通过清理滞销商品，提高库存周转率，减少库存积压，从而降低库存成本。

建立品牌形象：通过巧妙设计的营销活动和促销策略，企业可以在消费者心中树立积极的品牌形象。促销活动不仅仅是价格的竞争，更是品牌价值的体现，可以提高品牌在市场中的竞争力。

（二）营销活动推荐的实现原理

用户行为分析：营销活动推荐的核心在于对用户行为的深入分析。通过对用户在平台上的浏览、搜索、购买等行为进行挖掘，了解用户的兴趣、购物偏好，为其推荐最具吸引力的营销活动。

个性化推荐算法：基于用户行为分析，个性化推荐算法是营销活动推荐的关键。协同过滤、内容推荐、深度学习等算法被广泛应用，以实现更精准、个性化的营销活动推荐。

时序模型与趋势分析：营销活动的推荐需要考虑用户的时序行为和市场的趋势。时序模型可以分析用户的购买周期、活跃时间，趋势分析则可以预测市场的热点和潜在的用户需求。

多渠道数据整合：营销活动推荐需要综合考虑用户在不同渠道的行为数据，包括电商平台、社交媒体、移动应用等。多渠道数据整合有助于更全面地了解用户，提高推荐的准确性。

（三）促销策略的实现原理

目标群体分析：促销策略的制定首先需要对目标群体进行深入分析。通过了解目标群体的年龄、性别、地域、消费习惯等信息，可以有针对性地设计促销策略，提高策略的精准度。

价格敏感度分析：对不同商品和用户群体的价格敏感度进行分析，可以制定更灵活的促销策略。一些用户更关注价格折扣，而另一些用户可能更关注赠品或积分奖励。

竞争对手监测：在制定促销策略时，了解竞争对手的促销活动是至关重要的。通过对竞争对手的价格、优惠政策等进行监测，企业可以更好地调整自己的促销策略，保持市场竞争力。

季节性和事件性考虑：考虑到季节性和事件性的因素，制定与之相关的促销策略。例如，在重要购物节日、季节交替时，可以推出相应的促销活动，吸引更多用户参与。

促销效果评估：制定促销策略后，需要建立相应的评估体系。通过监测促销活动期间的销售数据、用户参与率、购物篮价值等指标，评估促销效果，为未来策略调整提供数据支持。

（四）营销活动推荐与促销策略的技术挑战

大数据处理：营销活动推荐和促销策略制定需要处理大规模的用户行为数据、商品信息、市场趋势等大数据。如何高效地进行大规模数据处理，确保系统的实时性和准确性，是技术挑战之一。

多渠道数据整合：用户在不同渠道上的行为数据需要进行整合分析，以获得全面的用户画像和市场趋势。多渠道数据整合涉及数据来源的差异、数据格式的统（一）数据安全性等问题，需要高效的数据整合技术。

个性化推荐算法：营销活动推荐的关键在于个性化，而个性化推荐算法的设计与优化是一个复杂而具有挑战性的问题。算法需要能够充分挖掘用户行为和兴趣，确保推荐结果既符合用户的期望，又能够提高销售量。

实时性和时效性：营销活动通常需要及时响应市场变化和用户需求，因此实现实时的营销活动推荐和促销策略调整是一项技术难题。这涉及流式数据处理、实时算法模型更新等方面的技术挑战。

用户隐私保护：营销活动和促销策略的制定需要涉及用户个人信息，因此用户隐私保护是一项不可忽视的技术和法律挑战。系统需要确保用户信息的安全存储、传输和使用，以遵守相关隐私法规。

（五）未来发展趋势

AI和机器学习的深度融合：未来，随着人工智能（AI）和机器学习（ML）技术的不断发展，将更深度地融入到营销活动推荐和促销策略中。强化算法的智能化、自适应性，使推荐更具个性化和针对性。

智能化的实时推荐系统：随着实时技术的成熟和应用，未来的营销活动推荐系统将更加智能、灵活，能够实时根据用户行为和市场变化进行推荐和调整。

更多数据源的整合：未来，多渠道数据整合将更加全面，涵盖更多的数据源，包括社交媒体、物联网设备、线下消费行为等。这将使得推荐系统更全面地了解用户需求和市场变化。

跨平台、跨设备的推荐：随着用户在不同平台和设备上的行为越来越多样化，未来的推荐系统将更加注重跨平台、跨设备的一致性。确保用户在不同场景下都能够获得一致的推荐体验。

融合增强现实（AR）和虚拟现实（VR）技术：利用AR和VR技术，未来的促销策略和营销活动将更具沉浸感。用户可以通过虚拟现实体验商品，参与互动式的促销活动，提升用户参与度。

更加精细化的用户画像：随着数据收集和分析技术的不断进步，未来的用户画像将更加精细化。这将有助于推荐系统更准确地了解用户的需求、喜好和行为，从而更好地制定个性化的促销策略。

可解释性和透明性：随着对算法决策透明度的要求不断增加，未来的推荐系统将更加注重可解释性和透明性。用户将更容易理解为什么会收到某个推荐或促销信息。

总体而言，营销活动推荐与促销策略的发展趋势是朝着智能化、个性化、实时化和全渠道化方向发展。

三、跨品类推荐与用户跟踪

在现代电商环境中，随着用户需求的多样化和电商平台的丰富化，跨品类推荐和用户跟踪成为提高销售额、提升用户体验的关键因素。跨品类推荐是指系统能够根据用户的历史行为和兴趣，推荐不同品类的商品，拓展用户的购物范围。用户跟踪则是通过持续追踪用户在平台上的行为，了解其购物路径和偏好，以更好地为用户提供个性化服务。本部分将深入探讨跨品类推荐与用户跟踪的重要性、实现原理、技术挑战以及未来发展趋势。

（一）跨品类推荐的重要性

拓展用户购物体验：跨品类推荐可以帮助用户发现他们可能没有主动搜索或浏览的商品，从而拓展用户的购物体验。通过引导用户跨足不同品类，平台可以提高用户在平台上的停留时间，增加用户对更多商品的了解。

提高销售额和跨销售：跨品类推荐有助于提高销售额，因为用户可能会被推荐到他们本来没有考虑过的商品。同时，通过巧妙的跨销售策略，用户可能会购买相关性较强的不同品类的商品，提高购物篮的订单价值。

优化库存管理：对于电商平台而言，优化库存是一项关键任务。通过跨品类推荐，可以有助于平衡不同品类商品的销售，减少滞销商品，提高库存周转率。

增加用户黏性：当用户在平台上发现了更多感兴趣的商品，他们更有可能在未来返回。跨品类推荐可以提高用户的黏性，使其成为平台的忠实用户。

（二）跨品类推荐的实现原理

用户行为分析：跨品类推荐的核心在于对用户行为的深入分析。通过对用户在平台上的浏览、搜索、购买等行为进行挖掘，系统可以了解用户的兴趣、购物偏好，为其推荐不同品类的商品。

协同过滤：协同过滤是一种常用于跨品类推荐的算法。基于用户行为，协同过滤可以推断出用户的兴趣，然后向用户推荐与其历史行为相似的其他品类的商品。

内容推荐：内容推荐是基于商品本身的属性和特征进行推荐。通过对不同品类商品的描述、标签、类别等信息进行分析，系统可以向用户推荐符合其兴趣的商品，而不依赖于用户与其他用户的行为相似性。

深度学习技术：深度学习技术在跨品类推荐中得到了广泛应用。通过构建深度神经网络模型，系统可以更好地学习用户和不同品类商品之间的复杂关系，从而提高推荐的准确性。

实时推荐：跨品类推荐需要及时响应用户的行为变化，因此实时推荐成为了提高推荐效果的关键。实时推荐系统通过采用流处理技术，能够迅速捕捉用户行为的变化，及时更新推荐结果。

（三）用户跟踪的重要性

个性化服务提供：用户跟踪可以帮助系统建立更全面、精准的用户画像。通过持续追踪用户在平台上的行为，系统可以更好地了解用户的兴趣、购物路径和偏好，为其提供更个性化、定制化的服务。

购物路径分析：了解用户在平台上的购物路径有助于优化用户体验。通过分析用户是如何从一个品类导航到另一个品类的，平台可以更好地设计页面结构、推荐布局，提高用户的浏览效率和购物便利性。

行为预测与营销活动：用户跟踪可以为系统提供关键的数据，用于预测用户未来的购物行为。这对于制定个性化的营销活动和促销策略至关重要。通过分析用户的历史行为，系统可以预测用户可能感兴趣的品类和商品，从而更有针对性地进行推荐和促销。

提高推荐准确性：用户跟踪有助于提高推荐系统的准确性。通过不断追踪用户的行为，系统可以及时更新用户画像，更好地适应用户兴趣的变化。这对于跨品类推荐尤为关键，因为用户可能在不同时间对不同品类的兴趣产生变化。

用户参与度和留存率提升：通过对用户进行持续的跟踪，系统可以更及时地回应用户需求，提供个性化的服务，从而增加用户的参与度。同时，了解用户的偏好也有助于提高用户留存率，使其更长时间地保持在平台上。

精细化的个性化推荐：用户跟踪不仅可以关注用户的整体行为，还可以深入到每一个用户的购物路径、点击轨迹等方面。这种细致入微的跟踪有助于提供更加精细化、个性化的推荐服务，为用户呈现更符合其个体需求的商品。

（四）用户跟踪的实现原理

用户行为日志记录：用户跟踪的基础是对用户行为的日志记录。平台通过记录用户在平台上的浏览、搜索、点击、购买等行为，建立用户行为的时间序列数据，为后续分析提供基础。

用户画像建模：基于用户行为数据，系统进行用户画像建模，包括用户的基本信息、兴趣标签、购物偏好等方面。这可以通过传统的统计分析方法，也可以采用机器学习算法进行更精细化的建模。

时序模型和趋势分析：用户跟踪需要考虑用户行为的时序性和趋势。时序模型可以分析用户的购物周期、活跃时间，趋势分析则可以帮助预测市场的热点和用户的变化趋势。

实时数据处理：用户跟踪需要实时处理用户行为数据，以及时更新用户画像和推荐结果。采用实时数据处理技术，能够保证系统对用户行为的快速响应，提高用户体验。

数据隐私保护：用户跟踪涉及用户个人行为数据的处理，因此需要采取有效的数据隐私保护措施。这包括数据加密、匿名处理等手段，确保用户的个人隐私得到充分保护。

（五）跨品类推荐与用户跟踪的技术挑战

大规模数据处理：用户行为数据庞大且多样，涉及多维度、多时序的信息。系统需要能够高效处理大规模的用户行为日志，确保对用户的实时跟踪和个性化推荐。

实时性要求：用户的购物行为需要及时响应，尤其是在电商领域。实时性要求对于跨品类推荐和用户跟踪系统是一个挑战，需要引入实时数据处理技术，确保系统的及时性。

多模态数据整合：随着多模态数据（文字、图片、视频等）在电商平台上的普及，跨品类推荐和用户跟踪需要更好地整合多种类型的数据。这包括对不同数据模态的处理、融合和分析。

用户意图理解：用户购物行为背后蕴含着复杂的意图，系统需要更好地理解用户的购物意图。这需要在推荐算法中引入更深层次的语义分析、情感分析等技术，以更准确地捕捉用户的真实需求。

长短时记忆网络（LSTM）的应用：LSTMs 等时序模型在用户跟踪中有着重要作用。然而，有效地应用 LSTM 模型，尤其是在大规模数据处理和实时性要求方面，仍然是一个技术挑战。

跨品类关联性建模：跨品类推荐涉及不同品类商品之间的关联性建模。传统的协同过滤和内容推荐方法在处理跨品类关联时存在一定的局限性，需要更加先进的关联性建模技术。

用户隐私保护：跟踪用户行为数据涉及用户隐私，保护用户隐私成为一个重要的技术挑战。系统需要在确保个性化服务的同时，严格遵循隐私法规，采取加密、脱敏等手段，保障用户的个人隐私不受侵犯。

冷启动问题：在跨品类推荐中，对于新用户或者在某个品类上没有明显行为的用户，存在冷启动问题。系统需要找到有效的方法解决这一问题，为新用户提供个性化且有吸引力的推荐。

多渠道用户行为整合：用户在不同渠道上的行为数据需要进行整合。例如，用户可能在电商平台、社交媒体、移动应用等多个渠道上产生行为，系统需要整合这些数据，建立全面的用户画像，提高跨品类推荐的准确性。

模型的可解释性：对于用户跟踪和跨品类推荐系统，模型的可解释性是一个重要的考虑因素。用户需要能够理解为何会收到某个推荐，这有助于提高用户对推荐系统的信任度。

（六）未来发展趋势

图神经网络的应用：图神经网络在处理复杂的跨品类关联性上具有优势。未来，图神经网络可能被更广泛地应用于跨品类推荐，提高推荐系统对不同品类之间关系的建模能力。

自监督学习的发展：自监督学习是一种可以不依赖标签数据进行模型学习的方法。未来的用户跟踪和跨品类推荐系统可能更多地采用自监督学习，以减少对大量标签数据的依赖。

多模态数据处理技术的提升：随着多模态数据的广泛应用，未来系统可能更加注重多模态数据的处理技术。这包括对文字、图像、视频等多种类型数据的融合分析，以提供更全面的用户画像和推荐服务。

基于强化学习的个性化推荐：强化学习在处理复杂、动态的用户行为模型上有潜力。未来的跨品类推荐和用户跟踪系统可能更多地采用基于强化学习的方法，以更好地适应用户行为的变化。

区块链技术的应用：区块链技术的透明性和安全性使其成为建立信任的理想选择。未来，区块链技术可能被用于用户行为数据的存储和传输，以提高数据的安全性和可信度。

个性化推荐与社交媒体的整合：未来跨品类推荐系统可能更加融入社交媒体平台。通过整合社交媒体数据，系统可以更好地了解用户的社交圈和口碑影响，提供更具有社交传播效应的推荐服务。

更加智能的用户体验设计：未来跨品类推荐和用户跟踪系统将更注重用户体验的设计。通过引入更智能的用户界面和交互方式，系统可以更好地引导用户跨足不同品类，提高用户体验的便捷性和吸引力。

跨界合作与联合推荐：跨品类推荐可能更多地涉及不同品牌、不同行业之间的合作。未来，平台可能会通过联合推荐的方式，实现更丰富、创新的跨品类推荐服务。

总体而言，未来跨品类推荐与用户跟踪系统将朝着更加智能化、个性化、全渠道化的方向发展。技术创新、数据整合、用户隐私保护等方面将是系统发展的关键因素。同时，跨品类推荐和用户跟踪的发展也需要平台和企业在法规遵循、用户教育等方面进行全面考虑，以保证系统的可持续发展和用户的信任度。

第五节　推荐结果评估与反馈机制

一、推荐结果评估的指标与方法

在推荐系统领域，评估推荐结果的质量是至关重要的一环。准确的评估能够帮助系统优化算法、提高用户满意度，从而促进系统的持续改进。本部分将深入探讨推荐系统中常用的评估指标和评估方法，以及它们的优劣势和适用场景。

（一）推荐系统评估的重要性

推荐系统评估不仅是对系统性能的监控和改进的关键一环，更是对用户体验和商业效益的直接影响。通过科学合理的评估，系统可以更好地了解自身的优势和不足，从而有针对性地进行改进。合理的评估指标和方法也是推动学术研究和产业实践相互促进的桥梁，推动了推荐系统领域的不断进步。

（二）推荐系统评估指标

准确率（Precision）：准确率是指在所有推荐结果中，用户实际感兴趣的占比。

召回率（Recall）：召回率是指用户实际感兴趣的项目在所有实际感兴趣的项目中被推荐的占比。

F1 值：F1 值是准确率和召回率的调和平均，是综合评价指标。F1 值越高，代表系统在准确率和召回率之间取得了较好的平衡。

覆盖率（Coverage）：覆盖率是指推荐系统能够覆盖到的物品占总物品集合的比例。高覆盖率意味着系统能够推荐更多不同的物品，为用户提供更广泛的选择。

多样性（Diversity）：多样性衡量推荐结果中物品之间的差异性。一个推荐系统如果只推荐相似的物品，可能会导致用户的兴趣狭窄。多样性的提高可以增加用户发现新物品的机会。

新颖性（Novelty）：新颖性衡量推荐结果中是否包含用户之前没有接触过的物品。提高新颖性可以避免推荐系统过分强化用户已有的兴趣，带给用户更丰富的体验。

信任度（Trustworthiness）：信任度考量用户对系统的信任程度，即用户对于推荐结果的接受度。一个好的推荐系统应该能够建立用户对推荐结果的信任感，提高用户对系统的满意度。

（三）推荐系统评估方法

离线评估：离线评估是通过离线数据集进行模型性能评估的方法。通过历史数据构建训练集和测试集，使用训练集训练模型，通过测试集验证模型性能。离线评估的优势是简便、成本低，但也存在数据分布不一致、评估指标与实际业务关联性不强的问题。

在线评估：在线评估是通过实际运行在线实验，通过实时用户反馈进行模型评估的方法。在线评估更贴近实际用户行为，可以更全面地反映推荐系统的性能。然而，在线评估的代价较高，需要投放实际流量，同时要注意可能带来的用户体验影响。

用户调查和反馈：用户调查和反馈是一种获取用户主观感受的评估方法。通过用户调查问卷、反馈系统等方式，收集用户对推荐结果的满意度、意见建议等信息。这种方法能够直接了解用户需求，但受到用户主观性的影响。

A/B 测试：A/B 测试是通过将用户分成两组，分别使用不同的推荐算法，然后通过比较两组用户的行为和反馈来评估推荐效果。A/B 测试是一种强有力的评估方法，但需要大量的实验样本和时间，适用于大规模线上系统。

（四）评估方法的优劣势与适用场景

1. 离线评估

优势：离线评估成本较低，可以通过历史数据进行大规模的模型测试。算法迭代速度较快，适用于初期模型筛选和性能优化阶段。

缺陷：离线评估难以完全模拟真实用户行为，评估结果与实际业务关联性可能较差。因为离线评估无法考虑用户在推荐过程中的实时反馈和变化。

适用场景：适用于初步筛选算法、离线性能评估和快速迭代优化的阶段。

2. 在线评估

优势：在线评估直接基于实际用户行为，更能反映推荐系统在真实环境中的性能。适用于对推荐系统进行全面、深入的评估，具有较强的实际指导意义。

缺陷：在线评估成本相对较高，需要实际用户参与，可能对用户体验产生影响。在线评估也可能因为实验条件、用户群体等原因引入偏差。

适用场景：适用于推荐系统上线后，需要全面、准确评估性能、用户体验和业务效果的场景。

3. 用户调查和反馈

优势：用户调查和反馈能够直接获取用户主观感受，了解用户的需求、满意度和建议。有助于理解用户对推荐结果的认知和期望。

缺陷：用户主观感受容易受到主观因素的干扰，可能不够客观。同时，用户反馈需要大量时间和人力进行整理和分析。

适用场景：适用于深入了解用户需求和期望，获取用户主观感受的场景。

4. A/B 测试

优势：A/B 测试是一种强有力的在线评估方法，通过对比实验组和对照组的数据，能够更精确地评估不同算法或策略的性能。

缺陷：A/B 测试需要大量的实验时间和样本量，且涉及用户分组，可能对用户体验产生影响。在某些情况下，可能存在用户群体选择偏差的问题。

适用场景：适用于对比不同算法、策略或版本的性能，进行深入、全面的在线评估的场景。

推荐系统的评估是一个复杂而关键的过程，直接关系到系统的性能和用户体验。选择合适的评估指标和方法，根据不同阶段和需求进行综合应用，是保障推荐系统有效运行的重要保障。

在实际应用中，通常会综合使用多种评估方法，以充分考虑离线和在线、客观和主观的多方面因素。随着推荐系统技术和业务的不断发展，评估方法也会不断创新和优化，以适应新的挑战和需求。通过科学有效的评估，推荐系统能够不断优化算法，提升用户体验，实现更好的商业效益。

二、用户反馈数据的收集与分析

用户反馈数据是推动产品和服务不断优化的关键资源。通过分析用户反馈，企业能够深入了解用户需求、发现问题和改进点，从而提升产品质量、增强用户体验，最终实现用户满意度和业务成效的提升。本部分将探讨用户反馈数据的收集方式、分析方法以及如何有效地运用这些数据进行产品改进和业务决策。

（一）用户反馈数据的收集方式

用户调查问卷：用户调查问卷是一种主动收集用户意见和反馈的方法。通过设计问卷，可以有针对性地询问用户对产品或服务的满意度、建议和意见。调查问卷的优势在于能够获取用户主观感受，但也受到用户填写意愿和问卷设计的影响。

用户评价和评论：在产品页面或应用商店，用户常常可以对产品进行评价和发表评论。这些评价和评论往往包含用户的真实反馈，包括对产品的好评、差评、使用体验等。通过分析评价和评论，可以获取用户的直接观点和体验。

社交媒体监测：用户在社交媒体上发表的有关产品或服务的言论也是重要的反馈来源。通过监测社交媒体平台，企业可以了解用户在公共场合的讨论，获取用户的实时反馈。这种方式的挑战在于数据量较大，需要借助自然语言处理等技术进行有效分析。

在线客服与支持：用户在使用产品或服务时遇到问题时，通过在线客服或支持系统提出的问题和反馈也是宝贵的信息。这种方式的优势在于可以及时解决用户的问题，同时也能够收集到用户的体验和需求。

用户行为分析：通过分析用户在产品或服务中的实际使用行为，可以得到用户的操作路径、停留时间、点击次数等数据。用户行为数据可以揭示用户的偏好和习惯，为产品改进提供有力支持。

邮件反馈：企业常常通过电子邮件向用户发送反馈邀请或问卷。这种方式可以通过直接发送问卷、建议用户回复邮件等形式获取用户的意见。邮件反馈的挑战在于可能被用户视为打扰，因此需要谨慎设计邮件内容和频率。

（二）用户反馈数据的分析方法

情感分析：情感分析是通过自然语言处理技术，分析用户反馈中的情感色彩。通过情感分析，可以了解用户对产品的情感倾向，包括正面评价、负面评价和中性评价。常用的情感分析方法包括词袋模型、情感词典和深度学习模型等。

主题建模：主题建模是通过文本挖掘技术，从用户反馈中提取出隐含的主题信息。主题建模可以帮助企业理解用户关注的核心问题，从而有针对性地进行改进。常用的主题建模方法包括 Latent Dirichlet Allocation（LDA）等。

关联分析：关联分析是通过挖掘用户反馈数据中的关联规则，找出用户行为和体验之间的相关性。关联分析可以揭示用户的使用习惯，帮助企业更好地满足用户需求。常用的关联分析方法包括 Apriori 算法、FP-growth 算法等。

用户行为分析：用户行为分析是通过统计用户在产品或服务中的具体行为，例如点击、浏览、购买等，来评估用户的喜好和需求。通过用户行为分析，企业可以更好地优化产品设计和提升用户体验。

文本挖掘：文本挖掘是通过自然语言处理和机器学习技术，从用户反馈文本中提取有价值的信息。文本挖掘可以包括实体识别、关键词提取、文本分类等多个方面，为企业提供全面的用户反馈信息。

用户满意度调查：除了定量分析外，企业还可以通过用户满意度调查等定性方法，深入了解用户对产品或服务的满意度和期望。这种方法常常结合开放性问题，收集用户对产品的细致反馈。

（三）有效运用用户反馈数据的方法

建立反馈数据处理流程：企业应该建立完善的用户反馈数据处理流程，明确数据收集、存储、清洗和分析的步骤。合理的处理流程能够确保获取的用户反馈数据的准确性和可靠性。

整合多渠道反馈数据：用户反馈可能来自多个渠道，包括调查问卷、社交媒体、在线客服等。企业需要整合这些数据，建立全面的用户反馈数据库。整合多渠道数据有助于获取更全面、多样化的用户见解。

及时响应用户反馈：用户反馈往往包含了用户对产品或服务的真实需求和痛点。企业应该及时响应用户反馈，尤其是对于涉及产品缺陷或紧急问题的反馈，需要迅速采取措施解决，以提高用户满意度。

建立反馈循环机制：建立用户反馈的闭环机制，包括对用户反馈的回复、解释、改进措施等。通过向用户反馈处理结果，可以提升用户对企业的信任感，并促使更多用户参与反馈，形成良性的用户参与循环。

利用机器学习算法：利用机器学习算法对用户反馈进行分析，可以更高效地处理大量的文本数据。情感分析、主题建模和关联分析等机器学习技术可以帮助企业从海量的用户反馈中提取有价值的信息。

挖掘潜在问题和机会：通过对用户反馈数据的深度挖掘，企业可以发现产品中潜在的问题和机会。这不仅包括解决用户的投诉和痛点，还包括发现用户未曾提及但值得改进的方面，为产品创新提供启示。

建立用户反馈平台：企业可以建立专门的用户反馈平台，让用户更便捷地提供反馈。在平台上，用户可以提交问题、建议、评价等，同时企业可以通过平台进行反馈的管理和处理，形成高效的反馈闭环。

定期分析和汇报：设立定期的用户反馈分析和汇报机制，以保持对用户反馈数据的持续关注。通过定期的分析，企业可以更及时地发现问题和变化，及时调整产品策略和服务方向。

（四）用户反馈数据的挑战与应对策略

数据质量不一致：用户反馈数据可能来自不同的渠道，质量可能参差不齐。应对策略包括建立数据清洗和预处理流程，规范用户反馈的表达方式，提高数据的一致性和准确性。

大量数据处理难度：用户反馈数据通常具有大量的文本信息，处理起来可能较为繁琐。应对策略包括利用自然语言处理技术，采用机器学习算法进行自动化分析，以提高效率。

用户意见多样：用户来自不同背景和经验，其反馈意见可能千差万别。应对策略包括分析用户反馈的共性和关键问题，建立优先级，确保对重要问题的高效处理。

主观性和情感性：用户反馈通常带有主观性和情感色彩，难以量化。应对策略包括运用情感分析技术，将情感信息转化为可量化的指标，以更好地进行分析和比较。

用户反馈可能不真实：有时用户反馈可能受到主观因素、个人情绪或恶意因素的影响，不真实或夸大。应对策略包括结合其他数据来源，进行交叉验证，判断反馈的真实性。

用户反馈数据是推动产品和服务优化的宝贵资源，对企业而言具有重要的战略价值。通过合理的收集方式、科学的分析方法和有效的运用策略，企业可以深入了解用户需求、发现问题，提高产品质量和用户满意度。在处理用户反馈数据时，企业需要建立完善的流程和系统，确保数据的质量和一致性。同时，采用先进的技术手段，如自然语言处理和机器学习，能够提高对大量文本数据的分析效率和深度。

三、反馈机制在提高推荐准确性中的作用

推荐系统作为现代信息科技中的一个重要应用领域，不断受到广泛关注与研究。推荐系统的核心目标之一是提高推荐的准确性，使用户能够更快捷、更精准地找到符合其兴趣的内容。在实现这一目标的过程中，反馈机制扮演着关键的角色。本部分将深入探讨反馈机制在提高推荐准确性中的作用，涵盖反馈机制的种类、原理以及在推荐系统中的应用。

（一）反馈机制的种类

显式反馈：显式反馈是指用户明确地提供关于其喜好或不喜好的信息。最典型的显式反馈就是用户对物品进行评分或打分。通过收集用户的明确反馈，推荐系统可以建立用户与物品之间的偏好关系，进而提高准确性。

隐式反馈：隐式反馈是指通过用户的行为来推断其兴趣，而不需要用户明确地表达。例如，用户的点击、浏览、购买等行为可以被视为对相应物品的兴趣。隐式反馈相比显式反馈更难获取，但在实际应用中更为普遍，因为用户往往更愿意通过行为表达兴趣而非填写评分。

正向反馈：正向反馈是指用户对推荐系统中某个推荐物品产生积极的反馈，例如点击、购买等。正向反馈直接表明用户对推荐的物品感兴趣，有助于提高相应物品的推荐权重。

负向反馈：负向反馈则是用户对某个物品产生消极反馈的情况，例如忽略、跳过或标记为不感兴趣。负向反馈有助于系统了解用户的不喜欢，避免在推荐中再次出现相似的物品。

（二）反馈机制的原理

个性化学习：反馈机制通过个性化学习，不断调整推荐算法的参数，使其更符合用户的个性化需求。个性化学习的基础是对用户历史行为的深度分析，通过学习用户的兴趣模型，系统可以更准确地预测用户未来的行为。

动态更新模型：反馈机制使得推荐系统能够动态更新模型，及时反映用户的变化兴趣。通过不断地获得用户反馈信息，推荐系统可以在用户行为发生变化时及时调整推荐策略，保持系统的及时性和有效性。

降低信息冗余：反馈机制通过分析用户行为，能够降低信息冗余，过滤掉用户已经了解过或者不感兴趣的物品。这有助于提高推荐的精准度，使用户获得更为个性化和符合实际需求的推荐结果。

提高推荐信任度：通过用户的积极反馈，推荐系统可以逐渐建立用户对推荐结果的信任。用户对推荐的信任度提高后，更有可能接受系统的建议，形成良好的用户体验。

（三）反馈机制在推荐系统中的应用

基于用户的协同过滤：基于用户的协同过滤算法是一种利用用户历史行为数据进行推荐的方法。在该方法中，反馈机制通过分析用户对物品的历史行为，找到与当前用户兴趣相似的其他用户，从而推荐这些相似用户喜欢的物品。

基于物品的协同过滤：基于物品的协同过滤算法则是通过分析物品之间的关联关系，推荐与用户之前喜欢过的物品相似的物品。反馈机制通过分析用户与物品的交互行为，发现物品之间的关联，从而提高推荐的准确性。

矩阵分解：矩阵分解是一种通过将用户-物品交互矩阵分解为两个低维矩阵的方法，通过学习用户和物品的隐含特征，提高推荐的精准度。反馈机制在矩阵分解中发挥着关键的作用，不断调整模型参数，优化预测结果。

深度学习模型：近年来，深度学习模型在推荐系统中取得显著成果。深度学习模型通过多层神经网络学习用户和物品的复杂特征表示，反馈机制在这些模型中通过梯度下降等优化方法不断更新模型参数，提高推荐的准确性。

多臂老虎机算法：多臂老虎机算法（Multi-Armed Bandit）是一种用于在线学习和优化的算法。在推荐系统中，它可以用于平衡探索（发现新的推荐策略）和利用（根据已知信息做出最优推荐）的关系。反馈机制在多臂老虎机算法中的作用是通过不断观察用户对不同推荐策略的反馈，动态调整每个"臂"（推荐策略）的权重，以达到最优的推荐效果。

（四）反馈机制在提高推荐准确性中的作用

准确性提升：反馈机制通过不断地收集和分析用户的行为，能够更全面、准确地了解用户的兴趣和喜好。这样的信息反馈有助于推荐系统更精确地预测用户的偏好，提供更符合用户期望的推荐结果，从而提高准确性。

个性化体验：用户的喜好是多变的，而反馈机制能够实时地捕捉用户的兴趣变化。通过个性化的学习和调整，推荐系统可以更好地适应用户的个性化需求，使推荐结果更贴近用户当前的兴趣爱好，提供更个性化的体验。

增加用户参与度：用户在推荐系统中的积极反馈，如评分、点击、购买等行为，反过来也会促使系统提供更符合用户兴趣的推荐。这种正反馈机制不仅提高了准确性，还增加了用户对推荐系统的参与度，使用户更乐意与系统进行交互。

降低信息过载：在信息爆炸的时代，用户面临大量信息，而反馈机制通过学习用户历史行为，可以过滤掉用户不感兴趣的物品，从而减少信息过载。

这有助于提高推荐的精准度，确保用户接收到的信息更符合其实际需求。

提高系统信任度：用户对推荐系统的信任度与系统的准确性和个性化程度密切相关。通过良好的反馈机制，系统能够不断优化推荐策略，提高用户对系统的信任，使用户更倾向于接受系统的建议。

应对冷启动问题：在推荐系统中，冷启动问题是指对于新用户或新物品的推荐难度较大。反馈机制通过分析其他用户的反馈信息，可以帮助系统更好地理解新用户的兴趣，从而缓解冷启动问题，提高新用户的推荐准确性。

动态适应性：推荐系统面临着不断变化的用户兴趣和市场环境。反馈机制通过实时地学习和适应用户的反馈，使得推荐系统具备了动态调整的能力，能够灵活应对市场的变化，提高推荐的时效性和适应性。

（五）挑战与未来发展方向

隐私保护：随着个性化推荐系统的普及，用户的隐私保护变得尤为重要。如何在获取足够反馈的同时保护用户隐私，是一个亟待解决的挑战。未来的发展方向可能包括巧妙设计的隐私保护机制和融合加密技术的推荐系统。

冷启动问题：尽管反馈机制在一定程度上缓解了冷启动问题，但对于新用户和新物品仍然存在挑战。未来的研究方向可能包括更智能的冷启动策略，如结合社交网络信息、利用用户画像等手段。

多样性与长尾问题：推荐系统往往面临着推荐热门物品的问题，导致长尾物品被忽视。未来的发展方向可能涉及设计更加注重多样性的推荐算法，以满足用户对长尾物品的兴趣。

实时性与效率：随着信息的实时性要求不断提高，推荐系统需要更加注重实时性和效率。未来可能涌现出更多基于实时反馈的推荐算法，以更及时地反映用户变化的兴趣。

跨平台融合：用户在不同平台上产生的行为数据丰富而多样。未来的研究可能涉及如何跨平台融合用户反馈信息，建立更全面的用户兴趣模型，提高推荐的准确性。

反馈机制在提高推荐准确性中发挥着至关重要的作用。通过显式反馈、隐式反馈、正向反馈和负向反馈等不同形式的用户反馈，推荐系统能够不断优化推荐算法，提高推荐的准确性和个性化程度。

第四章　社交媒体营销与用户互动

第一节　社交媒体在电商平台中的角色

一、社交媒体的兴起与发展趋势

社交媒体作为互联网时代的产物，已经在过去的几十年中迅速兴起，并在全球范围内产生深远的影响。从最初的社交平台到今天的多元化社交媒体生态系统，社交媒体已经成为人们生活中不可或缺的一部分。本部分将深入探讨社交媒体的兴起历程，分析其发展趋势，并展望未来可能的发展方向。

（一）社交媒体的起源和兴起

互联网时代的开端：社交媒体的兴起可以追溯到互联网时代的开端，当时人们通过电子邮件、在线论坛等工具进行交流。然而，真正的社交媒体元年可以追溯到 2004 年，当时 Facebook 由马克·扎克伯格（Mark Zuckerberg）在哈佛大学创办，为人们提供了一个在线社交平台。

Facebook 的崛起：Facebook 的成功标志着社交媒体的崛起。起初，Facebook 主要服务于大学生社群，但随着时间的推移，它扩展到全球范围，成为世界上最大的社交媒体平台之一。Facebook 的成功启示了其他社交媒体平台的崛起，如 Twitter、LinkedIn、Instagram 等。

微博和社交网络的普及：在全球范围，类似于 Twitter 的微博平台也逐渐兴起，如中国的新浪微博。这种短文本形式的社交媒体使得信息的传播更加迅速，用户之间的互动更加即时。同时，社交网络的普及也为用户提供了更多样化的社交体验。

（二）社交媒体的发展趋势

多媒体内容的丰富化：随着带宽的提升和智能手机的普及，社交媒体内容逐渐由文字为主转向图像、视频等多媒体内容。Instagram 等以图像为主的平台崛起，短视频平台如 TikTok 也成为用户喜爱的社交媒体形式。未来，多媒体内容的丰富化将是社交媒体发展的重要趋势。

移动化和即时性：随着移动互联网的普及，用户越来越倾向于使用手机进行社交媒体互动。社交媒体平台不仅需要提供适配移动设备的用户界面，还要注重即时性，使用户能够随时随地与朋友互动，分享生活点滴。

个性化和推荐算法：社交媒体平台越来越注重个性化用户体验。通过智能推荐算法，社交媒体能够向用户推荐更符合其兴趣和喜好的内容，增强用户黏性。个性化的社交媒体体验也是未来的发展趋势。

社交电商和社交广告：社交媒体已经逐渐成为商业推广和广告的重要平台。社交电商在社交媒体上崛起，用户可以直接在平台上购物，分享购物心得。同时，社交广告的精准定位和个性化推送也成为广告商青睐的选择。

虚拟现实（VR）和增强现实（AR）：随着虚拟现实和增强现实技术的不断发展，社交媒体也开始涉足这一领域。未来，用户可以通过虚拟现实与全球各地的朋友进行面对面的社交，增强现实也能够为用户提供更加沉浸式的社交体验。

大数据和人工智能：大数据和人工智能在社交媒体中的应用日益普及。通过分析用户行为和数据，社交媒体平台可以更好地了解用户需求，提供更精准的推荐和个性化服务。未来，大数据和人工智能将在社交媒体领域发挥更为重要的作用。

（三）社交媒体未来的发展方向

元宇宙：元宇宙是虚拟和现实世界相融合的概念，社交媒体有望成为元宇宙的一部分。用户可以通过社交媒体进入虚拟世界，与其他用户共同创建、分享和体验更为丰富的内容。

语音社交：随着语音识别技术的不断进步，语音社交有望成为未来社交媒体的新趋势。用户可以通过语音消息进行更自然、即时的互动，使社交体验更加丰富。语音社交也有助于解决文本表达的局限性，使用户更轻松地分享情感和沟通。

去中心化社交：区块链技术的发展为社交媒体的去中心化提供了可能性。去中心化社交媒体将用户数据从平台解放出来，用户可以更好地掌控自己的信息，并有望减少广告和第三方对用户数据的滥用。

社交媒体与健康：随着人们对健康和生活质量关注的提升，社交媒体可能更加关注用户的身心健康。社交媒体平台可能加强对内容的筛选，减少有害信息的传播，同时通过提供健康相关的功能，如健身社区、心理健康支持等，促进用户的健康生活。

跨平台整合：未来社交媒体可能更加注重跨平台整合，用户可以在不同的社交媒体平台之间更自由地分享内容和互动。这有助于提升用户的社交体验，减少信息碎片化。

社交媒体教育：社交媒体有望成为教育领域的重要工具。未来的社交媒体平台可能更加注重知识分享和学习社区的建设，提供在线教育、知识分享和专业领域的社交网络。

虚拟身份和数字化表达：随着虚拟身份的逐渐强化，用户可能更加注重数字化的个性表达。社交媒体平台可能提供更多创意工具，让用户可以更丰富地展示自己的数字化身份，创造属于自己的虚拟社交空间。

（四）社交媒体的挑战和应对策略

信息安全和隐私：社交媒体平台面临着信息安全和隐私泄露的挑战。平台需要加强数据保护措施，采用加密技术，提高用户数据的安全性。同时，用户教育也是重要一环，让用户更加明智地管理自己的隐私设置。

虚假信息和谣言传播：社交媒体上的虚假信息和谣言传播日益严重，影响社会公共舆论。平台需要通过强化算法检测、人工审核等手段，减少虚假信息的传播。用户也需要提高辨别能力，不轻信未经证实的信息。

社交媒体成瘾问题：社交媒体成瘾已经成为一种社会问题，对个人身心健康产生负面影响。社交媒体平台可以通过提供健康使用提示、设定使用时间限制等方式，引导用户更加理性地使用社交媒体。

内容过滤和审查：社交媒体平台需要加强对有害、极端内容的过滤和审查，确保用户在平台上的安全感。同时，平台还需要平衡言论自由和内容管理之间的关系，确保用户的多样化意见能够得到尊重。

用户体验和反馈：社交媒体平台需要关注用户体验，通过用户反馈改进平台功能和设计。建立更加开放的沟通渠道，让用户能够更直接地表达对平台的意见和建议。

社交媒体的兴起和发展是互联网时代的重要标志之一。从最初的社交平台到如今多元化的社交媒体生态系统，社交媒体已经成为人们日常生活中不可或缺的一部分。未来，社交媒体将继续在多个方面发展，包括技术创新、用户体验、社会影响等。同时，社交媒体平台需要不断面对和解决的挑战，如信息安全、虚假信息、成瘾问题等。通过科技创新和社会共同努力，社交媒体有望为用户提供更丰富、更安全、更有意义的社交体验。

二、社交媒体对用户购物行为的影响

社交媒体在过去十年中迅速崛起，并成为人们日常生活中不可或缺的一部分。同时，社交媒体对用户购物行为的影响也日益显著。社交媒体平台不仅提供了用户间信息的传递和分享，同时也成为了商业推广和电子商务的有力工具。本部分将深入分析社交媒体是如何影响用户购物行为的，涵盖社交媒体的作用机制、影响因素以及对电子商务未来的可能影响。

（一）社交媒体的作用机制

社交影响：社交媒体通过用户之间的社交连接，强调朋友、家人、网红等对商品或服务的推荐和评论。这种社交影响可以激发用户的购买兴趣，因为人们更倾向于相信他们熟悉或尊重的人的建议。

社交分享：社交媒体平台提供了方便的分享功能，用户可以轻松地分享他们的购物体验、商品评价、心得体会等。这种分享不仅能够提高用户的参与度，还能够扩大商品的曝光度，形成口碑效应，影响更多潜在购买者。

个性化推荐：社交媒体平台通过分析用户的社交行为、喜好和兴趣，能够提供个性化的商品推荐。这种推荐机制可以更精准地满足用户需求，提高购物的效率，同时也促使用户在社交媒体上产生更多购物行为。

广告与购物整合：社交媒体平台为商家提供了广告投放的渠道，广告内容可以直接与用户的兴趣和行为相关联。一些社交媒体平台还整合了购物功能，用户可以直接在社交媒体上完成商品的浏览、选择和购买，无需离开平台。

（二）社交媒体对用户购物行为的影响因素

社交媒体平台的选择：不同的社交媒体平台有不同的用户群体和特点。

用户在购物决策中可能更倾向于使用特定的社交媒体平台，这与平台的特色、内容形式、用户互动等有关。

社交媒体内容的质量：社交媒体上的内容质量直接关系到用户的购物决策。高质量的商品评价、生动的使用体验分享等能够增强用户对商品的信任感，从而影响其购物决策。

社交媒体广告的精准度：社交媒体广告的精准投放对用户的购物行为影响显著。当广告内容与用户兴趣高度相关时，用户更有可能点击广告、了解商品信息，并最终进行购物。

社交媒体上的社交关系：用户在社交媒体上的社交关系也是一个重要因素。如果用户的社交圈中有购物经验丰富、对某品类有高度好评的人，那么这种社交关系可能对用户的购物决策有积极的影响。

（三）社交媒体对电子商务未来的可能影响

社交电商的崛起：社交媒体平台逐渐演变为社交电商的场景，用户可以在社交媒体上直接进行购物，无需跳转到其他电商平台。这种趋势将改变传统电商模式，提升用户体验和购物效率。

虚拟试衣间和 AR 技术：随着社交媒体平台与虚拟现实（VR）和增强现实（AR）技术的融合，未来可能出现更为先进的虚拟试衣间和 AR 购物体验。用户可以在社交媒体上尝试虚拟化的商品，更真实地感受商品的质感和效果，从而提升购物体验。这种趋势有望改变用户对线上购物的认知，加强社交媒体与电子商务的融合。

社交媒体数据的智能应用：随着大数据和人工智能的不断发展，社交媒体平台可以更加智能地分析用户行为和偏好，为用户提供更个性化、精准的商品推荐。这将加强社交媒体在引导用户购物决策方面的影响力。

社交化的客户服务：未来，社交媒体平台有望进一步强化社交化的客户服务。用户可以通过社交媒体平台直接与品牌互动，提出问题、反馈意见，而品牌也可以通过社交媒体更即时地回应用户需求，增强用户对品牌的信任感。

社交媒体营销的变革：随着用户对广告的审美要求提高，社交媒体平台上的广告形式也将更加创新和多样化。短视频广告、互动式广告等形式将更多地出现在社交媒体平台上，使广告更具吸引力和参与性。

（四）社交媒体对用户购物行为的积极影响

增强用户信任感：社交媒体上的用户评价、分享和推荐能够帮助其他用户更好地了解商品或服务的真实情况，从而增强购物决策的信任感。用户更倾向于相信来自身边人的建议，社交媒体通过社交影响机制促进了用户之间的信任传递。

提升用户参与度：社交媒体上的购物体验往往是一种社交化的体验，用户可以在平台上分享购物心得、评论他人的购物分享。这种参与度不仅让购物变得更有趣，还加深了用户与平台之间的黏性。

个性化购物推荐：社交媒体通过分析用户的社交行为和喜好，能够提供更个性化的购物推荐。这使用户能够更轻松地发现符合自己兴趣的商品，提高了购物的效率和满意度。

拓展商品曝光度：社交媒体平台是商品曝光的重要平台之一。通过用户的分享、转发等行为，商品可以在社交媒体上得到更广泛的曝光，增加了用户的发现机会，从而促进购物行为。

（五）社交媒体对用户购物行为的潜在负面影响

虚假宣传和信息不对称：一些商家可能通过社交媒体平台进行虚假宣传，夸大商品效果。用户在信息不对称的情况下可能做出不理智的购物决策，导致购物体验的负面影响。

社交媒体成瘾：过度使用社交媒体平台可能导致用户社交媒体成瘾，使其过度关注社交媒体上的购物信息，影响生活平衡和心理健康。

购物冲动和跟风行为：社交媒体上的购物信息传播速度较快，一些限时促销、热门商品可能引发用户购物冲动和跟风行为。用户在未深思熟虑的情况下做出购物决策可能导致后悔。

信息过载和不适当广告：社交媒体平台上的信息泛滥可能导致用户信息过载，不适当的广告推送也可能扰乱用户的购物体验。

（六）社交媒体对未来电商的启示与挑战

提升用户体验：社交媒体的成功经验表明，提升用户体验是电商平台的关键。电商平台可以借鉴社交媒体的用户界面设计、个性化推荐等特点，提升购物的便利性和愉悦感。

强化社交互动：电商平台可以更加注重社交互动，通过用户评论、社交分享等方式，构建社区氛围，加强用户之间的互动和信息交流。

加强个性化推荐：通过大数据和人工智能技术，电商平台可以更加精准地分析用户的购物偏好，提供个性化的商品推荐，增加用户的购物欲望。

整合线上线下：社交媒体平台的社交化购物体验可以激发用户线上线下的互动。电商平台可以探索线上线下整合的模式，提供更全面、立体的购物体验。

社交媒体对用户购物行为的影响不仅体现在推动用户的购物欲望和行为上，同时也对购物体验、商业模式和电子商务未来发展方向产生深远影响。社交媒体为用户提供了一个全新的购物场景，将社交化和电商相结合，加强了用户与商品之间的连接。然而，这种影响既有积极的一面，如增强用户信任感、提升用户参与度和个性化购物推荐等，也有潜在的负面影响，如虚假宣传、社交媒体成瘾、购物冲动等。

未来，社交媒体对用户购物行为的影响将进一步深化，社交电商、虚拟试衣间、智能化推荐等新兴趋势将继续推动电子商务的发展。电商平台需要在提升用户体验的同时，注重用户隐私保护、信息真实性，避免不良的社交媒体影响。同时，电商平台也需要不断创新，适应社交媒体发展的潮流，以更好地满足用户需求。

综合而言，社交媒体已经成为塑造用户购物行为的重要因素之一，其影响涉及用户社交关系、信息传播、购物体验等多个方面。电商平台应当在理解社交媒体对用户购物行为的影响的基础上，积极借鉴社交媒体的成功经验，不断创新，提升用户体验，以适应电子商务未来的发展趋势。同时，用户在利用社交媒体进行购物时也需保持理性，善用社交媒体为购物提供的便利，避免潜在的负面影响，以确保购物体验的积极性和健康性。

三、电商平台中社交媒体的功能与作用

随着数字科技的快速发展，电子商务已经成为商业领域中不可或缺的一部分。在这个数字化时代，社交媒体的兴起为电商平台注入了新的活力。社交媒体不再只是连接人际关系的工具，还成为电商平台的重要组成部分，提供了丰富的功能和服务。本部分将深入探讨电商平台中社交媒体的功能与作用，分析其对用户体验、销售推广、品牌建设等方面的影响。

（一）社交媒体在电商平台中的主要功能

社交分享与推荐功能：电商平台通过集成社交分享功能，使用户能够方便地分享他们的购物经验、心得体会、喜好等信息。用户的分享不仅提高了平台上商品的曝光度，还通过社交推荐影响其他用户的购物决策。

用户社交关系建立：电商平台中的社交媒体功能允许用户在平台上建立社交关系，关注其他用户、形成粉丝关系。这种社交关系的建立有助于用户更好地了解彼此的购物偏好，提升购物体验。

实时互动和客户服务：社交媒体在电商平台上提供实时的互动和客户服务功能。用户可以在平台上直接与商家、品牌或其他用户进行交流，提出问题、寻求建议，获得即时的反馈和帮助。

个性化商品推荐：通过分析用户在社交媒体上的行为、喜好、互动等数据，电商平台可以实现个性化的商品推荐。这种推荐机制提高了用户发现感兴趣商品的可能性，促进了购物决策的形成。

社交广告和品牌推广：电商平台通过社交媒体推送广告，提升品牌知名度。社交广告能够更精准地投放给目标用户，通过用户的社交行为进行定向推广，提高广告的点击率和转化率。

虚拟试衣间和 AR 技术：一些电商平台整合了虚拟试衣间和增强现实（AR）技术，使用户能够在线上试穿衣物或在家里感受商品效果。这种功能提高了用户的购物体验，减少了线上购物的不确定性。

社交化购物体验：通过引入社交元素，电商平台为用户提供了更社交化的购物体验。例如，用户可以在平台上查看好友的购物清单、点赞评论，共同参与团购活动等，增加了用户参与感和社交互动性。

（二）社交媒体在电商平台中的作用

提高用户黏性：社交媒体的引入能够增加用户在电商平台上的停留时间。通过与其他用户互动、分享购物经验，用户更容易形成在平台上交流、购物的习惯，从而提高用户的黏性。

加强用户信任感：用户在社交媒体上看到其他用户的购物评价、分享和推荐，更容易形成对商品和品牌的信任感。这种口碑效应有助于提升用户对电商平台的信任度，增加购物的信心。

拓展用户社交圈：电商平台通过社交媒体功能拓展了用户的社交圈，用户可以在平台上认识新的朋友、关注品牌、参与社群，形成更加庞大丰富的社交网络。

促进销售和转化率：社交媒体的推荐机制和广告投放能够直接影响用户的购物决策。用户受到好友、网红或品牌的推荐，更容易被吸引进入购物流程，促进了销售和转化率的提升。

增强品牌曝光度：社交媒体的分享和互动功能能够扩大商品和品牌的曝光度。用户的分享行为帮助电商平台在社交媒体上形成话题，吸引更多用户关注，从而增强了品牌的曝光度。

（三）电商平台中社交媒体的典型应用场景

社交媒体登录和注册：很多电商平台提供社交媒体登录选项，用户可以通过已有的社交账号直接登录电商平台，简化注册流程，提高用户注册转化率。

商品分享与评论：用户在购物过程中可以方便地分享自己的购物清单、商品心得和使用体验，与好友互动。同时，用户可以在商品页面查看其他用户的评价和评论，帮助其做出购物决策。

社交化的购物车和心愿单：电商平台可以通过社交媒体的元素使购物车和心愿单更加社交化。用户可以与好友共享购物车，邀请朋友一起参与团购，或是创建心愿单并分享给社交圈，实现更好的互动和合作。

社交化的促销活动：电商平台通过社交媒体推出社交化的促销活动，如邀请好友参与特定促销可获得额外折扣、分享活动赢取奖励等。这样的活动不仅能够吸引用户参与，还能通过社交传播扩大活动影响。

社交媒体广告投放：电商平台在社交媒体上进行广告投放，通过定向推送，将广告精准地展示给目标用户。这样的广告形式可以更好地利用社交媒体用户的兴趣和行为数据，提高广告的转化率。

社交化的购物体验：一些电商平台通过引入社交元素，如虚拟试衣间、AR 技术，使用户的购物体验更具社交性。用户可以在社交媒体上展示自己试穿的商品，邀请朋友评价，增加互动性。

社交电商平台：一些电商平台专注于社交电商，提供全新的购物体验。用户可以在平台上关注商家、达人，参与社交圈的互动，从而更加方便地发现和购买感兴趣的商品。

（四）电商平台中社交媒体的优势

用户黏性提高：社交媒体的引入增加了用户在电商平台上的互动和社交性，用户更容易形成使用习惯，提高了用户的黏性。

口碑传播和影响力：用户在社交媒体上的购物分享和评价有助于形成口碑效应，对品牌的影响力和认知度有着积极的推动作用。

个性化推荐和定向广告：通过社交媒体的数据分析，电商平台可以更准确地了解用户的兴趣和喜好，提供更加个性化的商品推荐和定向广告，提高用户的购物体验。

社交圈的扩大：电商平台通过社交媒体的功能能够拓展用户的社交圈，让用户更容易认识新朋友、关注品牌，增加社交关系的丰富度。

品牌形象建设：通过社交媒体广告和品牌推广，电商平台能够在用户心中建立积极的品牌形象，提高品牌的知名度和美誉度。

（五）电商平台中社交媒体的挑战

隐私和数据安全：社交媒体涉及用户个人信息和社交行为数据，保护用户隐私和数据安全成为一项重要挑战。电商平台需要加强对用户数据的保护，防范信息泄露和滥用。

虚假宣传和信息不实：在社交媒体上，一些商家可能通过虚假宣传误导用户，发布不实的商品信息。这可能导致用户做出不明智的购物决策，影响购物体验。

信息过载和用户疲劳：社交媒体平台上的信息过载可能导致用户疲劳，降低用户对广告和推荐信息的关注度，挑战电商平台的推广效果。

用户体验一致性：由于社交媒体平台众多，用户在不同平台上的体验差异可能导致用户对电商平台的一致性期望受挑战。电商平台需要在不同社交媒体平台上保持一致的用户体验，提高用户的满意度。

（六）电商平台中社交媒体的未来发展趋势

社交化购物的普及：未来社交化购物将成为电商平台的主流趋势，用户可以在社交媒体上直接完成购物，提高购物的社交性和便利性。

社交媒体与虚拟现实的融合：随着虚拟现实（VR）和增强现实（AR）技术的发展，电商平台将更深度地整合这些技术，提供更沉浸式、真实感的社交化购物体验。

更强大的个性化推荐：未来电商平台将更加依赖人工智能和大数据分析，提供更强大、个性化的商品推荐服务，使用户能够更轻松地发现符合其兴趣和需求的商品，提高购物效率和满意度。

社交媒体的多样化广告形式：未来社交媒体广告形式将更加多样化和创新。短视频广告、社交直播、互动式广告等将成为电商平台在社交媒体上推广商品的重要手段，吸引用户更多参与和互动。

社交电商平台的崛起：未来社交电商平台有望崛起，这些平台将更专注于社交化购物体验，提供更丰富的社交功能，如社交圈互动、社交分享奖励等，构建更紧密的用户社交关系。

更严格的用户隐私保护：鉴于用户对于隐私保护的关注不断增加，未来电商平台将加强用户隐私保护措施，提供更严格的隐私政策和更安全的数据处理机制。

跨平台一体化体验：未来电商平台将更加注重在不同社交媒体平台上提供一致的购物体验。用户可以在多个社交媒体平台上无缝切换，享受到一致的购物服务和社交互动。

用户参与度的进一步提升：通过社交媒体上的虚拟试衣、AR 体验等功能的不断完善，未来用户的参与度将进一步提升。用户可以更生动地参与到购物体验中，提高购物的趣味性。

社交媒体在电商平台中的功能与作用已经成为电商发展中不可或缺的一部分。通过社交媒体的引入，电商平台实现了更加社交化、个性化的购物体验，增强了用户与平台之间的连接。社交媒体不仅为用户提供了方便的社交分享和推荐功能，还通过社交广告、品牌推广、社交电商等多种方式促进了销售和品牌建设。

然而，社交媒体在电商平台中也面临着一些挑战，如用户隐私保护、信息过载、虚假宣传等问题。电商平台需要在发展的过程中充分认识到这些挑战，制定相应的政策和措施，确保用户在社交媒体上的购物体验既便利又安全。

未来，社交媒体在电商平台中的作用将更为深化和创新。社交电商、虚拟现实技术的应用、更强大的个性化推荐等将成为未来电商平台发展的新动力。通过与社交媒体的深度融合，电商平台有望提供更丰富、更智能、更具有社交性的购物体验，满足用户不断增长的购物需求。

第二节　社交媒体数据分析与监测

一、社交媒体数据采集与整合

在数字化时代，社交媒体已经成为信息传播、社交互动的重要平台，同时也是企业获取用户信息、洞察市场趋势的宝贵资源。社交媒体数据采集与整合是企业在利用社交媒体进行营销、用户服务等方面的重要环节。本部分将深入探讨社交媒体数据采集与整合的概念、重要性、挑战以及解决方案。

（一）社交媒体数据采集的概念和方法

社交媒体数据采集的概念：社交媒体数据采集是指通过获取社交媒体平台上用户产生的各种数据，包括文字、图片、视频等多媒体内容，以及用户行为数据，如点赞、评论、分享等。这些数据反映了用户的兴趣、情感、互动等方面的信息。

社交媒体数据采集的方法：

API（Application Programming Interface）接口：许多社交媒体平台提供 API 接口，允许第三方应用程序访问平台上的数据。通过调用 API，企业可以获取用户信息、发表内容、互动数据等。

网络爬虫：通过网络爬虫技术，可以从社交媒体平台上抓取公开可见的信息。这种方法需要谨慎使用，以遵守社交媒体平台的使用政策，防止违规行为。

数据合作：企业可以与社交媒体平台合作，通过数据共享或购买的方式获取更多精准的用户数据。这需要与平台建立合作关系，确保数据获取的合规性。

用户调查和反馈：通过在社交媒体平台上进行用户调查、收集反馈，获取用户的主观意见和体验，补充定量数据以全面了解用户需求。

（二）社交媒体数据整合的重要性

全面洞察用户行为：社交媒体数据整合可以帮助企业全面了解用户在不同平台上的行为，包括他们的喜好、兴趣、购物习惯等。这有助于建立更准确的用户画像。

提高决策效率：社交媒体数据分散在不同平台上，通过整合这些数据，企业可以更迅速、更全面地获取信息，加速决策过程，更快地响应市场变化。

精准的目标定位：通过整合社交媒体数据，企业可以更准确地识别目标受众，了解其需求和偏好，有针对性地进行市场定位和营销活动。

增强客户互动体验：整合社交媒体数据可以帮助企业更好地理解用户的反馈和意见，从而改进产品和服务，提升客户的互动体验。

有效监测竞争对手：通过整合社交媒体数据，企业能够监测竞争对手在不同平台上的活动，了解市场竞争格局，从而制定更有竞争力的策略。

（三）社交媒体数据采集与整合的挑战

隐私问题：用户在社交媒体上的数据涉及个人隐私，采集和使用这些数据需要遵循隐私法规，防止侵犯用户隐私权。

数据不一致性：不同社交媒体平台上的数据格式和标准可能不同，导致数据不一致性。整合这些数据需要解决数据格式和标准的问题。

数据量庞大：社交媒体上的数据量庞大，企业需要处理大规模的数据，保证数据采集、存储和分析的效率和准确性。

实时性要求：社交媒体上的信息更新非常迅速，数据的实时性成为一个挑战。企业需要确保采集到的数据具有足够的实时性，以支持及时的决策。

多平台整合：用户可能在不同的社交媒体平台上活跃，整合这些不同平台的数据需要克服多样性和复杂性。

（四）解决社交媒体数据采集与整合的方法

合规数据采集：企业应当遵循社交媒体平台的使用政策和法规，采用合规的方式获取用户数据，防范违规行为。

数据清洗和标准化：在进行整合前，对采集到的数据进行清洗和标准化处理，确保数据的一致性和准确性。

采用先进技术：使用先进的数据采集和整合技术，如自然语言处理、机器学习等，提高数据处理的效率和精准度。

建立统一的数据仓库：建立一个统一的数据仓库，将不同社交媒体平台上的数据整合在一起。这样的数据仓库可以提供一致的数据视图，方便企业更好地进行分析和利用。

实施数据安全措施：由于社交媒体数据涉及用户隐私，企业需要实施强化的数据安全措施，确保数据的机密性和完整性。

建立数据整合团队：建立专门的数据整合团队，包括数据工程师、分析师等专业人才，负责数据采集、清洗、整合和分析工作。

采用第三方工具：利用市场上的第三方数据采集和整合工具，这些工具通常具有更高效的数据处理和分析功能，可以帮助企业更好地应对挑战。

（五）社交媒体数据采集与整合的应用场景

用户行为分析：通过整合社交媒体数据，企业可以进行用户行为分析，了解用户在社交媒体上的互动行为，预测用户的兴趣和需求。

市场趋势监测：通过监测社交媒体上的热门话题、用户评论和分享，企业可以及时了解市场趋势，调整营销策略和产品定位。

品牌声誉管理：社交媒体上的用户评价和反馈对品牌声誉有着重要影响。通过整合社交媒体数据，企业可以了解用户对品牌的评价，及时回应和管理品牌声誉。

精准营销：通过整合社交媒体数据，企业可以更精准地进行目标用户定位，制定个性化的营销策略，提高广告投放的效果。

危机管理：社交媒体上的负面信息和危机事件可能对企业造成影响。通过整合社交媒体数据，企业可以及时了解和应对潜在的危机，保护品牌声誉。

用户服务优化：通过整合社交媒体数据，企业可以更好地了解用户的需求和反馈，优化产品和服务，提升用户体验。

（六）未来发展趋势

AI和机器学习的应用：随着人工智能和机器学习技术的发展，未来社交媒体数据采集与整合将更多地依赖于智能化的技术，从而提高数据分析和利用的效率。

更广泛的数据来源：未来社交媒体数据整合将不仅仅局限于传统的社交媒体平台，还可能涉及其他领域的数据，如物联网、在线社区等，从而获得更全面的信息。

区块链技术的应用：区块链技术的引入有望增强社交媒体数据的透明度和安全性，帮助确保数据的真实性和防止数据篡改。

跨平台一体化：未来社交媒体数据整合将更加注重跨平台一体化，实现不同平台上数据的无缝集成，提供更全面、一致的数据视图。

个性化推荐的提升：随着数据整合技术的不断进步，未来社交媒体数据的个性化推荐将更加精准，为用户提供更符合其兴趣和需求的信息。

社交媒体数据采集与整合是企业获取用户信息、洞察市场趋势的重要手段。通过合规的数据采集、先进的技术应用和综合的数据整合，企业可以更全面地了解用户行为、市场动态，提高决策效率，增强品牌竞争力。然而，社交媒体数据采集与整合面临着一系列的挑战，如隐私问题、数据不一致性、实时性要求等，需要企业在实践中不断探索和解决。未来，随着技术的不断发展和应用场景的扩展，社交媒体数据的采集与整合将更加智能、全面、精准，为企业提供更有价值的数据支持。

二、社交媒体舆情监测与分析

在数字化时代，社交媒体已成为信息传播的重要平台，人们在其上分享观点、交流情感，也是企业获取市场动态、用户反馈的重要渠道。然而，社交媒体上的信息涌入如潮，舆情的变化迅速，这对企业和组织而言既是机遇也是挑战。社交媒体舆情监测与分析成为了企业重要的战略工具，本部分将深入探讨社交媒体舆情监测与分析的概念、方法、应用以及面临的挑战和未来趋势。

（一）社交媒体舆情监测的概念与重要性

社交媒体舆情监测的概念：社交媒体舆情监测是指通过技术手段对社交媒体平台上的信息进行实时、系统的监控，以获取用户对特定话题、品牌、事件等的观点和情感倾向。这种监测有助于及时发现和应对负面舆情，把握市场动向，改进产品和服务。

社交媒体舆情监测的重要性：

实时性：社交媒体上的信息传播速度快，社交媒体舆情监测可以帮助企业实时了解用户反馈、市场动态，及时应对突发事件。

全面性：社交媒体上涵盖了丰富的信息，包括用户的评价、评论、分享等多种形式，舆情监测可以全面了解用户的态度和情感，形成更全面的舆情分析。

用户参与度：用户在社交媒体上表达自己的观点和情感，社交媒体舆情监测可以帮助企业更好地理解用户需求、改进产品，并提升用户满意度。

市场竞争：通过监测竞争对手在社交媒体上的活动和用户反馈，企业可以及时调整自己的战略，应对市场竞争。

（二）社交媒体舆情监测的方法与技术

文本挖掘技术：利用自然语言处理、文本分析等技术，对社交媒体上的文本进行挖掘，提取关键词、情感倾向，了解用户对特定话题的态度。

机器学习算法：借助机器学习算法，对大量的社交媒体数据进行训练，构建模型，实现对舆情信息的分类、情感分析等。

网络爬虫技术：使用网络爬虫技术对社交媒体上的信息进行抓取，获取用户的评论、分享等数据，建立数据集用于分析。

人工智能辅助：引入人工智能技术，如聊天机器人、语音识别等，提高对社交媒体上用户交流的理解和响应能力。

（三）社交媒体舆情分析的应用场景

品牌声誉管理：社交媒体舆情分析可以帮助企业了解用户对品牌的评价，及时发现负面舆情，制定危机公关策略，维护品牌声誉。

市场趋势分析：通过对社交媒体上的热门话题、关键词进行分析，企业可以了解市场趋势，预测用户需求，调整产品和服务策略。

竞争对手监测：通过监测竞争对手在社交媒体上的活动，了解他们的市场表现、用户反馈，帮助企业优化自己的竞争策略。

产品改进和创新：分析用户在社交媒体上的反馈，了解产品的优势和不足之处，为产品的改进和创新提供有益信息。

危机事件应对：在社交媒体上爆发危机事件时，舆情分析可以帮助企业及时了解舆情走向，采取有效的措施，减轻危机带来的负面影响。

（四）社交媒体舆情监测与分析的挑战

大数据处理：社交媒体上的数据量庞大，如何高效处理和分析大数据是一个挑战。

语义理解：社交媒体上的信息往往包含大量的俚语、网络用语，如何准确理解用户的语义成为难点。

虚假信息识别：社交媒体上存在大量虚假信息，如何准确辨别虚假信息，防范谣言扩散是一项重要任务。

多样性和复杂性：社交媒体平台众多，用户群体复杂，不同平台上的舆情反馈多样，如何整合和分析这些多样性的数据，提炼出有用的信息，是一个挑战。

实时性与延迟性的平衡：社交媒体上的信息变化迅速，需要实时监测舆情，但有时信息可能存在延迟，尤其是涉及不同时区和语言的情况。

隐私问题：社交媒体上的信息涉及用户个人隐私，舆情监测过程中如何保护用户隐私成为一个不可忽视的问题。

情感分析的主观性：情感分析涉及对用户情感的主观判断，不同的分析工具或算法可能会得出不同的结果，这增加了分析的主观性和复杂性。

（五）解决社交媒体舆情监测与分析的方法

智能算法应用：引入更智能的算法，结合自然语言处理、机器学习和深度学习等技术，提高对社交媒体信息的理解和分析能力。

多源数据整合：不仅关注单一社交媒体平台，而是整合多源数据，包括社交媒体、新闻、博客等，以获取更全面、多角度的信息。

实时监测系统：构建实时监测系统，确保舆情监测的及时性，同时考虑信息的可靠性和真实性，防范虚假信息的干扰。

人工智能辅助：结合人工智能技术，建立更准确的情感分析模型，提高对用户情感的理解和判断。

隐私保护机制：建立健全的隐私保护机制，确保在舆情监测过程中尊重用户隐私，遵守相关法规和规定。

多层次舆情分析：采用多层次的舆情分析模型，综合考虑用户评论、社交媒体趋势、关键词等信息，以更全面地理解舆情。

（六）未来发展趋势

跨平台一体化：未来社交媒体舆情监测将更加注重跨平台一体化，实现不同社交媒体平台上的数据无缝集成，提供更全面、一致的舆情分析。

智能化舆情分析：随着人工智能技术的发展，未来社交媒体舆情分析将更加智能化，具备更高的自动化和预测性。

深度挖掘用户需求：未来的舆情监测将更加注重深度挖掘用户的需求，从而为企业提供更准确的市场分析和用户反馈。

数据可视化：以更直观、可视化的方式呈现舆情分析结果，帮助决策者更快速、更全面地了解市场动态和用户情感。

社交媒体舆情与企业决策的融合：未来社交媒体舆情监测将更紧密地与企业决策相结合，成为企业制定战略、调整运营的重要依据。

社交媒体舆情监测与分析是企业获取市场动态、用户反馈的重要工具，对于品牌管理、市场营销、危机公关等方面都具有重要意义。然而，面对社交媒体信息的庞大和多样性，舆情监测与分析也面临着一系列挑战，需要结合先进的技术手段和科学的方法，制定有效的解决方案。未来，随着技术的不断创新和应用场景的不断扩展，社交媒体舆情监测与分析将迎来更智能、更全面、更准确的发展趋势。企业在利用社交媒体舆情监测与分析时，需要不断更新技术手段，关注用户体验，将其与企业战略有机结合，以更好地应对市场变化和提升竞争力。

三、社交媒体数据在用户画像中的应用

随着社交媒体的普及和使用频率的增加，用户在这些平台上产生了海量的数据。这些数据包括用户的个人信息、发表的内容、互动行为等，为企业提供了丰富的信息资源。通过对这些数据的分析和挖掘，可以构建用户画像，即对用户的全面而精准的描述。本部分将深入探讨社交媒体数据在用户画像中的应用，包括构建用户画像的方法、应用场景、挑战与解决方案，以及未来发展趋势。

（一）构建用户画像的方法

基本信息收集：通过用户在社交媒体上填写的基本信息，包括姓名、性别、年龄、地理位置等，构建用户的基本轮廓。

内容分析：分析用户在社交媒体上发表的内容，包括文字、图片、视频等，挖掘用户的兴趣、关注点、观点等。

互动行为分析：对用户在社交媒体上的互动行为进行分析，包括点赞、评论、分享等，了解用户的社交活跃程度和影响力。

时间轴分析：对用户在社交媒体上的活动时间进行分析，了解用户的在线习惯、活跃时间段等。

社交关系分析：分析用户在社交媒体上的社交关系，包括关注的人、粉丝、好友等，描绘用户的社交网络图谱。

情感分析：利用自然语言处理技术对用户发表的内容进行情感分析，了

解用户的情感倾向、态度等。

（二）社交媒体数据在用户画像中的应用场景

个性化推荐：基于用户在社交媒体上的兴趣和喜好，实现个性化的内容推荐，提高用户体验。

精准营销：利用用户画像精准定位目标用户，制定个性化的营销策略，提高广告投放效果。

产品改进和创新：通过用户画像分析用户的需求和反馈，为产品的改进和创新提供有力支持。

社交关系维护：通过分析用户的社交关系，帮助企业更好地理解用户之间的关联，提高社交关系的维护和管理效率。

危机公关：在社交媒体上监测用户的情感倾向和对特定事件的反应，帮助企业及时应对危机，进行危机公关管理。

（三）社交媒体数据在用户画像中面临的挑战与解决方案

隐私问题：用户对于个人信息的隐私关注日益增加，企业需要建立合规的数据采集和使用机制，尊重用户隐私。

解决方案：强调透明度和用户控制权，明确告知用户数据采集的目的和方式，提供隐私设置选项，充分尊重用户的隐私权。

数据质量与真实性：社交媒体上的信息可能存在虚假内容、水军评论等问题，影响用户画像的准确性。

解决方案：结合多维度数据，通过交叉验证和数据清洗技术提高数据的质量，避免虚假信息对用户画像的影响。

多样性与复杂性：不同社交媒体平台上用户行为和数据格式的多样性，使得构建统一用户画像变得复杂。

解决方案：采用多通道数据整合技术，将不同平台上的数据进行标准化和整合，构建更全面的用户画像。

实时性要求：社交媒体上的信息更新迅速，需要及时更新用户画像以保持其准确性。

解决方案：利用实时数据采集技术，建立实时更新机制，确保用户画像随着用户行为的变化而及时更新。

用户行为多义性：用户在社交媒体上的行为可能有多种解释，同一行为可能反映不同的兴趣或态度。

解决方案：引入深度学习和语义分析技术，提高对用户行为的多义性理解，准确把握用户的兴趣和意图。

（四）未来发展趋势

融合多源数据：未来社交媒体用户画像将更加注重整合多源数据，包括社交媒体数据、移动应用数据、在线购物数据等，以便全方位的了解用户。

AI 与个性化服务：随着人工智能技术的不断发展，未来将更加注重利用 AI 技术实现个性化服务，通过深度学习算法更准确地预测用户需求。

实时感知用户情绪：未来的用户画像将更加注重实时感知用户情绪，通过情感分析技术更准确地了解用户在社交媒体上的情感状态，以更好地满足其个性化需求。

跨平台一体化：未来社交媒体用户画像的构建将更加注重跨平台一体化，通过整合不同社交媒体平台上的数据，实现更全面、一致的用户画像。

智能决策支持：未来的用户画像将更多地应用于智能决策支持系统中，帮助企业更好地理解市场趋势、用户需求，从而制定更精准的战略和决策。

个人数据隐私保护：随着用户对个人数据隐私关注的增加，未来的用户画像构建将更加注重个人数据的合规采集和隐私保护，通过技术手段和法规合规性保障用户数据的安全。

社交媒体数据在用户画像中的应用不仅是获取用户信息的有效手段，更是企业实现个性化服务、精准营销的重要基础。通过深度分析用户在社交媒体上的行为、内容和互动，企业可以更好地了解用户需求、预测市场趋势，并为用户提供更符合其兴趣和期望的体验。然而，在充分利用社交媒体数据的同时，企业也需要面对一系列的挑战，包括隐私问题、数据质量、多样性与复杂性等。未来，随着技术的不断进步和应用场景的扩展，社交媒体数据在用户画像中的应用将变得更加智能、全面、精准，为企业提供更强大的数据支持，助力其在竞争激烈的市场中取得更大的成功。在实际应用中，企业需要综合考虑技术、法规、用户体验等方面的因素，合理权衡数据利用和隐私保护的关系，以确保用户画像的建立是合法、合规、合乎道德的。

第三节　社交媒体广告与推广策略

一、社交媒体广告形式与特点

（一）主要社交媒体平台上的广告形式

1. 微信广告

朋友圈广告：出现在用户朋友圈中，以图文或视频的形式展示，具有较好的曝光度。

公众号广告：在用户订阅的公众号文章中插入广告，以增加品牌曝光和转化率。

小程序广告：在微信小程序中投放的广告，可以直接引导用户进入小程序进行交互。

2. 微博广告

微博推广广告：出现在用户的微博主页、热门话题下，以图文或视频的形式展示，增加品牌曝光。

微博明星广告：与明星合作，以明星的形象为品牌代言，提高广告吸引力。

微博超级话题：在热门话题下投放广告，引导用户关注和参与讨论。

3. 抖音广告

短视频广告：出现在用户的短视频流中，以创意短视频的形式展示，吸引用户关注。

品牌挑战广告：邀请用户参与品牌主题的挑战，通过用户生成的内容进行品牌推广。

橱窗广告：在用户首页展示的品牌橱窗，以图片和文字介绍品牌和产品。

4. 快手广告

激励视频广告：用户在使用过程中观看广告，以获取虚拟奖励，提高广告观看率。

贴片广告：在用户观看视频过程中插入的短时广告，增加品牌曝光。

开屏广告：用户启动快手应用时展示的全屏广告，具有较高的关注度。

5. 百度推广

搜索推广：在百度搜索结果中投放的广告，根据用户搜索关键词进行精准推送。

信息流广告：在百度搜索页或百度信息流中展示的广告，以图文或视频形式呈现。

（二）中国社交媒体广告的特点

社交性强：中国社交媒体广告注重用户社交体验，通过广告内容与用户产生互动，例如评论、分享、点赞等，提高广告的社交性，增强用户参与感。

KOL（Key Opinion Leader）合作：在中国社交媒体广告中，与KOL合作是一种常见的策略。通过明星、网红、专业领域的意见领袖，提高广告的影响力和可信度，引起用户的关注。

文化因素融入：中国社交媒体广告常常融入本地文化元素，以符合目标受众的文化背景，提高广告的接受度和共鸣力。

移动支付与电商整合：中国社交媒体平台常常与移动支付和电商进行整合，用户可以直接在社交媒体上完成购物、支付等交易行为，促使用户更容易转化为实际消费者。

数据驱动：中国社交媒体广告注重数据的精准应用，通过用户行为数据分析，实现广告的精准投放和定向营销，提高广告的转化率。

（三）中国社交媒体广告与传统广告的区别

互动性强：与传统广告相比，中国社交媒体广告更加注重互动性。用户可以通过评论、分享、点赞等方式与广告进行互动，形成用户参与的社交氛围。这种互动性不仅提高了用户对广告的注意力，还能够促进用户之间的交流，扩大广告的传播范围。

KOL合作：中国社交媒体广告更倾向于与KOL（Key Opinion Leader）合作，通过明星、网红等有影响力的人物来代言或推广产品。这与传统广告中大众化的广告代言模式有所不同，更加注重个性化和精准的推广策略。

文化因素融入：中国社交媒体广告更加注重融入本地文化因素，以符合目标受众的文化背景。这种文化因素的融入能够使广告更贴近用户的生活方式和价值观，提高广告的认可度和亲和力。

移动支付与电商整合：中国社交媒体广告通常与移动支付和电商平台进

行紧密整合。用户在浏览社交媒体时可以直接完成购物、支付等交易行为，实现了从广告到购物的无缝连接。这种电商整合的方式使得广告更具实际转化的可能性，与传统广告的购物转化路径相比更为迅速和便捷。

数据驱动：中国社交媒体广告更加依赖数据驱动的营销策略。通过对用户行为数据的深度分析，广告主可以更准确地了解目标受众的兴趣、偏好和行为习惯，从而实现广告的个性化投放和更高效的广告转化。

（四）中国社交媒体广告的挑战与应对策略

广告过于依赖 KOL：依赖 KOL 合作可能使得广告成本上升，而且 KOL 的影响力也可能因一些突发事件而受到波动。因此，广告主需要谨慎选择合作对象，并在策略上更加多元化，不仅仅依赖于个别意见领袖。

应对策略：多样化合作伙伴，包括微博达人、行业专家等，不过分依赖个别 KOL，同时建立自身的品牌影响力。

用户隐私与数据安全问题：随着用户对隐私保护的关注增加，广告主需要更加注意用户数据的合法收集和处理，以避免触犯相关法规和引起用户反感。

应对策略：加强用户数据安全管理，遵循相关隐私法规，明确告知用户数据收集目的，并提供明确的隐私设置选项，增加用户对广告的信任感。

广告创意疲劳：长时间使用相同创意容易导致用户对广告产生疲劳感，降低广告的点击率和转化率。

应对策略：定期更新广告创意，通过创新的设计和内容呈现方式保持用户的新鲜感，避免广告创意的疲劳。

广告内容审查与敏感话题：中国社交媒体平台对广告内容有严格的审查标准，某些敏感话题可能无法投放广告。

应对策略：提前了解各社交媒体平台的广告审查政策，避免使用敏感词汇和内容，确保广告内容符合平台要求。

竞争激烈与广告费用上涨：随着广告主对社交媒体广告投放的热情增加，广告市场竞争激烈，导致广告费用上涨。

应对策略：优化广告投放策略，通过数据分析找到更有价值的目标受众，提高广告的点击率和转化率，降低广告费用的相对成本。

二、社交媒体推广活动效果评估

社交媒体推广已经成为企业数字营销策略中的不可或缺的一部分。然而，投入社交媒体推广并不仅仅是发布一些广告，还需要对推广活动的效果进行评估，以确保资金的有效利用和实现预期的营销目标。本部分将深入探讨社交媒体推广活动效果评估的重要性、评估的指标和方法，以及如何通过数据分析和优化手段提高社交媒体推广的效果。

（一）社交媒体推广活动效果评估的重要性

ROI（投资回报率）关联：社交媒体推广的最终目标是实现投资回报率最大化。通过对推广活动效果的评估，企业可以了解每一笔投资在推广活动中的实际效益，进而调整策略以提高 ROI。

预算控制：通过定期评估社交媒体推广活动的效果，企业可以更好地控制广告预算。了解哪些广告和推广方式效果较好，可以有针对性地分配更多预算，提高整体推广效果。

目标达成：推广活动的设定通常与企业的具体目标密切相关，例如增加品牌知名度、提高销售量、促进用户互动等。通过评估推广效果，企业可以确定是否成功实现了这些目标。

用户洞察：了解社交媒体推广活动的效果有助于深入了解目标受众，包括他们的兴趣、行为习惯、反馈等信息。这有助于优化广告内容，更好地满足用户需求。

（二）社交媒体推广活动效果评估的指标

点击率（CTR）：CTR 是衡量广告点击次数与广告曝光次数之比的指标。较高的 CTR 表示广告更能引起用户的兴趣和点击，是评估广告效果的重要指标。

转化率：转化率指的是用户通过广告进行了预期的行为，例如填写表单、注册账户、购买产品等。高转化率意味着广告成功地引导用户完成目标动作。

曝光量：曝光量表示广告在社交媒体上被用户看到的次数。了解广告的曝光量有助于评估广告的影响范围和覆盖程度。

社交参与度：社交媒体推广的目的之一是促进用户的社交互动，包括点赞、评论、分享等。高社交参与度可以反映广告的社交效果。

关注/订阅量：对于社交媒体平台而言，关注或订阅量是一个重要的指标。广告活动是否能够吸引更多用户关注品牌或订阅内容，是推广效果的重要衡量标准。

ROI（投资回报率）：ROI 是衡量广告投资效益的关键指标。计算 ROI 可以帮助企业了解广告活动带来的实际利润相对于投资的比例。

（三）社交媒体推广活动效果评估的方法

数据分析工具：利用社交媒体平台提供的数据分析工具，如 Facebook Insights、Twitter Analytics 等，深入分析广告的点击量、转化率、受众特征等数据，为效果评估提供有力支持。

A/B 测试：A/B 测试是一种通过对比两个或多个变量的方法来确定哪一个对结果产生更大影响的技术。在社交媒体推广中，可以对比不同广告内容、投放时间、定向方式等因素，找到最有效的组合。

用户调研：进行定期的用户调研，通过问卷调查、用户反馈等方式收集用户意见。了解用户对广告的看法、期望和建议，为广告优化提供宝贵的信息。

销售数据分析：将社交媒体推广活动与销售数据进行关联分析。通过跟踪广告引导的销售情况，评估广告对实际业务成果的贡献。

品牌影响评估：利用品牌调查等方法，评估社交媒体推广活动对品牌知名度、品牌形象的影响程度。这可以通过比较推广前后的品牌指标来进行。

（四）优化社交媒体推广活动的效果

定期监测和调整：对社交媒体推广活动进行定期的监测，关注关键指标的变化趋势。及时发现问题，调整推广策略，确保活动在运行过程中能够最大程度地符合预期效果。

广告内容优化：根据数据分析和用户反馈，对广告内容进行优化。确保广告文案吸引人、图像质量高，与目标受众的兴趣相契合，提高用户点击和参与的可能性。

定向策略优化：根据数据分析结果，调整广告的定向策略。可能需要调整目标受众的地理位置、年龄段、兴趣等定向参数，以更精准地触达潜在客户。

测试新的广告形式：尝试不同的广告形式和推广策略，包括图文广告、视频广告、品牌合作等。通过试错方法，找到最适合目标受众的广告形式，提高推广活动的效果。

社交媒体平台的优化：关注社交媒体平台的更新和新功能，充分利用平台提供的新工具和广告格式。不断了解和适应平台的变化，以确保广告活动始终保持创新和竞争力。

（五）社交媒体推广活动效果评估的挑战与应对策略

数据难以获取：有时社交媒体平台上的数据获取可能受到限制，例如某些平台对于广告效果的数据披露较少。

应对策略：利用可用的数据进行分析，并通过 A/B 测试等手段获取更多有关广告效果的信息。同时，与社交媒体平台保持沟通，了解其数据政策和新的数据获取方式。

广告作弊与欺诈：一些不法分子可能通过点击作弊等手段，影响广告效果的真实性。

应对策略：定期监测异常点击、活动涉嫌欺诈的情况，并与广告平台合作，采取防范措施，确保广告效果数据的准确性。

多平台协同效果难以衡量：如果同时在多个社交媒体平台上进行推广，不同平台之间的协同效果可能难以准确测量。

应对策略：利用专业的数据分析工具整合多平台数据，以综合的角度评估整体效果。同时，建立清晰的推广目标，分别追踪各平台的关键指标。

广告疲劳：用户对于相同或类似广告内容的疲劳感可能导致广告效果下降。

应对策略：定期更新广告创意，尝试新的内容和形式，以避免用户对广告的疲劳感。通过 A/B 测试等方式找到最具吸引力的广告创意。

隐私问题：用户对隐私的关注增加，社交媒体平台对于广告跟踪和数据采集的限制可能加大。

应对策略：遵守相关隐私法规，确保广告活动合规。提供透明的隐私政策说明，向用户明确广告的数据收集和使用目的。同时，积极采用社交媒体平台提供的隐私保护工具，以提高用户对广告的信任感。

（六）未来社交媒体推广活动效果评估的趋势

AI 技术的应用：随着人工智能技术的不断发展，将更多地应用于社交媒体推广活动效果的评估。通过机器学习和数据挖掘，实现更精准的用户行为分析和广告效果预测。

实时数据分析：未来的社交媒体推广活动效果评估将更加注重实时数据分析。通过实时监测和分析广告数据，广告主可以更及时地调整推广策略，抓住市场变化的机会。

跨渠道整合：随着用户在不同社交媒体平台之间的流动性增加，社交媒体推广活动效果评估将更加关注不同渠道之间的整合效果。多渠道数据整合分析将成为评估的一个重要趋势。

用户参与度的多维度分析：未来的评估将更加注重用户参与度的多维度分析，包括互动方式、用户情感反馈等。通过更全面的用户参与度分析，广告主可以更好地了解用户的真实反馈。

创新广告形式：随着社交媒体平台技术的不断升级，新的广告形式将不断涌现。未来的评估将需要更灵活的方法来适应不同形式的广告，包括短视频广告、虚拟现实广告等。

社交媒体推广活动效果的评估对于企业实现有效数字营销至关重要。通过准确的数据分析和有效的优化策略，广告主可以更好地了解受众需求，提高广告点击率、转化率，实现品牌目标。未来，随着技术的不断发展和社交媒体平台的更新，推广活动效果评估将迎来更多的机遇与挑战，需要广告主保持敏锐的洞察力，不断优化策略以适应市场的变化。通过科学、创新的评估手段，社交媒体推广将为企业带来更为显著和可持续的业务成果。

第四节　用户参与与社交分享

一、用户在社交媒体上的参与行为

社交媒体已经成为人们生活中不可或缺的一部分，极大地改变了人们的沟通方式和信息获取途径。用户在社交媒体上的参与行为涉及多个方面，包括社交互动、内容创作、信息分享等。本部分将从多个角度探讨用户在社交媒体上的参与行为，深入分析其影响和意义。

（一）社交互动

社交媒体的最初目的是为人们提供一个在线社交平台，使他们能够与朋友、家人和同事保持联系。用户通过点赞、评论、分享等方式进行社交互动，表达自己的观点和情感。这种互动不仅促进了社交关系的建立与维护，还加强了社会联系的紧密度。社交互动还有助于信息的传播，将用户的兴趣、观点迅速传递给更广泛的受众。

（二）内容创作

社交媒体提供了一个广阔的舞台，让用户可以成为内容创作者。通过发布照片、文字、视频等多样化的内容，用户可以展示自己的才华、经验和观点。这种创作行为不仅满足了个体表达自我、追求创造性的需求，也为社交媒体平台提供了更加丰富和多样的内容，增强了用户对平台的黏性。

（三）信息分享与获取

社交媒体成为了信息传播的重要渠道，用户通过分享新闻、趋势、观点等信息，迅速将信息传递给更广泛的受众。与此同时，用户也通过关注他人、加入群组等方式获取他人分享的信息。这种信息的双向流动促进了社会的信息共享，使得用户更加容易了解世界各地发生的事情，形成更加全面的信息认知。

（四）社交媒体对用户行为的影响

社交媒体的普及对用户行为产生了深远的影响。首先，社交媒体成为了社交生活的一部分，改变了人们的社交方式，使得人们更加依赖在线交流。其次，社交媒体的内容创作和分享特性，推动了个人品牌建设的新途径，使得普通用户也有机会在社交平台上获得关注。然而，这也带来了信息过载和隐私泄露等问题，需要社交媒体平台和用户共同努力解决。

（五）社交媒体参与行为的挑战与未来发展

尽管社交媒体为用户提供了丰富的参与体验，但也面临一些挑战。例如，虚假信息、网络暴力、隐私泄露等问题仍然存在，需要平台制定更加严格的规则和技术手段进行监控。此外，社交媒体的商业化也带来了广告侵扰等问题，需要平衡商业利益和用户体验。

未来，社交媒体的发展可能会朝着更加个性化、智能化的方向发展。随着技术的不断进步，社交媒体平台可能会更好地理解用户的兴趣和需求，为他们提供更加个性化的服务。同时，用户对于隐私和信息安全的关注也将推动社交媒体平台加强对用户数据的保护和管理。

总的来说，用户在社交媒体上的参与行为是一个多层次、多方面的复杂现象。社交媒体不仅改变了人们的社交方式和信息获取途径，也对个体和社会产生了深远的影响。在社交媒体的快速发展和普及背后，平台、用户以及社会需要共同努力，平衡各种利弊，促使社交媒体更好地服务于人们的需求。

二、社交分享对商品销售的影响

社交分享已经成为当今数字时代中商品销售的一个重要推动力。社交媒体平台的兴起和普及，为用户提供了分享购物体验、评价商品、推荐产品等行为的便捷平台。这种社交分享不仅对消费者决策产生深远的影响，也给品牌营销和销售策略带来了新的挑战和机遇。

（一）社交分享对消费者决策的影响

1. 口碑传播与信任建立

社交分享是消费者之间口碑传播的主要方式之一。当一个用户在社交媒体上分享对某个商品的正面评价或使用体验时，这种信息往往比传统广告更具有说服力。其他用户更倾向于相信朋友、家人或其他消费者的真实体验，从而建立对商品的信任感。这种信任感对于消费者决策过程中的品牌选择和购买意愿起到关键作用。

2. 社交比较与购物决策

社交分享使得用户能够方便地进行商品比较和评价查阅。通过社交媒体上的评论、比较购物平台等功能，消费者能够获取更多的商品信息，从而更加明晰自己的需求并作出更为明智的购物决策。这种透明度和信息的即时性对于提高消费者对商品的满意度和忠诚度至关重要。

（二）品牌营销与社交分享的结合

1. 用户生成内容（UGC）的重要性

社交分享促使了用户生成内容的崛起，用户通过在社交媒体上分享图片、视频、文字等形式的内容，为品牌创造了更多的曝光机会。UGC 具有真实性和亲和力，可以让品牌更接地气，更好地与用户产生情感共鸣。通过激发用户的创作欲望，品牌能够建立更加深入的品牌形象，吸引更多的潜在消费者。

2. 社交广告与目标定位

社交媒体平台提供的广告工具使得品牌能够更精准地定位目标受众。通过社交分享的数据分析，品牌可以了解用户的兴趣、行为习惯，从而更有针对性地推送广告。这种定位能力提高了广告投放的效果，使得品牌能够更好地与潜在消费者建立联系。

（三）挑战与机遇

1. 消费者对广告的敏感度

尽管社交分享为品牌提供了更多的曝光机会，但一些消费者对过度的广告仍然持有抵触态度。社交媒体平台上充斥着大量的广告信息，消费者可能在面对大量的信息时感到疲劳，降低了广告的注意力和效果。品牌需要在社交分享中找到平衡，避免被认为是过于推销的形式。

2. 负面口碑和危机管理

社交分享的另一面是负面口碑的传播速度同样非常迅猛。用户在社交媒体上分享的不满体验或投诉信息可能在短时间内传播到大量受众，对品牌形象造成重大影响。因此，品牌需要设立危机管理机制，及时回应用户的负面反馈，积极解决问题，维护品牌声誉。

3. 新的销售模式的涌现

社交分享的盛行催生了新的销售模式，如社交电商。在社交媒体上，用户不仅可以分享购物体验，还可以直接进行购物，实现从社交平台到购物平台的无缝链接。社交电商的崛起为品牌提供了更直接的销售渠道，同时也为用户提供了更为便捷的购物体验。

（四）未来趋势

1. 虚拟和增强现实的整合

虚拟和增强现实技术的发展将为社交分享提供更为丰富的表现形式。用户可以通过虚拟试衣、AR 购物等方式更直观地分享他们的购物体验。这将使社交分享更生动、更吸引人，提升用户参与度。

2. 数据驱动的个性化营销

随着数据分析和人工智能技术的不断进步，品牌将能够更精准地了解用户的喜好和行为，实现个性化的营销策略。通过向用户推荐他们可能感兴趣的商品，品牌可以提高社交分享的转化率，促使更多用户进行购买。

社交分享对商品销售产生了深远的影响，从影响消费者决策到改变品牌营销策略，都发生了巨大的变化。然而，社交分享也带来了一系列挑战和机遇，需要品牌和营销者在不断变化的社交媒体环境中灵活应对。

三、用户生成内容与社交媒体互动对精准营销的影响

用户生成内容（UGC）和社交媒体互动是当今数字营销领域中的两个重要元素，它们对精准营销的影响深远而复杂。本部分将深入探讨用户生成内容和社交媒体互动对精准营销的影响，从不同角度分析它们对品牌建设、用户参与、数据驱动以及营销策略等方面的作用。

（一）用户生成内容的崛起

1. UGC 的定义与特点

用户生成内容是由普通用户主动创造并分享的各类数字媒体内容，包括但不限于文字、图片、视频等。这些内容通常是基于用户个人经验、兴趣爱好或对品牌产品的真实体验而产生。UGC 不仅具有真实性和亲和力，还能够在社交媒体上迅速传播，成为品牌推广的有力工具。

2. UGC 对品牌建设的积极作用

用户生成内容为品牌建设提供了一种全新的方式。通过用户的角度展示品牌的产品或服务，品牌能够更加真实地呈现在用户面前，建立更为亲密的连接。UGC 传递了用户对品牌的信任和认可，形成了一种口碑效应，对品牌的正面形象和声誉有着显著的促进作用。

3. UGC 对用户参与的激发

UGC 的参与性质激发了用户更积极地参与品牌的营销活动。用户不再仅仅是被动的观众，而是品牌营销活动的参与者和创作者。这种参与感增强了用户对品牌的投入，提高了品牌忠诚度，使用户更倾向于与品牌进行互动和交流。

（二）社交媒体互动的重要性

1. 社交媒体互动的范围与形式

社交媒体互动包括点赞、评论、分享、投票、直播等多种形式。用户通过这些互动方式表达对内容的喜好、观点或情感，形成了一个庞大的社交网络。这种互动不仅拉近了用户与用户之间的关系，也构建了用户与品牌之间

的连接。

2. 社交媒体互动对用户关系的影响

社交媒体互动是构建和巩固用户关系的关键环节。通过及时回应用户的评论、关注用户的需求和反馈,品牌能够更好地与用户互动,增强用户对品牌的信任感。互动的过程中,品牌不仅能够解决用户问题,还能够了解用户的需求,为后续的精准营销提供有力支持。

(三)精准营销的数据驱动

1. 用户行为数据的收集与分析

用户生成的内容和社交媒体互动产生了大量的用户行为数据。这些数据包括用户的兴趣、喜好、购买行为等信息。品牌可以通过有效的数据分析工具,深入挖掘这些数据,了解用户的个性化需求,为后续的精准营销提供数据支持。

2. 数据驱动的个性化推荐

通过对用户行为数据的分析,品牌可以实现个性化的产品推荐和定制化的广告内容。这种个性化的推荐能够更好地满足用户的需求,提高用户对广告的关注度和点击率。个性化推荐也使得品牌能够更精准地定位目标受众,提高广告投放的效果。

(四)营销策略的创新

1. 利用 UGC 构建品牌故事

品牌可以通过挖掘用户生成的内容,构建更加生动和富有情感的品牌故事。这种品牌故事不仅具有感染力,还能够引起用户的共鸣。品牌可以通过 UGC 中的真实故事来传递自身的价值观,吸引更多用户参与进来,共同构建品牌的故事。

2. 互动式广告与用户参与

社交媒体互动的特点为品牌提供了互动式广告的机会。品牌可以设计创新性的广告形式,鼓励用户参与其中,提高用户互动的频率。互动式广告不仅能够吸引用户的关注,还可以收集用户的反馈,为品牌提供改进的方向。

(五)挑战与未来发展

1. 隐私和安全问题

随着对用户数据的不断收集和分析,隐私和安全问题成为精准营销中的一大挑战。品牌需要更加谨慎地处理用户数据，保护用户隐私，避免引发用户的担忧和不满。

2. 滥用和疲劳感

过度的 UGC 和社交媒体互动可能导致信息的滥用和用户疲劳感。用户可能对过多的广告推送和社交媒体互动感到厌倦，从而降低了这些策略的效果。品牌需要谨慎平衡推送频率，确保内容的有趣和有价值，以避免用户疲劳感的产生。

3. 多渠道整合和一体化营销

社交媒体互动和用户生成内容通常发生在多个平台上，包括但不限于 Facebook、Instagram、Twitter 等。品牌需要在不同平台上进行多渠道整合，以保持一致性的品牌形象，并更好地管理和运营用户生成的内容。一体化营销战略将成为未来品牌发展的必然趋势。

4. 虚拟现实和增强现实的整合

随着虚拟现实（VR）和增强现实（AR）技术的不断发展，品牌可以将这些技术整合到社交媒体互动和用户生成的内容中。虚拟试衣、AR 广告等创新形式将为用户提供更沉浸式和互动性的体验，为品牌带来更多创新的精准营销机会。

5. 用户教育和参与

为了更好地利用 UGC 和社交媒体互动进行精准营销，品牌需要投入更多的资源在用户教育上。这包括引导用户如何生成有价值的内容，如何参与互动，以及如何更好地与品牌进行互动。品牌需要建立社群和教育平台，培养用户的参与意识和创造性。

用户生成内容和社交媒体互动对精准营销产生了深远的影响，为品牌提供了更加真实、有参与感的推广手段。UGC 通过用户的创作展示了品牌的真实形象，激发了用户的参与和忠诚度。社交媒体互动则构建了品牌与用户之间更加紧密的联系，为品牌提供了海量的用户行为数据，推动了精准营销的发展。

未来，随着技术的不断发展和市场竞争的加剧，品牌需要更加创新、整合和多样化的精准营销策略。在保障用户隐私和信息安全的前提下，品牌应该充分利用 UGC 和社交媒体互动的力量，通过个性化推荐、创新广告形式、虚拟现实和增强现实技术等手段，不断提升用户体验，实现更为精准和有效的营销。综上所述，用户生成内容和社交媒体互动已经成为精准营销的不可忽视的两大支柱，品牌在未来的竞争中需要充分挖掘它们的潜力，为消费者提供更有价值和个性化的体验。

第五节　社交媒体互动对精准营销的影响

一、社交媒体互动的重要性与益处

社交媒体互动已成为当今数字时代中不可或缺的一部分，对于个人、品牌和社会来说都具有深远的影响。本部分将深入探讨社交媒体互动的重要性以及它所带来的益处，涵盖了个人关系的建立、品牌营销、信息传播和社会参与等多个方面。

（一）社交媒体互动的定义与形式

1. 社交媒体互动的概念

社交媒体互动指的是在社交媒体平台上用户之间相互交流、分享、评论和参与的活动。这种互动形式包括但不限于点赞、评论、分享、投票、直播、私信等多种方式。用户通过这些互动，能够更直接地参与到社交媒体平台上的内容创造和传播过程中。

2. 社交媒体互动的形式

点赞和评论：用户可以通过给他人的内容点赞或评论来表达对内容的喜好、认同或反馈。

分享：用户可以分享其他用户的内容到自己的社交圈，扩大内容的传播范围。

直播和视频互动：用户可以通过直播平台或上传视频进行实时互动，观众可以通过弹幕、点赞等方式参与互动。

投票和调查：用户可以发起投票和调查，收集其他用户的意见和看法，形成集体决策。

私信和群组互动：用户可以通过私信或加入群组进行一对一或一对多的沟通和互动。

（二）个人层面的社交媒体互动重要性

1. 人际关系建立

社交媒体互动是个人之间建立和维护关系的一种重要方式。通过互相点赞、评论、分享，用户能够更深入地了解彼此的兴趣、观点和生活，从而建立更紧密的人际关系。这对于个人社交和人际网络的拓展具有积极意义。

2. 社交支持与共鸣

社交媒体互动也提供了一种社交支持的渠道。用户可以在社交媒体上分享自己的喜悦、困惑、忧虑，得到朋友和关注者的鼓励、建议和共鸣。这种情感支持对于个人心理健康和社交满足感有着重要的影响。

3. 个人品牌塑造

通过积极参与社交媒体互动，个人能够塑造自己的个人品牌。互动活跃、内容有深度的用户更容易在社交媒体上树立起自己的专业形象，吸引更多关注者，甚至在专业领域建立起影响力。

（三）品牌层面的社交媒体互动益处

1. 品牌知名度提升

品牌通过社交媒体互动能够扩大曝光，提升品牌的知名度。用户的点赞、评论、分享等行为将品牌信息传播到更广泛的受众中，有效地提高了品牌的曝光度。

2. 建立更紧密的用户关系

社交媒体互动可以帮助品牌与用户建立更紧密、更亲密的关系。通过回应用户的评论，提供个性化的互动体验，品牌能够增强用户的满意度，建立更加深入的品牌关系。

3. 用户生成内容的引导

社交媒体互动可以鼓励用户生成内容，为品牌创造更多的原创、真实的用户体验。这些用户生成的内容不仅为品牌提供了更多的宣传材料，同时也增强了品牌的社交性和用户参与感。

（四）社交媒体互动对信息传播的促进

1. 快速传播和病毒营销

社交媒体互动能够加速信息的传播速度。当一条内容受到用户的热烈互动，例如大量点赞和分享，这将促使内容迅速传播，甚至演变为病毒营销，迅速蔓延到更广泛的受众中。

2. 信息过滤和推荐

社交媒体互动形成了一个信息过滤的机制，通过用户的互动行为，平台能够更精准地推荐相关内容。用户点赞、评论的内容往往会被算法认为是更有价值、更符合用户兴趣的内容，从而为用户提供更个性化的信息推荐。

（五）社会层面的社交媒体互动益处

1. 公共参与和社会运动

社交媒体互动为公众提供了参与社会运动和公共事务的途径。通过社交媒体，个人和组织能够快速组织和推动社会运动，引起公众关注，激发社会参与。这种社交媒体互动促进了信息的广泛传播，加强了公众对社会议题的关注度。

2. 民意监测和舆情引导

社交媒体互动为政府、企业和社会组织提供了实时的民意监测和舆情引导的手段。通过分析用户在社交媒体上的互动和评论，各方能够更准确地了解公众对特定事件或议题的态度，及时做出调整和回应。

3. 文化交流和多元性

社交媒体互动拉近了不同文化、地域和群体之间的距离。通过互动，人们能够更容易地分享和了解各种文化背景下的观点、见解和体验。这促进了文化的交流与多元性，为构建更加包容和理解的社会提供了平台。

（六）挑战与应对

1. 虚假信息和信息泛滥

社交媒体互动可能导致虚假信息的传播和信息泛滥。用户的点赞和分享并不总是基于信息的真实性，一些不准确或夸大的信息可能因互动而被误传。社交媒体平台需要加强对虚假信息的监测和管理，提高信息的可信度。

2. 隐私和安全问题

社交媒体互动涉及大量个人信息的分享和交流，因此隐私和安全问题成为关注的焦点。平台需要建立更加健全的隐私政策和安全机制，确保用户信息的合法使用和保护。

3. 滥用和仇恨言论

社交媒体互动的开放性也容易导致滥用和仇恨言论的问题。平台需要采取有效措施，防止和打击滥用行为，保护用户免受恶意攻击和言论的侵害。

4. 算法偏见和信息过滤

社交媒体平台使用的算法可能存在偏见，导致信息过滤的不公正。这可能影响用户对信息的获取和了解，平台需要透明、公正地管理算法，避免偏向性的信息推荐。

（七）未来发展趋势

1. 虚拟现实和增强现实的整合

随着虚拟现实（VR）和增强现实（AR）技术的发展，社交媒体互动将更加多样和沉浸。用户可以通过虚拟空间进行更真实的社交互动，增强用户体验。

2. 区块链技术的应用

区块链技术的应用有望解决社交媒体互动中的隐私和信息安全问题。通过去中心化的数据存储和加密技术，用户可以更好地掌控自己的数据，减少隐私泄露的风险。

3. 人工智能的智能推荐

未来社交媒体互动的推荐系统将更加智能化。基于人工智能的推荐算法将更准确地了解用户兴趣，实现更个性化、智能化的信息推送。

4. 社交媒体的整合与拓展

社交媒体平台将更加深度整合，形成更全面的社交媒体生态系统。同时，社交媒体的拓展也将涉及更多领域，包括电商、教育、医疗等。

社交媒体互动在个人、品牌和社会层面都具有重要性，为人们的社交关系建立、品牌推广、信息传播和社会参与提供了丰富的机会和挑战。随着技术的不断创新和社会需求的变化，社交媒体互动将继续发展，为人们创造更加丰富、有趣且有益的社交体验。在利用社交媒体互动的过程中，用户、平台和政府等各方需共同努力，解决互动过程中涌现的问题，确保社交媒体的发展更加健康和可持续。

二、用户参与度与品牌忠诚度的关系

在当今数字化时代，品牌与用户之间的关系不再是单向的，而是建立在互动和参与的基础上。用户参与度和品牌忠诚度之间存在着密切的关系，互动性的品牌体验往往能够显著影响用户的忠诚度。本部分将深入探讨用户参与度与品牌忠诚度之间的关系，从参与度的定义、影响因素、品牌忠诚度的构成以及两者之间的互动等多个角度进行分析。

（一）用户参与度的定义与测量

1. 参与度的概念

用户参与度是指用户与品牌或产品进行互动、参与和沟通的程度。这种互动不仅仅包括购买行为，还包括用户在社交媒体上的点赞、评论、分享，参与线上线下活动等多方面的参与。用户参与度强调了品牌与用户之间的双向沟通和互动性。

2. 参与度的测量

用户参与度的测量可以从多个维度进行，包括但不限于以下几点。

社交媒体互动：用户在社交媒体上的点赞、评论、分享等互动行为。

线上活动参与：用户参与线上品牌活动、抽奖、调查等的次数和程度。

线下活动参与：用户参与线下品牌活动、展会、体验活动的次数和积极性。

品牌内容创造：用户通过 UGC（用户生成内容）为品牌创造内容的频率和质量。

（二）影响用户参与度的因素

1. 个性化体验

个性化体验是提高用户参与度的关键因素之一。品牌通过了解用户的兴趣、需求和偏好，为其提供个性化的产品、服务和推送内容，能够激发用户更多的参与欲望。

2. 社交因素

社交因素在用户参与度中发挥着重要作用。用户更愿意参与那些能够带来社交认可和互动的品牌活动，例如在社交媒体上分享自己的购物体验、参与品牌挑战等。

3. 品牌可信度

用户对品牌的信任程度直接影响其参与度。建立稳固的品牌信任关系，使用户相信品牌提供的信息和活动是真实、可靠的，从而更加愿意积极参与。

4. 创新和独特性

创新和独特性是引发用户兴趣和参与的重要因素。品牌通过不断创新产品、服务和营销活动，能够吸引用户的关注，激发其参与的动机。

（三）品牌忠诚度的构成与影响因素

1. 品牌忠诚度的构成

品牌忠诚度是用户对于某一品牌的积极态度和持续购买行为。它包括了情感忠诚度、行为忠诚度和认知忠诚度三个方面。情感忠诚度强调用户对品牌的情感连接，行为忠诚度体现在用户的购买行为，认知忠诚度则关注用户对品牌的认知和记忆。

2. 影响品牌忠诚度的因素

品牌信任：用户对品牌的信任程度是忠诚度的基石，信任能够促使用户更加愿意选择某一品牌。

产品质量：提供高质量产品是维持品牌忠诚度的基础，用户往往会因为产品的质量而选择坚持购买某一品牌。

服务体验：优质的客户服务和购物体验能够增加用户对品牌的满意度，从而提高忠诚度。

品牌形象：品牌形象直接关系到用户对品牌的认知和感知，积极、正面的品牌形象能够促使用户更加愿意与之建立长期关系。

（四）用户参与度与品牌忠诚度的关系

1. 用户参与度对品牌忠诚度的积极影响

积极的用户参与度能够直接促进品牌忠诚度的提升。当用户在品牌的社交媒体上积极互动、参与线上线下活动时，他们会更加深入地了解品牌、建立对品牌的情感连接，从而提高忠诚度。

2. 参与度强化品牌体验

用户参与度不仅是对品牌的一种支持，更是一种深度的品牌体验。用户通过参与品牌活动、创造 UGC，实际上是在共同建构品牌的故事，这种共同建构加强了用户与品牌之间的情感纽带，使品牌变得更加具体和有趣，从而强化了用户的品牌体验。

3. 互动促使品牌认知

用户通过参与度与品牌产生更多的互动，从而提升对品牌的认知水平。

通过社交媒体的互动、参与品牌活动、分享 UGC 等行为，用户不仅仅是被动地了解品牌，更是主动参与到品牌的构建中，从而提高了品牌的在用户心中的知名度和认知水平。

4. 参与度与品牌信任的相互促进

用户参与度和品牌信任是相互促进的关系。用户通过参与品牌活动、互动社交媒体等方式，更深入地了解品牌，建立了更为亲密的关系。这种亲密关系进一步增强了用户对品牌的信任，而信任又是品牌忠诚度的基石。

5. 用户参与度降低切换意愿

用户通过高度的参与度与品牌建立了深厚的关系，这使得用户更加不愿意切换到其他品牌。积极参与的用户往往形成了一种黏性，即使其他品牌提供了类似的产品或服务，他们也更愿意继续选择并支持已经建立深度关系的品牌。

（五）如何提高用户参与度和品牌忠诚度

1. 创造引人入胜的内容

创造引人入胜的内容是提高用户参与度的关键。品牌需要在社交媒体上发布有趣、有深度、引发共鸣的内容，激发用户的评论、分享和参与欲望。

2. 个性化互动体验

个性化互动体验是提高用户参与度和品牌忠诚度的有效途径。品牌可以通过分析用户数据，向用户提供个性化的推荐、活动和优惠，从而增加用户的参与感和忠诚度。

3. 社交媒体互动活动

定期开展社交媒体互动活动是提高用户参与度的有效手段。品牌可以组织抽奖、挑战、线上线下活动等，鼓励用户积极参与，并在活动中建立更加深入的品牌连接。

4. 关注用户反馈

品牌应该积极关注用户的反馈和意见。回应用户的评论，采纳用户的建议，建立开放、透明的沟通渠道，能够增加用户对品牌的信任，提高参与度和忠诚度。

5. 创新技术的运用

品牌可以通过创新技术的运用提升用户参与度。例如，利用虚拟现实

（VR）和增强现实（AR）技术，打造更具互动性的品牌体验，吸引用户积极参与。

用户参与度和品牌忠诚度之间存在着紧密的关系，互动性的品牌体验往往能够显著影响用户对品牌的忠诚度。用户通过参与品牌活动、互动社交媒体，建构了与品牌更深层次的情感连接，这有助于提高用户对品牌的认知、信任和忠诚度。

三、社交媒体数据在精准营销中的整合与利用

（一）社交媒体数据的重要性

1. 用户行为数据

社交媒体平台记录了用户在平台上的行为数据，包括点赞、评论、分享、点击等。这些行为数据反映了用户的兴趣、喜好和互动模式，为品牌提供了深入了解用户的途径。

2. 用户社交关系

社交媒体数据还包括用户之间的社交关系网络。了解用户之间的连接关系可以帮助品牌更好地理解用户的社交圈，实现精准的口碑传播和社交影响。

3. 用户生成内容

用户生成的内容（UGC）是社交媒体上的重要信息源，包括文字、图片、视频等形式。这些内容展示了用户对品牌的真实反馈和体验，有助于品牌更好地了解用户需求，同时可以作为有力的推广材料。

（二）社交媒体数据整合的挑战

1. 多平台数据整合

社交媒体不仅包括了多种类型的平台，如 Facebook、Instagram、Twitter等，而且每个平台都有独特的用户群体和数据格式。多平台数据的整合成为一个挑战，需要品牌投入大量的技术和人力资源。

2. 数据隐私和安全

社交媒体数据涉及大量的个人信息，用户对于数据隐私和安全的关注度逐渐增加。品牌在整合和利用社交媒体数据时，必须遵循严格的隐私政策，确保用户数据的合法、安全和透明使用。

3. 数据质量和真实性

社交媒体上的信息可能存在虚假、夸大或误导性的情况。品牌在整合社交媒体数据时，需要对数据的质量和真实性进行验证和筛选，以确保基于可信赖的数据进行精准营销。

（三）社交媒体数据的整合与利用

1. 精准定位与用户画像构建

社交媒体数据的整合为品牌提供了丰富的用户信息，有助于构建精准的用户画像。通过分析用户在社交媒体上的行为、兴趣、互动，品牌可以更精准地定位目标用户，了解其需求和喜好。

2. 个性化推荐和内容定制

社交媒体数据的整合为个性化推荐提供了依据。基于用户的兴趣和行为数据，品牌可以通过算法分析实现个性化的推荐，向用户展示更相关、更具吸引力的内容和产品。

3. 社交广告优化

社交媒体数据是社交广告优化的关键因素。通过分析用户的社交行为、关系网络和喜好，品牌可以更精准地投放广告，提高广告的点击率和转化率。社交广告的个性化定向将成为未来精准营销的重要趋势。

4. 用户参与度提升

社交媒体数据的整合可以帮助品牌更好地了解用户的参与行为。通过分析用户在社交媒体上的互动，品牌可以制定更具针对性的互动策略，提升用户的参与度，促进用户生成内容和口碑传播。

第五章 营销自动化与智能化

第一节 营销自动化的概念与原理

一、营销自动化的定义与发展历程

（一）概述

随着数字化时代的到来，市场竞争日益激烈，企业需要更加智能和高效地管理营销活动。在这一背景下，营销自动化应运而生，成为企业提高效率、精准营销的得力工具。本部分将深入探讨营销自动化的定义、发展历程以及对营销的影响。

（二）营销自动化的定义

营销自动化是指利用技术和软件工具来自动执行、管理和衡量营销任务和流程的过程。它涵盖了多个层面的营销活动，包括但不限于客户关系管理（CRM）、电子邮件营销、社交媒体管理、广告管理等。通过自动化，企业能够更有效地与潜在客户和现有客户互动，提高销售效率，实现精准的营销策略。

（三）营销自动化的发展历程

1. 早期阶段（1990 年—2000 年）

在数字化技术还未普及的时代，企业主要依赖传统的市场手段进行推广，如传单、电视广告等。随着互联网的普及，企业开始尝试使用电子邮件进行营销，但仍然较为有限。第一批的客户关系管理（CRM）系统开始兴起，帮助企业更好地管理客户信息。

2. 基础建设阶段（2000 年—2010 年）

随着数字技术的飞速发展，企业逐渐认识到数字化转型的重要性。此时，第一代的营销自动化工具逐渐涌现，包括电子邮件自动化、网站分析等。企业开始尝试建立全面的 CRM 系统，以整合销售、营销和客户服务等多个方面的数据。

3. 成熟与普及阶段（2010 年—今）

进入 2010 年，营销自动化迎来了飞速的发展。各类营销自动化软件公司相继涌现，提供更全面、智能的解决方案。此时，人工智能、大数据分析等技术逐渐融入营销自动化系统，使其更加智能、个性化。市场上出现了多个领域的专业工具，如电子邮件自动化、社交媒体自动化、广告管理等，为企业提供了更多选择。

（四）营销自动化的核心功能

1. 客户关系管理（CRM）

CRM 是营销自动化的核心组成部分，通过整合客户的数据，包括联系信息、交易历史、互动记录等，帮助企业更好地理解客户需求，实现更精准的客户定位和个性化服务。

2. 电子邮件自动化

电子邮件自动化是最早应用于营销自动化的工具之一。通过预设的规则和触发条件，企业可以自动发送个性化的电子邮件，提高邮件的打开率和转化率。

3. 社交媒体自动化

社交媒体自动化帮助企业更好地管理和发布社交媒体内容，跟踪用户在社交平台上的互动，以及进行社交广告的管理。这有助于提高品牌在社交媒体上的曝光度和影响力。

4. 广告管理

广告管理是营销自动化中的重要组成部分。通过自动化广告管理，企业能够更精准地定位目标受众，优化广告投放，提高广告效果。这包括搜索引擎广告、社交媒体广告、显示广告等多个渠道的管理。

5. 网站分析与优化

营销自动化系统通常还包括对网站流量和用户行为的分析功能。通过追踪用户在网站上的行为，企业可以更深入地了解用户的兴趣和需求，从而进行网站内容的优化和个性化推荐。

6. 销售自动化

销售自动化是与营销自动化密切相关的一部分，通过整合销售流程，帮助企业更好地管理潜在客户、跟进销售机会，提高销售效率。这包括客户跟进、销售预测、线索管理等功能。

（五）营销自动化的影响

1. 提高效率与节省成本

营销自动化的引入可以大幅提高企业的工作效率。自动化的执行和管理使得重复性工作得以减少，人工干预的需要大大降低，从而实现节省成本的效果。

2. 实现个性化营销

通过分析客户数据，营销自动化系统能够为每个客户创建个性化的体验。个性化的营销策略和内容推送使得企业更好地满足客户需求，提高客户满意度和忠诚度。

3. 提升客户互动体验

通过自动化工具，企业能够更好地与客户进行互动。个性化的电子邮件、社交媒体互动以及精准的广告投放，使得客户在互动中感受到更多的关注和定制服务，提升整体客户体验。

4. 数据驱动决策

营销自动化系统产生的大量数据可以为企业提供深入的洞察。通过对数据的分析，企业可以做出更明智的决策，调整和优化营销策略，提高整体市场竞争力。

5. 加强销售与营销协同

销售与营销之间的协同关系是企业成功的关键。营销自动化系统能够使得销售团队更好地跟进潜在客户，了解其兴趣和行为，实现销售与营销的紧密衔接。

二、营销自动化的基本原理与工作流程

（一）概述

随着数字化时代的发展，企业面临着更加复杂和庞大的市场环境，因此

需要更智能、高效的营销手段。营销自动化应运而生，通过利用技术和软件工具，使得企业能够更好地管理和执行营销任务。本部分将深入探讨营销自动化的基本原理以及其典型的工作流程。

（二）营销自动化的基本原理

1. 数据整合

营销自动化的基本原理之一是数据整合。企业通常拥有多个不同的数据源，包括客户关系管理系统（CRM）、电子邮件系统、社交媒体平台等。营销自动化的第一步是将这些分散的数据整合到一个统一的平台上，以建立全面的客户数据库。

2. 客户分析与细分

一旦数据整合完成，接下来的基本原理是对客户进行分析和细分。通过利用数据分析工具，企业可以深入了解客户的行为、兴趣、偏好等信息。这有助于将客户分成不同的细分群体，为后续的精准营销奠定基础。

3. 触发器与自动化规则

营销自动化的核心在于设定触发器和自动化规则。触发器是指特定的事件或条件，一旦发生，就会触发相应的自动化活动。自动化规则是定义了在触发条件发生时应该执行的具体操作，例如发送电子邮件、推送通知、更改客户状态等。

4. 多渠道整合

基本原理之一是实现多渠道整合。现代营销往往涉及多个渠道，包括电子邮件、社交媒体、搜索引擎、广告等。营销自动化系统需要能够整合并协调这些不同渠道上的活动，以保持一致性和效果的最大化。

5. 反馈与调整

最后一个基本原理是建立反馈机制并进行调整。通过监控营销自动化系统的执行效果，企业可以获得实时的反馈数据。这些数据反馈可以用于评估营销策略的有效性，进行必要的调整和优化。

（三）营销自动化的工作流程

1. 数据整合

营销自动化的工作流程始于数据整合。企业需要将来自各种渠道的数据整合到一个中央数据库中。这包括客户的基本信息、互动历史、购买行为等。

2. 客户分析与细分

一旦数据整合完成，企业进行客户分析与细分。通过数据分析工具，企业可以深入了解客户的属性和行为。基于这些信息，企业可以将客户分为不同的细分群体，例如潜在客户、忠诚客户、流失客户等。

3. 制定自动化策略

在客户细分的基础上，企业制定自动化策略。这包括设定触发器和自动化规则。触发器可以是客户行为，比如网站访问、打开邮件、点击链接等，也可以是时间或特定日期。自动化规则定义了在触发条件发生时系统应该执行的具体操作，如发送电子邮件、更改客户状态、触发广告等。

4. 多渠道整合

多渠道整合是营销自动化工作流程中的一个关键环节。企业需要确保在不同渠道上的营销活动协调一致。这需要整合不同平台和工具，确保信息的一致性，以提供用户无缝的体验。

5. 执行自动化活动

一旦制定了自动化策略，系统就可以开始执行自动化活动。根据触发器的发生，自动化规则将自动触发相应的营销活动。这可能包括自动发送电子邮件、推送社交媒体内容、触发广告投放等。

6. 监控与反馈

营销自动化的工作流程还包括监控与反馈环节。通过实时监控系统执行效果，企业可以获得反馈数据。这些数据用于评估活动的成功度，发现问题并进行调整。监控与反馈环节是一个循环的过程，帮助企业不断优化营销策略。

7. 数据分析与报告

数据分析与报告是营销自动化工作流程的关键环节。通过深入分析执行过程中产生的数据，企业可以得出关键洞察，了解客户行为和趋势。这些分析结果可以用于制定未来的营销策略，并为企业提供决策支持。

（四）营销自动化的应用场景

1. 电子邮件营销自动化

电子邮件营销自动化是最常见的应用场景之一。通过设定触发条件，系统可以自动发送个性化的电子邮件，包括欢迎邮件、购物车提醒、产品推荐等。这提高了邮件的打开率和转化率，帮助企业建立更紧密的客户关系。

2. 社交媒体自动化

社交媒体自动化涉及在不同社交平台上发布内容、互动、监控品牌提及等。系统可以自动发布预定内容，回复用户评论，跟踪关键词，从而提高品牌在社交媒体上的曝光度和影响力。

3. 广告管理

营销自动化系统在广告管理方面的应用也很广泛。通过设定触发条件和自动化规则，企业可以实现广告的定向投放、预算控制、广告效果监测等。这有助于提高广告的效果，降低广告成本。

4. 客户关系管理

客户关系管理是营销自动化的核心应用之一。通过整合客户的数据，系统可以帮助企业更好地了解客户，跟进销售机会，提高客户的忠诚度。这包括客户信息管理、销售机会跟进、线索管理等方面。

5. 网站行为分析与个性化推荐

通过分析用户在网站上的行为，系统可以了解用户的兴趣和需求。基于这些数据，企业可以实现个性化的网站内容推荐，提高用户在网站上的停留时间和转化率。

6. 销售自动化

销售自动化涉及整合销售流程，帮助企业更好地管理潜在客户、跟进销售机会。系统可以自动触发销售活动，提高销售效率，实现更精准的销售策略。

三、人工智能在营销自动化中的作用

（一）概述

随着人工智能（Artificial Intelligence，AI）的不断发展，其在各个领域的应用逐渐扩展，其中包括营销领域。人工智能为营销自动化注入了新的活力，提供了更智能、更个性化的解决方案。本部分将深入探讨人工智能在营销自动化中的作用，以及它如何推动营销领域的变革。

（二）人工智能在营销自动化中的关键作用

1. 数据分析与洞察

人工智能在数据分析方面发挥了巨大的作用。通过深度学习和机器学习算法，人工智能可以处理大规模的数据，从中提取关键的洞察。在营销自动化中，这意味着更准确、更深入地理解用户行为、偏好和趋势，有助于企业更好地定位目标受众，优化营销策略。

2. 个性化推荐

人工智能在个性化推荐方面的应用是显而易见的。通过分析用户的历史行为、购买记录、喜好等信息，人工智能可以预测用户可能感兴趣的产品或服务，并提供个性化的推荐。这不仅提高了用户的购买满意度，也增加了交易的转化率。

3. 情感分析

在社交媒体和在线评论等平台上，用户经常表达他们的情感和意见。人工智能的情感分析技术可以帮助企业更好地理解用户的情感倾向，从而调整营销策略。例如，通过分析用户在社交媒体上的评论，企业可以了解产品的好评和差评，进而做出相应的改进和回应。

4. 智能客服与互动

人工智能技术在智能客服方面的应用越来越普遍。聊天机器人和虚拟助手可以通过自然语言处理和机器学习算法理解用户的问题，并提供即时、个性化的回答。这不仅提高了用户体验，也使得企业能够更及时地与用户互动，解决问题，增强品牌形象。

5. 预测分析

人工智能可以利用大数据和历史信息进行预测分析。在营销自动化中，这意味着系统可以预测用户的未来行为，例如购买意向、流失风险等。通过对这些预测的利用，企业可以提前制定相应的营销策略，更有效地吸引和保留客户。

（三）人工智能驱动的营销自动化技术

1. 机器学习

机器学习是人工智能中的关键技术之一，广泛应用于营销自动化。通过对大量数据的学习和分析，机器学习算法能够识别模式、预测趋势，并根据这些信息自动调整营销活动。例如，预测用户响应某一营销活动的概率，从而调整推送策略。

2. 自然语言处理（NLP）

自然语言处理技术使得计算机能够理解和处理人类语言。在营销自动化中，NLP可以应用于文本分析、情感分析和智能客服等场景。通过NLP，企业可以更全面地了解用户的反馈、评论和提问，从而调整营销策略，改进产品和服务。

3. 计算机视觉

计算机视觉技术使得计算机能够理解和解释图像或视频。在营销自动化中，计算机视觉可以用于分析用户生成的图片、视频内容，识别品牌标志，了解用户的实际使用场景。这有助于企业更好地了解用户的视觉偏好，制定更具吸引力的广告和营销材料。

4. 强化学习

强化学习是一种让计算机能够通过不断试错来学习最优策略的技术。在营销自动化中，强化学习可以用于优化广告投放策略、调整定价策略等。通过持续的学习和适应，系统能够不断优化其决策，以获得更好的营销效果。

5. 集成学习

集成学习是通过将多个模型的预测结果整合起来，形成一个更强大、更鲁棒的模型。在营销自动化中，集成学习可以用于整合多个渠道的数据，综合各种模型的预测结果，提高整体的预测准确性和可靠性。

第二节　营销自动化工具与平台

一、常用营销自动化工具的介绍

（一）微信公众平台

微信作为中国最大的社交平台之一，其公众平台提供了丰富的营销自动化功能，帮助企业更好地与用户互动。以下是微信公众平台的主要特点：

微信推送：企业可以通过微信推送功能向用户发送个性化的消息、优惠券、活动信息等，实现实时互动。

微信小程序：小程序是微信平台上的轻量级应用，企业可以通过小程序实现更复杂的交互，提供在线购物、服务预约等功能。

会员卡功能：通过微信公众平台的会员卡功能，企业可以管理用户会员卡、积分，开展会员专属活动，提高用户忠诚度。

数据分析：微信公众平台提供了丰富的数据分析工具，帮助企业了解用户行为，评估营销活动效果。

（二）微博企业微博

微博是中国广受欢迎的社交媒体平台之一，企业微博为企业提供了一系列的营销自动化功能，帮助企业在微博上进行更精准、有趣的推广。以下是微博企业微博的主要特点：

广告投放：企业可以通过微博广告投放系统，定向推送广告给特定用户群体，提高广告的投放效果。

互动营销：企业微博支持各种互动形式，如投票、抽奖、问答等，提高用户参与度。

数据分析：微博企业微博提供了详细的数据分析工具，帮助企业了解粉丝互动、话题传播等情况，调整营销策略。

粉丝运营：通过企业微博，企业可以与粉丝建立更紧密的关系，分享品牌故事、产品信息，提高品牌认知度。

（三）阿里云大鱼

阿里云大鱼是阿里云推出的一款短信营销自动化工具，主要用于短信推送和管理。以下是阿里云大鱼的主要特点：

短信推送：企业可以通过阿里云大鱼平台发送短信，用于推广活动、提醒服务、验证码发送等。

短信模板：阿里云大鱼支持创建短信模板，方便企业进行短信内容的定制。

数据报告：提供详细的数据报告，包括短信发送成功率、用户回复情况等，帮助企业评估短信营销效果。

定时发送：支持设置短信发送的时间，方便企业在最佳时段推送短信，提高阅读率。

（四）百度推广

百度推广是百度搜索引擎提供的广告投放平台，企业可以通过百度推广实现在百度搜索结果中的广告展示。以下是百度推广的主要特点：

关键词广告：企业可以通过购买关键词广告，使其在相关搜索结果中显示，提高曝光度。

定向推送：支持地域、设备、人群等多维度的定向推送，提高广告的精准性。

数据分析：提供丰富的数据分析工具，企业可以了解广告的展示、点击、转化等数据，进行精细化优化。

移动推广：百度推广支持在移动端进行广告投放，满足移动互联网时代的广告需求。

（五）今日头条广告

今日头条是一款新闻资讯类应用，其广告平台为企业提供了在今日头条上进行推广的机会。以下是今日头条广告的主要特点：

定向推广：企业可以通过今日头条广告平台选择定向条件，如地域、性别、年龄、兴趣等，实现对目标受众的精准推送。

创意广告形式：提供多种创意广告形式，包括图文、视频、互动广告等，使企业能够更好地传达品牌信息。

互动效果：今日头条广告支持用户评论、点赞、分享等互动形式，提高广告的社交传播效果。

数据分析：提供详细的广告数据分析报告，帮助企业评估广告的投放效果，进行优化调整。

（六）阿里云数加

阿里云数加是阿里云推出的一款全渠道数字营销解决方案，为企业提供了整合多种数字营销工具的平台。以下是阿里云数加的主要特点：

整合多渠道：阿里云数加整合了多种数字营销渠道，包括搜索引擎、社交媒体、电商平台等，实现全渠道覆盖。

数据管理：支持对用户数据进行集中管理和分析，帮助企业更好地了解用户需求，优化营销策略。

自动化广告投放：提供自动化广告投放工具，帮助企业在多个渠道上实现广告的自动化推送。

电商整合：阿里云数加与阿里巴巴集团旗下的电商平台进行了深度整合，帮助企业实现从营销到销售的无缝对接。

（七）搜狗推广

搜狗推广是搜狗搜索引擎提供的广告投放平台，为企业在搜狗搜索结果中展示广告提供了机会。以下是搜狗推广的主要特点：

关键词广告：企业可以购买关键词广告，使其在搜狗搜索结果中显示，提高曝光度。

定向推送：支持多维度的定向推送，如地域、设备、人群等，实现对目标用户的精准推送。

广告创意：提供多种广告创意形式，包括图文、视频等，帮助企业吸引用户的注意力。

数据报告：提供详细的广告数据报告，帮助企业了解广告的展示、点击、转化等情况。

（八）京东推推推

京东推推推是京东推出的广告投放平台，帮助企业在京东平台上进行广告投放。以下是其主要特点：

商品推广：企业可以通过京东推推推来推广其在京东平台上的商品，提高商品曝光度和销售。

关键词广告：支持购买关键词广告，使其在相关搜索结果中显示，提高广告的可见性。

店铺推广：支持店铺推广，提高企业在京东平台上的品牌知名度。

数据分析：提供广告数据分析报告，帮助企业了解广告投放效果，进行精细化调整。

（九）美团点评广告

美团点评广告是美团点评平台提供的广告投放服务，主要面向餐饮、生活服务等行业。以下是美团点评广告的主要特点：

本地推广：适用于本地商户的广告投放，帮助企业在美团平台上进行本地化的推广。

多维度定向：支持地域、用户兴趣、人群等多维度的定向推送，提高广告的精准性。

品牌展示：适用于品牌推广的广告形式，可以在美团平台上展示企业的品牌信息。

数据分析：提供广告效果分析报告，帮助企业评估广告投放效果，进行改进。

（十）腾讯社交广告

腾讯社交广告是腾讯社交平台（如 QQ、微信等）提供的广告投放服务，为企业在社交媒体上进行广告宣传提供了机会。以下是腾讯社交广告的主要特点：

微信朋友圈广告：企业可以在微信朋友圈中购买广告位置，将广告展示给用户。

QQ 空间广告：支持在 QQ 空间中投放广告，覆盖大量活跃用户。

精准定向：提供多维度的精准定向，包括用户兴趣、地域、设备等，提高广告的精准性。

广告数据分析：提供广告投放效果的数据分析报告，帮助企业优化广告策略。

总体而言，中国常用的营销自动化工具涵盖了多个领域，从社交媒体到搜索引擎，再到电商平台，提供了全方位的数字营销解决方案。这些工具的不同特点和功能使得企业能够选择最适合其业务需求的平台，实现更有针对性和高效率的营销活动。

二、营销自动化平台的特点与选择

（一）特点与功能

1. 全渠道整合

优秀的营销自动化平台应能够整合多个营销渠道，包括但不限于电子邮件、社交媒体、搜索引擎、短信营销、内容管理等。这使得企业能够在多个平台上执行一致的营销策略，实现全渠道覆盖，提高品牌曝光度。

2. 个性化营销

平台应提供个性化营销的能力，通过分析用户行为、偏好和属性，为每个用户提供定制的内容和体验。这有助于提高用户参与度、留存率，并推动潜在客户向成交客户的转化。

3. 自动化工作流程

自动化是营销自动化平台的核心。工作流程的自动化包括但不限于电子邮件发送、社交媒体发布、线索跟踪、客户细分等。通过自动化，企业能够提高效率，减少重复工作，确保每个阶段都按计划执行。

4. 数据分析和报告

强大的数据分析和报告工具是营销自动化平台的关键特点。它们能够提供关键的指标和见解，帮助企业了解营销活动的效果，并基于数据做出优化决策。这包括转化率、点击率、客户行为等数据。

5. 客户关系管理（CRM）整合

与 CRM 系统的整合是一个关键特点，使得企业能够将潜在客户转化为忠实客户。通过 CRM 整合，平台能够提供更全面、个性化的客户信息，帮助企业更好地了解客户需求，进行有针对性的营销。

6. 多渠道触点管理

平台应该支持多渠道的用户触点管理，包括网站、应用、社交媒体等。这有助于企业更好地追踪用户在不同渠道上的行为，提供一致的用户体验。

7. A/B 测试和优化

通过 A/B 测试，企业能够比较不同版本的营销策略或内容，找出最有效的方法。平台应该提供 A/B 测试的功能，并根据测试结果自动优化营销活动。

（二）选择营销自动化平台的关键因素

1. 企业规模和需求

不同规模和需求的企业对营销自动化的需求有所不同。小型企业可能更注重简洁易用、价格经济实惠的平台，而大型企业可能需要更多高级功能、强大的性能和定制化能力。

2. 用户友好性

平台的用户友好性对于团队的广泛采用至关重要。一个直观且易于使用的界面可以减少培训时间，提高工作效率。

3. 整合性和兼容性

选择一个与现有系统和工具无缝整合的平台至关重要。兼容性强的平台可以确保数据的流畅传输，避免信息孤岛。

4. 成本和 ROI

成本是选择营销自动化平台时不可忽视的因素之一。企业应该仔细评估平台的费用结构，并考虑其对投资回报率（ROI）的潜在影响。

5. 安全性和合规性

数据安全和合规性是营销自动化平台的关键考虑因素。企业需要确保平台符合相关法规，保障客户数据的隐私和安全。

6. 支持与培训

选择一个提供良好支持和培训的平台非常重要。良好的支持团队能够解决问题，培训资源可以帮助团队更好地利用平台功能。

7. 扩展性

企业的需求可能会随时间的推移而变化。因此，选择一个具有良好扩展性的平台至关重要。平台应该能够适应企业的增长，并提供足够的灵活性，以满足未来的需求。

8. 用户反馈和口碑

了解其他用户的经验和反馈对于选择合适的营销自动化平台非常有帮助。通过阅读用户评价、参与社区讨论，可以更好地了解平台的优缺点，从而做出更明智的决策。

9. 功能定制和灵活性

一些企业可能需要特定于行业或业务模型的功能。因此，选择一个具有可定制性和灵活性的平台是至关重要的，以满足特定业务需求。

10. 更新和技术支持

选择一个经常更新和提供良好技术支持的平台是确保系统稳定性和安全性的关键。及时的更新和响应快速变化的市场需求，对于一个先进的营销自动化平台至关重要。

11. 全球适用性

如果企业在全球范围内经营，那么选择一个具有全球适用性的平台是必要的。这包括多语言支持、国际化特性，以及适应不同市场和文化的能力。

12. 未来发展方向

考虑平台的未来发展方向是一个长远的考虑。了解平台供应商的战略规划和技术路线图，以确保平台能够跟随行业的发展趋势并提供新的创新功能。

三、营销自动化工具整合与数据流通

随着数字化营销的兴起，营销自动化工具的使用已经成为许多企业提高效率、拓展市场的不可或缺的一部分。然而，单一的营销自动化工具可能无法满足企业在多个渠道上的需求，因此工具整合和数据流通变得至关重要。本部分将深入探讨营销自动化工具整合的必要性、挑战和解决方案，以及数据在整合过程中的流通方式。

（一）营销自动化工具整合的必要性

1. 提升综合营销效果

企业往往在多个渠道上进行营销活动，包括电子邮件、社交媒体、搜索引擎、广告等。通过整合这些营销自动化工具，企业可以实现更综合、有针对性的营销策略，提升整体的营销效果。

2. 提高用户体验和一致性

整合不同的营销自动化工具有助于提高用户体验的一致性。用户可能在多个渠道上接触到企业的信息，通过工具整合，企业能够确保用户在不同渠道上看到的内容和信息是一致的，提升品牌形象。

3. 简化管理和降低成本

使用多个不同的营销自动化工具可能导致管理繁琐，而且可能需要额外的培训成本。通过整合工具，企业可以简化管理流程，提高工作效率，降低整体成本。

4. 实现全面的客户洞察

整合多个工具的数据可以提供更全面的客户洞察。通过综合分析来自不同渠道的数据，企业可以更好地了解客户行为、喜好，为个性化营销提供更多依据。

（二）营销自动化工具整合的挑战与解决方案

1. 数据不一致性和冲突

挑战：不同工具之间的数据格式、标准可能不一致，导致数据的冲突和不一致。

解决方案：在整合过程中，对数据进行标准化，确保不同工具之间使用相同的数据格式和标准。在整合之前，进行数据清洗和校验，排除冲突和不一致的数据。

2. 集成难度和复杂性

挑战：不同营销自动化工具的架构和 API 可能不同，导致集成的难度和复杂性增加。

解决方案：利用中间件平台，如 Zapier、Integromat 等，简化不同工具之间的集成流程。针对特定需求，进行定制开发，确保不同工具之间的顺畅集成。

3. 安全和隐私问题

挑战：在整合过程中，涉及大量的客户数据，安全和隐私问题可能成为担忧。

解决方案：使用安全协议，如 HTTPS，确保数据在传输过程中的安全性。遵循相关的隐私法规，如 GDPR 等，保护用户的隐私权。

4. 实时性要求

挑战：某些场景下，需要实时同步不同工具的数据，实现实时的营销决策。

解决方案：选择支持实时数据同步的集成工具，确保数据能够及时更新。对于不需要实时同步的数据，采用异步处理，降低对性能的影响。

（三）数据在整合中的流通方式

1. API 集成

API（Application Programming Interface）是不同软件应用程序之间进行通信的桥梁。通过使用 API，不同营销自动化工具可以直接交换数据，实现集成。

（1）流程

API 连接：每个工具提供 API，企业使用这些 API 建立连接。

数据传递：通过 API，数据在不同工具之间传递。数据同步：数据在传递过程中可以进行同步，确保不同工具中的数据保持一致性。

（2）优势

直接、高效：API 集成是一种直接的数据交换方式，能够实现高效的数据传递。

实时性：通过 API 集成可以实现实时性要求较高的数据同步。

（3）注意事项

不同工具的 API 稳定性和安全性需要确保。

有些 API 可能需要进行认证和授权，确保数据传递的安全性。

2. 文件导入与导出

文件导入与导出是一种相对简单的数据流通方式，适用于少量数据或定期批量处理的场景。

（1）流程

导出数据：从一个工具中将数据导出成特定格式的文件，如 CSV、Excel 等。

文件传输：将导出的文件传输到另一个工具的相应位置。

导入数据：在目标工具中导入文件，完成数据的导入。

（2）优势

简单易实现：文件导入与导出相对简单，不需要过多的技术支持。

可控性：可以手动控制导入导出的时间和频率。

（3）注意事项

可能存在数据格式的兼容性问题，需要确保导出文件的格式与目标工具的要求一致。

不适用于需要实时同步的场景。

3. 中间件平台

中间件平台是一种将不同软件应用连接起来的软件工具，它可以简化不同工具之间的集成流程。

（1）流程

连接工具：中间件平台提供连接到不同工具的接口。

数据映射：对数据进行映射，确保不同工具之间的数据格式一致。

数据传递：中间件平台负责将数据在不同工具之间传递。

自动化流程：可以设置自动化流程，根据需求进行数据的同步、转换等操作。

（2）优势

灵活性：中间件平台通常提供丰富的功能和定制选项，适应不同的业务需求。

减少复杂性：中间件平台可以减轻不同工具之间集成的复杂性，提高易用性。

（3）注意事项

中间件平台的选取需要根据具体需求和预算进行评估。

一些中间件平台可能需要专业技术支持。

在数字化营销的时代，营销自动化工具整合和数据流通已经成为企业提高效率、提升竞争力的重要一环。通过整合不同工具，企业可以实现综合、有针对性的营销策略，提高用户体验和一致性。在整合过程中，面临着数据不一致性、集成难度、安全和隐私等挑战，但通过采取标准化、中间件平台的使用、文件导入导出等解决方案，可以有效应对这些挑战。

不同的数据流通方式适用于不同的场景，企业需要根据自身需求、预算和技术实力选择合适的方式。API 集成适用于实时同步要求较高的场景，文件导入导出适用于相对简单的数据传递，而中间件平台则提供了更灵活、综合的解决方案。企业在选择和使用这些方式时，需要综合考虑数据的安全性、实时性、复杂性等因素，确保整合过程顺利进行。通过科学合理的整合和数据流通，企业能够更好地利用数字化营销工具，实现业务的快速发展。

第三节　智能化营销决策与执行

一、数据驱动的智能决策

随着大数据时代的到来，数据不再只是企业的附属品，而是成为推动智能决策的重要驱动力。数据驱动的智能决策是指通过收集、分析和利用大量数据，以实现更精准、有效、可持续的决策过程。本部分将深入探讨数据驱动的智能决策的定义、优势、挑战，以及实现这一理念的关键要素。

（一）数据驱动的智能决策定义

数据驱动的智能决策是指在业务决策过程中，通过充分利用各种数据资源，运用先进的技术和算法，实现更加科学、精准和可持续的决策。这种决策方法不再仅依赖于经验和直觉，而是依据数据的深度分析和洞察，从而在各种场景中提高决策的质量和效果。

（二）数据驱动智能决策的优势

1. 精准性和准确性

数据驱动的智能决策能够基于大规模的数据分析，提供更为准确和精准的决策。通过深入挖掘数据，消除主观判断和误差，提高决策的精度。

2. 预测性和预防性

通过对历史和实时数据的分析，数据驱动的智能决策具备预测未来趋势和风险的能力。这使得企业能够采取预防性措施，提前化解潜在问题，降低风险。

3. 快速决策和实时优化

数据驱动的智能决策可以在瞬息万变的市场环境中做出快速响应。实时数据分析使得企业能够实时优化战略和策略，把握市场机会，迅速调整业务方向。

4. 成本效益和资源优化

通过数据分析，企业能够更好地理解资源的利用效率，避免浪费。这不仅提高了成本效益，还能够优化人力、物力和财力的配置，使得企业在各方面更为高效。

5. 个性化和用户体验

数据驱动的智能决策使得企业能够更好地了解用户行为和需求。通过个性化的推荐和服务，提高用户体验，增强用户忠诚度。

（三）数据驱动智能决策的挑战

1. 数据质量和一致性

数据质量直接影响智能决策的准确性和可靠性。如果数据质量差、不一致，那么决策的基础就会受到威胁。因此，确保数据的高质量和一致性是一个挑战。

2. 隐私和安全

随着数据使用的增加，隐私和安全成为了一个日益严峻的问题。企业需要确保在数据分析和决策的过程中遵循相关法规和伦理准则，保护用户和业务的隐私和安全。

3. 复杂的技术要求

实现数据驱动的智能决策需要应用复杂的技术，包括大数据分析、人工智能、机器学习等。这对企业技术团队的要求较高，也需要大量的投资。

4. 文化和组织变革

数据驱动的智能决策需要企业从传统的主观决策模式向更加科学、数据驱动的决策模式转变。这种文化和组织变革需要时间和资源的支持。

（四）实现数据驱动智能决策的关键要素

1. 强大的数据基础设施

强大的数据基础设施是实现数据驱动智能决策的基础。包括高性能的数据库系统、数据仓库、分布式存储等，确保数据的存储和管理达到要求。

2. 先进的分析工具和算法

先进的分析工具和算法是实现数据驱动决策的核心。机器学习、深度学习等算法的应用能够提高数据分析的深度和广度，提供更多的洞察。

3. 数据科学团队和专业人才

拥有数据科学团队和专业人才是关键。数据科学家、分析师等人才能够更好地理解数据，设计合适的模型和算法，为企业提供有力的决策支持。

4. 组织文化和培训

组织文化和培训对于推动数据驱动的智能决策至关重要。培训员工使用新的工具和技术，营造鼓励数据驱动决策的文化是实现成功的关键。领导层的支持、员工的参与和积极的沟通是文化转变的关键要素。

5. 数据隐私和安全策略

在数据驱动的智能决策中，保护用户和企业的数据隐私和安全至关重要。制定健全的数据隐私和安全策略，采用加密、权限控制等技术手段，确保数据在存储和传输中得到保护。

6. 敏捷开发和快速迭代

由于市场和业务环境的快速变化，数据驱动的智能决策需要采用敏捷开发和快速迭代的方法。及时调整模型和算法，根据新的数据和需求进行优化和改进。

7. 合作和整合

实现数据驱动的智能决策需要不同部门之间的合作和整合。数据通常分布在不同的业务领域，各个部门需要共享数据、知识和资源，形成一个协同工作的生态系统。

（五）数据驱动智能决策的未来发展趋势

1. 自动化决策

随着人工智能的发展，未来将更加强调自动化决策。机器学习和深度学习技术的应用将使得系统能够自动学习和调整，从而实现更加智能和高效的决策过程。

2. 边缘计算和物联网整合

边缘计算和物联网的整合将为数据驱动决策提供更多元的数据来源。实时的传感器数据和边缘设备信息将成为决策的重要参考，带来更全面的洞察。

3. 可解释性和透明度

随着数据驱动决策的应用越来越广泛，可解释性和透明度成为关注的焦点。解释模型的决策过程，确保决策的透明性，有助于建立信任和接受度。

4. 跨行业整合

未来数据驱动的智能决策将更多地涉及跨行业的整合。通过整合不同行业的数据和知识，形成更全面的洞察，推动不同行业之间的协同发展。

5. 可持续发展

数据驱动的智能决策也将更多关注可持续发展。通过数据分析，企业能够更好地了解和优化资源的使用，降低环境影响，实现经济和社会的可持续发展。

数据驱动的智能决策是数字化时代企业赖以生存和发展的关键要素。通过充分利用大数据、人工智能等先进技术，企业能够在竞争激烈的市场中实现更为精准、高效和可持续的决策。然而，实现数据驱动的智能决策并非一蹴而就，需要企业在技术、文化、组织等多个方面进行全方位的转变和投资。在未来，数据驱动的智能决策将继续演进，融合更多新技术和新思维，为企业带来更多机遇和挑战。

二、个性化内容生成与分发

在数字化时代，信息爆炸和用户多样性的增长使得个性化内容生成与分发成为数字营销和用户体验中的关键策略。通过深入了解用户的兴趣、需求和行为，个性化内容可以提供更有针对性、有深度、更引人入胜的体验，从而增强用户的参与度和忠诚度。本部分将深入探讨个性化内容生成与分发的定义、优势、挑战，以及实现这一策略的关键要素。

（一）个性化内容生成与分发的定义

个性化内容生成与分发是一种基于用户个体差异的数字内容策略，通过收集、分析用户数据，为每个用户量身定制独特的内容，以满足其个性化的需求和兴趣。这包括但不限于网站内容、社交媒体信息、推荐系统、电子邮件和广告等方面的内容。

（二）个性化内容生成与分发的优势

1. 提高用户体验

个性化内容能够更好地满足用户的个性化需求，使用户感到被重视和理解。通过提供符合用户兴趣的内容，用户体验得到提升，从而增强用户对品牌的好感。

2. 提高用户参与度

用户对个性化内容更有可能产生兴趣，从而提高用户的参与度。用户感到他们获得了定制化的信息，更有可能进行互动、分享和参与品牌的活动。

3. 增强用户忠诚度

通过个性化内容的提供，品牌能够建立更深的用户关系。用户在得到个性化关怀的同时，也更愿意与品牌保持互动，从而增强用户忠诚度。

4. 提高转化率

个性化内容能够更好地引导用户进行购买决策。通过深入了解用户的购买历史、偏好和行为，品牌可以提供更精准、相关的产品信息，从而提高用户的购买转化率。

5. 优化营销效果

个性化内容生成与分发使得营销活动更具针对性和精准性。定制化的信息更容易引起用户的兴趣，从而提高广告点击率，优化营销效果。

（三）个性化内容生成与分发的挑战

1. 隐私和安全问题

在收集和分析用户数据的过程中，隐私和安全问题成为一个不可忽视的挑战。用户对于其个人信息的保护要求越来越高，品牌需要确保数据的安全性和合规性。

2. 数据质量和一致性

个性化内容的有效性依赖于数据的质量和一致性。如果数据不准确或不一致，将导致生成的个性化内容失效，甚至可能给用户造成困扰。

3. 算法和模型的复杂性

个性化内容生成需要复杂的算法和模型来分析和预测用户行为。这对于技术团队的要求较高，需要不断优化和更新算法，以适应用户行为的变化。

4. 用户反感和抵制

有些用户可能对个性化内容产生反感，认为其侵犯了个人隐私。品牌需要在个性化内容的推送中保持适度，避免过度侵犯用户隐私，引起用户的抵制。

（四）实现个性化内容生成与分发的关键要素

1. 数据收集和分析

数据是个性化内容生成的基础。品牌需要收集并分析用户的行为数据、偏好和历史记录，以深入了解用户的兴趣和需求。

2. 个性化算法和模型

个性化算法和模型是实现个性化内容生成的关键。这包括基于用户历史行为的推荐算法、人工智能技术的应用等，以预测用户的兴趣和需求。

3. 多渠道整合

个性化内容需要在多个渠道上进行分发，包括网站、移动应用、社交媒体、电子邮件等。品牌需要确保个性化内容能够在不同渠道上无缝整合，提供一致的个性化体验。

4. 用户参与和反馈

与用户建立双向的沟通和互动是关键。品牌可以通过邀请用户提供反馈、参与调查、参与活动等方式，不断获取用户的意见和喜好，从而更好地调整和优化个性化内容。

5. 隐私保护和合规性

隐私保护和合规性是个性化内容生成中不可忽视的要素。品牌需要遵循相关的隐私法规，采取措施确保用户数据的安全，并透明地向用户说明数据的收集和使用方式。

6. 灵活的个性化策略

个性化策略需要具有一定的灵活性，能够适应用户行为的变化。品牌可以通过不断监测用户行为、分析数据，调整个性化策略，保持对用户的个性化服务的及时响应。

7. 创新和实验

在个性化内容生成中，创新和实验是推动进步的动力。品牌可以尝试新的个性化算法、内容形式、交互方式等，通过实验获取数据，发现更有效的个性化策略。

（五）个性化内容生成与分发的未来发展趋势

1. 跨平台一体化

未来个性化内容生成将更加注重跨平台一体化。用户在不同平台上的行为和需求将被整合，以提供更全面和一致的个性化体验。

2. 情感分析和情感智能

随着技术的进步，情感分析和情感智能将成为个性化内容生成的重要组成部分。通过分析用户的情感和情感反馈，品牌可以更好地理解用户的需求和喜好。

3. 虚拟现实（VR）和增强现实（AR）

虚拟现实和增强现实技术将为个性化内容生成带来新的可能性。用户可以通过 VR 和 AR 体验更加沉浸式和个性化的内容，提高用户参与度和体验感。

4. 区块链技术的应用

区块链技术的应用将带来更安全和透明的个性化内容生成。用户对于数据隐私的关注将通过区块链技术得到更好的解决，增强用户对个性化内容的信任。

5. 协同过滤与深度学习的融合

协同过滤和深度学习技术的融合将使个性化内容生成更加精准。通过结合不同的算法和模型，品牌可以更好地理解用户的兴趣和行为。

个性化内容生成与分发是数字化时代品牌与用户互动的重要策略之一。通过深入了解用户的需求、兴趣和行为，品牌能够提供更有针对性、引人入胜的内容，从而增强用户体验、提高用户参与度和忠诚度。然而，实现个性化内容生成也面临着隐私和安全问题、数据质量挑战以及用户反感等多重挑战。品牌需要在数据管理、隐私保护、个性化算法等方面做好准备，同时保持对技术和用户需求的敏感性。未来，随着技术的不断发展，个性化内容生成与分发将更加智能、全面，为用户提供更加个性化的数字体验。

三、智能化广告投放与效果优化

在数字化时代，随着大数据、人工智能和机器学习等技术的发展，智能化广告投放逐渐成为数字营销的重要趋势。通过利用数据分析和智能算法，广告主可以更精准地定位目标受众，提高广告投放的效果。本部分将深入探讨智能化广告投放的定义、优势、挑战，以及实现效果优化的关键要素。

（一）智能化广告投放的定义

智能化广告投放是指利用先进的技术和算法，通过分析大量用户数据，实现广告的智能定位和投放。这种广告投放方式基于用户的兴趣、行为、地理位置等信息，以提高广告的精准性和效果。

（二）智能化广告投放的优势

1. 精准定位目标受众

智能化广告投放通过分析用户数据，能够更精准地定位目标受众。广告主可以根据用户的兴趣、行为、购买历史等信息，将广告推送给最有可能产生兴趣的用户群体。

2. 提高广告效果

通过智能化算法的优化，广告主可以更好地了解用户的反馈和行为，从而调整广告内容、形式和投放时机，提高广告的点击率、转化率，达到更好的广告效果。

3. 降低广告成本

精准定位和优化广告效果不仅提高了广告的转化率，也降低了广告成本。广告主可以更有效地使用广告预算，避免资源浪费在不太可能产生效果的受众群体上。

4. 提高用户体验

智能化广告投放能够根据用户的兴趣和需求提供更相关的广告内容，从而提高用户体验。用户更有可能对感兴趣的广告作出积极反应，减少对无关广告的厌烦感。

5. 实时调整和优化

通过实时监测广告效果和用户反馈，智能化广告投放使得广告主能够迅速做出调整和优化。这种灵活性可以使广告在不同时期和场景中更好地适应市场变化。

（三）智能化广告投放的挑战

1. 隐私和合规性问题

智能化广告投放需要大量的用户数据进行分析，这带来了隐私和合规性的挑战。广告主需要确保在数据采集和使用过程中遵循相关法规，保护用户隐私。

2. 数据质量和一致性

广告效果的优化依赖于准确的用户数据，因此数据的质量和一致性成为智能化广告投放的关键。如果数据质量差或不一致，将影响广告的精准度和效果。

3. 技术复杂性

智能化广告投放涉及复杂的技术和算法，包括大数据分析、机器学习等。广告主需要具备相应的技术能力或依赖专业团队进行支持，这增加了实施的技术复杂性。

4. 用户抵制和广告过度

一些用户可能对智能化广告投放产生抵制，认为其侵犯了个人隐私或感到广告过度侵扰。广告主需要在广告投放中保持适度，避免用户反感。

（四）实现效果优化的关键要素

1. 数据收集和分析

智能化广告投放的基础是充分的数据收集和分析。广告主需要收集并分析用户的行为数据、兴趣爱好、购买历史等信息，以深入了解目标受众。

2. 智能化算法和模型

优秀的智能化算法和模型是提高广告效果的核心。机器学习和深度学习技术的应用可以帮助广告主更好地理解用户行为模式，实现精准投放。

3. 多渠道整合

智能化广告投放需要在多个渠道上进行整合，包括搜索引擎、社交媒体、移动应用等。广告主需要确保广告在不同渠道上的一致性，以提供更好的用户体验。

4. 实时监测和反馈

实时监测广告效果和用户反馈是优化广告的关键。广告主需要建立有效的监测系统，能够迅速获知广告的点击率、转化率等关键指标，并根据实时数据进行调整和优化，以及时应对市场变化。

5. 创意和内容优化

除了定位和投放的精准性，广告的创意和内容质量也是决定广告效果的重要因素。广告主需要不断优化广告的创意，使其更吸引人、有趣味性，并能够引起目标受众的共鸣。

6. A/B 测试

A/B 测试是一种有效的方式，通过对比不同版本的广告，了解哪种版本能够获得更好的效果。广告主可以通过 A/B 测试不同的创意、广告文案、投放时机等因素，以找到最优化的广告策略。

7. 情感分析和用户体验

情感分析可以帮助广告主更好地理解用户对广告的情感反应。了解用户的情感反馈有助于优化广告内容，使其更符合用户期望，提高用户体验。

（五）智能化广告投放的未来发展趋势

1. 增强现实（AR）和虚拟现实（VR）

AR 和 VR 技术的应用将为智能化广告投放带来更多创新。通过 AR 和 VR，广告可以更加沉浸、互动，提供更丰富的用户体验，从而提高广告效果。

2. 区块链技术的整合

区块链技术的应用将提高广告投放的透明性和可信度。通过区块链，广告主可以更好地追踪广告效果，减少广告欺诈，保护广告生态的健康发展。

3. 语音搜索和语音助手

随着语音搜索和语音助手的普及，广告主需要调整广告投放策略以适应新的搜索方式。通过深度理解用户语音指令和需求，实现更精准的广告投放。

4. 人工智能创意生成

未来，人工智能可能在广告创意生成中发挥更大的作用。通过机器学习生成创意，广告主可以更高效地获取吸引人的广告内容。

5. 可视化搜索技术

可视化搜索技术的发展将带来广告形式的创新。用户通过图片或视频进行搜索，广告主可以更有针对性地展示产品或服务，提高广告投放的精准度。

智能化广告投放是数字营销领域不可忽视的发展方向，其通过数据分析和智能算法的应用，使广告更加精准地触达目标受众，提高广告效果。然而，随着技术的不断发展，智能化广告投放也面临着隐私和合规性、数据质量和技术复杂性等挑战。为了实现广告效果的优化，广告主需要注重数据收集与分析、智能算法与模型、多渠道整合等关键要素，并不断探索新的技术和趋势。未来，随着 AR、VR、语音搜索等新兴技术的发展，智能化广告投放将迎来更多的创新和可能性，为数字营销带来更多机遇和挑战。

第四节　营销自动化在电商平台中的应用

一、营销活动计划与执行自动化

在数字化时代，随着科技的不断发展，营销活动计划与执行自动化成为企业提高效率、降低成本、增强营销效果的关键手段之一。通过利用自动化工具和技术，企业可以更智能地规划和执行营销活动，提高营销活动的精准度和效果。本部分将深入探讨营销活动计划与执行自动化的定义、优势、挑战，以及实现成功的关键要素。

（一）营销活动计划与执行自动化的定义

营销活动计划与执行自动化是指利用软件工具、技术平台和人工智能等先进技术，对营销活动的各个阶段进行智能化的规划、执行和监测。这包括市场研究、目标设定、内容创作、渠道选择、执行跟踪等方面的自动化处理。

（二）营销活动计划与执行自动化的优势

1. 提高效率

自动化可以显著提高营销活动的执行效率。通过自动完成繁琐的任务，节省人力资源，使团队能够更专注于策略性的工作，提高整体执行效率。

2．精准目标定位

自动化工具通过分析大量的用户数据，可以更准确地识别目标受众。这有助于优化目标定位策略，确保营销活动更有针对性，提高转化率。

3．一致性与规范性

自动化确保营销活动在不同阶段和渠道上保持一致性。从品牌形象到信息传递，自动化能够确保整个活动过程中的一致性和规范性。

4．数据驱动决策

通过自动化工具收集和分析数据，企业能够更好地了解营销活动的效果。这使得决策更加基于数据，有助于优化活动策略和提高 ROI。

5．提高个性化和客户体验

自动化使得企业能够更好地理解客户需求和行为，实现更个性化的营销。这有助于提高客户满意度，增强客户体验。

（三）营销活动计划与执行自动化的挑战

1．技术复杂性

实施营销活动计划与执行自动化需要涉及复杂的技术和系统集成。企业需要具备相应的技术知识或聘请专业团队，以确保系统的稳定运行。

2．数据隐私和安全

随着个人数据的大规模收集和处理，数据隐私和安全成为企业面临的严重挑战。合规性和数据安全性需要得到高度关注。

3．组织文化和变革

营销活动计划与执行自动化通常需要组织内部文化的变革。员工需要适应新的工作流程和工具，领导层需要支持和推动变革。

4．集成多个渠道

多渠道的营销活动需要整合不同的渠道和工具，确保信息的同步和一致性。这要求企业有能力进行有效的渠道整合和协同工作。

（四）实现成功的关键要素

1．清晰的战略规划

在实施自动化之前，企业需要制定清晰的战略规划。明确营销活动的目标、目标受众、关键信息等，确保自动化工具能够有针对性地服务于这些目标。

2. 选择合适的自动化工具

选择适合企业需求的自动化工具至关重要。不同的工具可能有不同的特点和适用场景，企业需要综合考虑自身需求和技术架构。

3. 数据管理和隐私保护

建立健全的数据管理体系和隐私保护机制是实现成功的关键。确保数据的质量、一致性和安全性，同时遵循相关的隐私法规。

4. 有效的培训和支持

员工需要接受关于自动化工具和流程的培训，以适应新的工作方式。提供足够的支持和资源，帮助员工顺利过渡到自动化的工作环境中。

5. 实时监测和优化

实施自动化后，企业需要建立实时监测机制，不断跟踪营销活动的执行情况和效果。及时发现问题并进行调整，以保持活动的高效性。

（五）营销活动计划与执行自动化的未来发展趋势

1. 人工智能的应用

未来，人工智能将在营销活动自动化中发挥更大的作用。通过机器学习和自然语言处理等技术，人工智能可以更好地理解用户的行为和需求，从而实现更智能化的目标定位、内容推荐和用户互动。

2. 跨渠道一体化

未来的营销活动自动化将更加强调跨渠道一体化。企业需要整合各个营销渠道，使信息在不同平台上无缝衔接，提供一致的用户体验。

3. 实时互动和个性化

随着技术的进步，实时互动和个性化将成为营销活动的重要趋势。企业将能够实时了解用户行为，立即作出反应并提供更个性化、即时的体验。

4. 视频和图像识别技术

视频和图像识别技术的发展将为营销活动注入更多创新。通过分析用户在视频和图像中的行为，企业可以更好地了解用户兴趣和反应，制定更精准的营销策略。

5. 区块链技术的应用

区块链技术的应用将增强数据的安全性和透明性。企业可以利用区块链技术建立可信的数据存储和传输系统，有效解决数据隐私和安全问题。

营销活动计划与执行自动化是企业在数字时代提高竞争力、实现有效营销的不可或缺的工具。通过合理的战略规划、选择适合的自动化工具、有效的数据管理和培训支持，企业可以克服自动化中的挑战，实现更高效、精准和创新的营销活动。

未来，随着人工智能、跨渠道一体化、实时互动等技术的不断发展，营销活动计划与执行自动化将进入更加智能、全面的阶段。企业需要紧跟技术趋势，不断创新，以更好地适应市场变化，提高用户体验，取得营销活动的长期成功。在实施自动化的过程中，企业应保持灵活性，及时调整策略，确保自动化工具真正成为企业发展的有力助手，提升品牌价值和市场影响力。

二、营销效果监测与实时调整

在数字化时代，营销效果监测与实时调整成为企业成功营销的重要环节。通过科技工具和数据分析，企业可以更全面、深入地了解营销活动的效果，及时调整策略以应对市场变化，提高投资回报率（ROI）。本部分将深入讨论营销效果监测与实时调整的定义、优势、挑战，以及实现成功的关键要素。

（一）营销效果监测与实时调整的定义

营销效果监测与实时调整是指企业通过使用数据分析、监测工具和科技手段，对营销活动的各个阶段进行系统性监测，以获取实时反馈，根据数据结果及时调整和优化营销策略。这包括广告、推广活动、社交媒体营销等多个方面。

（二）营销效果监测与实时调整的优势

1. 即时反馈

通过实时监测，企业可以迅速获取营销活动的效果反馈。这种即时性的信息有助于及时发现问题和机会，做出相应调整。

2. 精准数据分析

利用科技工具进行数据分析，企业可以深入了解受众行为、喜好和反馈。这种精准的数据分析有助于制定更精细化的营销策略。

3. 提高投资回报率

通过实时调整，企业能够更有效地分配资源，优化广告投放、内容推送等策略，从而提高投资回报率，降低不必要的成本。

4. 适应市场变化

市场环境随时可能发生变化，实时监测能够帮助企业敏锐地捕捉到市场趋势和竞争动态，及时调整战略以适应变化。

5. 提高用户体验

实时调整不仅可以提高广告效果，还能够根据用户反馈和行为，优化产品或服务，提高用户体验，增强用户忠诚度。

（三）营销效果监测与实时调整的挑战

1. 数据质量与一致性

实时监测依赖于高质量、一致的数据。数据的不准确性或不一致性可能导致对营销效果的误判，影响调整的准确性。

2. 技术基础和成本

建立有效的实时监测系统需要一定的技术基础和投资成本。中小型企业可能面临技术设施和人力的限制。

3. 数据隐私和合规性

在实时监测过程中，涉及大量用户数据，必须确保数据的隐私和合规性，遵守相关法规，以防止潜在的法律风险。

4. 组织文化和流程

一些企业可能面临组织文化和工作流程的阻力。员工可能需要适应新的实时调整的工作方式，而这可能需要文化和流程上的变革。

（四）实现成功的关键要素

1. 设定明确的指标和目标

在进行营销活动之前，企业应该明确制定可量化的指标和目标。这有助于在实施实时监测时，更有针对性地衡量营销效果。

2. 选择合适的监测工具

选择适合企业需求的监测工具是至关重要的。不同的工具可能有不同的功能和适用场景，企业需要根据实际情况做出明智的选择。

3. 建立强大的数据分析团队

拥有专业的数据分析团队是保证实时监测的关键。他们能够深入分析数据，提供有价值的见解，指导决策的调整。

4. 实施培训和教育

为员工提供关于实时监测工具和流程的培训是至关重要的。员工需要具备使用工具的技能，理解数据分析的基本原理，以更好地应对实时调整。

5. 灵活的战略调整机制

建立灵活的战略调整机制，使企业能够迅速作出决策并调整策略。这要求企业在组织层面具备敏捷和灵活的文化和流程。

（五）营销效果监测与实时调整的未来发展趋势

1. 人工智能的应用

未来，人工智能将在营销效果监测与实时调整中发挥更大的作用。通过机器学习和深度学习技术，人工智能可以更准确地预测用户行为，为实时调整提供更多智能化的支持。

2. 跨渠道一体化监测

随着多渠道营销的普及，未来趋势将更加注重跨渠道一体化监测。企业将需要整合不同渠道的数据，实现更全面、一致的监测，以更好地了解用户在多个平台上的行为和反馈。

3. 边缘计算技术

随着边缘计算技术的发展，未来的监测与调整可能更加靠近用户端。通过在边缘设备上进行实时数据处理，企业可以更迅速地获取用户行为数据，并进行即时调整，提高响应速度。

4. 区块链技术的整合

为了解决数据隐私和安全性的问题，未来可能会看到区块链技术在营销效果监测中的广泛应用。区块链的去中心化和不可篡改性特性有助于确保数据的安全性和透明性。

5. 视频和图像分析技术

随着视频和图像在营销中的广泛应用，未来将出现更先进的视频和图像分析技术。通过分析用户在视觉内容中的反应，企业可以更准确地了解用户兴趣和情感，从而进行更精准的实时调整。

营销效果监测与实时调整是数字化时代成功营销的关键环节。通过即时反馈、精准数据分析、提高投资回报率等优势，企业可以更灵活、精细地制定和调整营销策略，提高市场竞争力。

然而，实施营销效果监测与实时调整也面临着一系列挑战，包括数据质量、技术基础、数据隐私等方面。为了成功实施，企业需要设定明确的指标和目标，选择适合的监测工具，建立强大的数据分析团队，并实施培训和教育。

未来，随着人工智能、跨渠道一体化监测、边缘计算技术等的发展，营销效果监测与实时调整将迎来更多创新和可能性。企业需要不断关注技术趋势，及时调整战略，以更好地适应市场的变化，实现长期的营销成功。通过持续的改进和创新，营销效果监测与实时调整将成为企业数字化转型中不可或缺的重要环节，为企业赢得市场提供有力支持。

三、客户关系管理与自动化服务

在当今竞争激烈的商业环境中，企业需要通过有效的客户关系管理（Customer Relationship Management，CRM）来建立并维护与客户之间的紧密关系。随着科技的不断发展，自动化服务在客户关系管理中发挥着越来越重要的作用。本部分将深入讨论客户关系管理与自动化服务的定义、优势、挑战，以及实现成功的关键要素。

（一）客户关系管理与自动化服务的定义

客户关系管理是一种通过整合和分析客户相关信息的战略性方法，旨在改善企业与客户之间的互动，提高客户满意度，促进销售增长。而自动化服务是指利用技术和工具来自动执行特定任务或流程，以提高效率和准确性。

客户关系管理与自动化服务的结合即是将自动化技术应用于客户关系管理的各个方面，以提高客户互动的效率和质量。

（二）客户关系管理与自动化服务的优势

1. 提高客户互动效率

自动化服务可以通过自动化流程、任务和通信，减少人工干预，提高客户与企业之间的互动效率。这包括自动化的电子邮件营销、在线聊天、社交媒体互动等。

2. 个性化客户体验

通过客户关系管理与自动化服务的结合，企业能够更好地了解客户的需求和偏好，从而提供个性化的服务和推荐。这有助于增强客户满意度，提升客户忠诚度。

3. 提高销售效率

自动化服务可以帮助销售团队更好地管理销售流程，跟踪潜在客户，自动化销售呼叫等。这提高了销售团队的效率，有助于更快地转化潜在客户为实际销售。

4. 实时数据分析

客户关系管理与自动化服务结合使用，可以实时分析大量的客户数据。这使企业能够及时了解市场趋势、客户反馈，为战略决策提供更可靠的数据支持。

5. 降低成本

自动化服务的引入通常可以降低企业的运营成本。通过自动执行重复性任务，减少人力需求，提高工作效率，从而在长期内降低企业的总体成本。

（三）客户关系管理与自动化服务的挑战

1. 技术复杂性

实施客户关系管理与自动化服务需要一定的技术基础。对于一些中小型企业来说，技术复杂性可能成为一个挑战，需要适应新的系统和工具。

2. 数据隐私和安全

随着大量客户数据的收集和处理，数据隐私和安全性成为一个日益严峻的问题。企业需要确保客户数据的安全存储和合规处理，以避免潜在的法律风险。

3. 人工智能伦理问题

一些自动化服务使用了人工智能技术，这引发了一系列伦理问题，如算法的公正性、透明性和对用户的影响。企业需要认真考虑这些问题，并采取措施来确保公平和透明。

4. 组织文化和培训

引入客户关系管理与自动化服务需要组织文化和员工培训的变革。员工需要适应新的工作流程和技术工具，企业需要促使员工积极支持和参与。

（四）实现成功的关键要素

1. 清晰的战略规划

在引入客户关系管理与自动化服务之前，企业应该制定清晰的战略规划。明确企业的业务目标、客户关系目标，从而更有针对性地实施自动化服务。

2. 选择合适的技术工具

选择适合企业需求的客户关系管理和自动化服务工具是非常关键的。不同的工具可能有不同的功能和适用场景，企业需要根据实际情况做出明智的选择。

3. 数据管理和隐私保护

建立健全的数据管理体系和隐私保护机制是实现成功的关键。确保客户数据的质量、安全性和合规性，遵循相关法规和标准。

4. 有效的培训和支持

员工需要接受关于客户关系管理和自动化服务工具的培训，以适应新的工作方式。提供足够的支持和资源，帮助员工更好地利用自动化服务。

5. 持续的优化和调整

客户关系管理与自动化服务是一个不断优化的过程。企业需要建立持续的优化机制，通过分析数据、收集用户反馈，及时调整和优化客户关系管理和自动化服务的策略。这要求企业具备灵活性和适应能力，不断改进和创新。

（五）客户关系管理与自动化服务的未来发展趋势

1. 智能个人助手

未来，智能个人助手将更多地应用于客户关系管理与自动化服务中。通过自然语言处理和机器学习技术，企业可以为客户提供更智能、自主的互动体验。

2. 跨渠道整合

跨渠道整合将成为客户关系管理与自动化服务的未来趋势。企业需要整合不同的渠道，包括社交媒体、在线平台、实体店铺等，以提供更一致、全面的客户体验。

3. 可视化分析工具

可视化分析工具的发展将使企业更直观地了解客户数据。通过图表、图形和实时仪表盘，企业可以更容易地进行数据分析和决策，提高决策的效率。

4. 区块链技术的应用

随着对数据安全性和透明性的要求不断提高，区块链技术有望在客户关系管理与自动化服务中得到广泛应用。区块链的去中心化和不可篡改性可以提高客户数据的安全性和信任度。

5. 情感分析技术

情感分析技术将更多地用于客户关系管理，通过分析用户在互动中的情感表达，企业可以更好地了解用户的需求和体验，从而提供更贴近用户情感的服务。

客户关系管理与自动化服务的结合为企业提供了更多机会来改善客户体验、提高效率和降低成本。通过清晰的战略规划、选择合适的技术工具、有效的数据管理和培训，企业可以更好地实现客户关系管理与自动化服务的目标。

然而，企业在实施客户关系管理与自动化服务时也面临一系列挑战，包括技术复杂性、数据隐私和安全、人工智能伦理等方面。为了克服这些挑战，企业需要不断优化和调整策略，保持灵活性，与时俱进。

未来，随着智能技术的不断发展，客户关系管理与自动化服务将进入更加智能化、个性化的阶段。企业需要密切关注技术趋势，不断创新，以更好地适应市场的变化，提升客户关系管理与自动化服务的水平，为企业的可持续发展奠定坚实基础。

第六章　消费者信任与隐私保护

第一节　消费者信任建设的重要性

一、消费者信任的影响因素

在现代商业环境中，消费者信任是企业成功的基石之一。建立和维护消费者信任对于企业来说至关重要，它不仅关系到产品或服务的销售，更关乎企业品牌的长期发展。本部分将深入探讨消费者信任的定义、影响因素以及企业应采取的策略来增强和保持消费者信任。

（一）消费者信任的定义

消费者信任可以被理解为消费者对企业、品牌或产品的信任程度。这种信任涉及消费者对企业诚实、可靠、负责任和具备良好商业道德的信心。消费者信任不仅是一种情感上的认同，更是建立在客观事实和企业行为的基础上的信心。

（二）影响消费者信任的因素

1. 透明度和诚实度

透明度和诚实度是建立消费者信任的基石。企业应该提供真实、准确、清晰的信息，避免误导和夸大宣传。透明的企业行为可以增加消费者对企业的信任度，提高品牌形象。

2. 产品或服务质量

产品或服务的质量是影响消费者信任的重要因素之一。高质量的产品或服务能够满足消费者的期望，建立起对企业的信任。反之，低质量的产品或服务可能导致消费者的不信任和失望。

3. 客户服务

优质的客户服务是建立和巩固消费者信任的重要途径。及时、有效的客户服务可以展现企业对消费者的关心和负责任的态度。在问题发生时，积极解决并提供满意的解决方案也是关键。

4. 数据隐私和安全

随着数字化时代的发展，数据隐私和安全问题成为影响消费者信任的重要方面。企业需要建立健全的数据保护机制，保障消费者的个人信息安全，同时明确告知消费者数据的使用目的和方式。

5. 社会责任和可持续性

消费者越来越关注企业的社会责任和可持续性。积极履行社会责任、关心环境和社会问题的企业更容易赢得消费者的信任。这包括参与公益活动、推动可持续发展等方面的努力。

6. 口碑和社交证明

消费者在做购物决策时常常会依赖他人的经验和意见。积极的口碑和社交证明能够在潜在消费者中建立对企业的信任。这可以通过用户评论、社交媒体上的分享等方式体现。

7. 价格合理性

价格的合理性直接关系到消费者对企业的信任。过高的价格可能让消费者感到被剥削，而过低的价格可能引发对产品或服务质量的质疑。合理的价格策略有助于建立企业的信任度。

8. 品牌声誉

企业的品牌声誉是建立在长期稳定经营和积极品牌形象上的。一个良好的品牌声誉可以为企业赢得消费者的信任，使消费者更愿意选择其产品或服务。

（三）战略和策略：增强和保持消费者信任

1. 透明沟通

建立透明的沟通机制是增强消费者信任的有效手段。企业应该及时公开信息，解释业务决策的背后原因，建立公正的沟通渠道，与消费者建立更直接、真实的关系。

2. 提供价值

提供真正有价值的产品或服务是赢得消费者信任的关键。企业需要不断努力，不仅满足消费者的基本需求，还要超越期望，提供独特的价值。

3. 社会责任

积极履行社会责任可以在消费者中建立企业的良好形象。企业可以参与公益事业、环保活动，通过社会责任的实际行动赢得消费者的认可和尊重。

4. 投资客户教育

投资客户教育有助于消费者更好地理解产品或服务，树立对企业的信任。企业可以通过培训课程、信息分享等方式，提高消费者对产品的了解和信心。

5. 保护用户数据

数据隐私和安全问题直接关系到消费者对企业的信任。企业需要制定并执行严格的数据隐私政策，采取措施保护用户数据，同时主动告知用户数据的使用目的和方式。

6. 强化品牌形象

通过积极的品牌建设和推广活动，企业可以增强品牌形象，提高消费者对品牌的认知度和好感度。良好的品牌形象是建立在企业一贯的品质和服务上，能够增加消费者对企业的信任感。

7. 建立有效的客户服务体系

高效、友好、专业的客户服务是增强和保持消费者信任的关键。企业应该建立完善的客户服务体系，及时解决客户的问题和疑虑，使客户感受到企业的关怀和责任。

8. 管理口碑和社交媒体

积极管理口碑和社交媒体的形象对消费者信任至关重要。企业可以通过回应用户评价、参与社交媒体互动，有效管理品牌形象，提高消费者的信任度。

（四）消费者信任的维护和持续改进

消费者信任不是一劳永逸的，需要企业持续努力来维护和改进。以下是一些关键的维护和持续改进策略：

1. 持续监测市场和消费者反馈

企业应该时刻关注市场变化和消费者反馈。通过持续的市场调研和用户反馈，了解消费者的期望和需求，及时调整产品或服务，以适应市场的变化。

2. 不断优化产品或服务质量

优质的产品或服务是消费者信任的基础。企业应该不断优化产品或服务的质量，引入创新和改进，以满足消费者的不断提高的期望。

3. 主动沟通危机处理

当出现危机或问题时，企业应该主动沟通，及时向消费者公开信息，提供解决方案，并展示企业的责任心。透明而积极的危机处理有助于保持消费者信任。

4. 长期社会责任

社会责任不是一次性的行为，而是需要长期的投入和实践。企业应该持续履行社会责任，通过长期可持续的社会责任行动，赢得消费者的信任。

5. 不断学习和改进

消费者信任的维护需要企业保持学习和改进的态度。不断分析市场动态、竞争对手的表现，了解消费者的新需求和期望，及时调整战略，保持企业的竞争力。

消费者信任是企业在竞争激烈的市场中脱颖而出的关键要素。透明度、产品或服务质量、客户服务、数据隐私和安全、社会责任等因素共同影响着消费者对企业的信任。通过战略性的透明沟通、提供价值、社会责任、保护用户数据、强化品牌形象等手段，企业可以增强和保持消费者的信任。

维护和改进消费者信任需要企业不断学习、调整策略，并持续关注市场和消费者的反馈。通过长期而持续的努力，企业能够在消费者心目中树立起可信赖的品牌形象，为企业的可持续发展奠定坚实基础。

二、信任建设与品牌形象

（一）概述

在当今竞争激烈的商业环境中，建设和维护消费者对品牌的信任是企业成功的关键。信任不仅关系到消费者是否购买产品或服务，更直接影响品牌的长期发展和市场份额。本部分将深入探讨信任建设与品牌形象之间的紧密关系，以及企业在构建可信赖品牌形象方面应采取的策略和实践。

（二）信任建设的重要性

1. 品牌信任与消费者决策

品牌信任是消费者在购物决策过程中的关键因素之一。当消费者对一个品牌感到信任时，他们更倾向于选择该品牌的产品或服务，而不仅是基于价格或功能。信任建设有助于降低消费者购买时的风险感，增加他们的购买意愿。

2. 影响品牌忠诚度

信任是构建品牌忠诚度的基石。当消费者对品牌产生信任时，他们更有可能成为忠实客户，持续购买该品牌的产品或服务，并愿意推荐给他人。忠诚的消费者不仅带来稳定的收入，还在口碑传播中发挥关键作用。

3. 信任与品牌声誉

品牌的声誉直接受信任程度的影响。信任是形成品牌声誉的核心因素之一。一个深受消费者信任的品牌往往在市场上拥有更积极的声誉，而这种声誉又会反过来影响更多的消费者形成信任。

（三）信任建设的关键因素

1. 透明度和诚实度

透明度和诚实度是信任建设的基石。企业应该向消费者提供真实、准确、清晰的信息，避免误导和夸大宣传。透明的沟通可以提高品牌的可信度，赢得消费者的信任。

2. 产品或服务质量

高质量的产品或服务是赢得信任的关键。当消费者对产品的性能和质量有信心时，他们更容易建立对品牌的信任。因此，企业应该不断提升产品或服务的质量标准。

3. 客户服务

优质的客户服务对信任建设至关重要。及时、有效的客户服务可以展现企业对消费者的关心和负责任的态度。在问题发生时，积极解决并提供满意的解决方案有助于增强信任。

4. 数据隐私和安全

在数字化时代，数据隐私和安全问题直接关系到信任。企业需要建立健全的数据保护机制，保障消费者的个人信息安全，并明确告知消费者数据的使用目的和方式。

5. 社会责任和可持续性

积极履行社会责任和可持续性经营对信任建设具有显著影响。消费者越来越关注企业的社会责任和环境友好性，因此，参与公益事业、环保活动等有助于提升企业的信誉。

6. 口碑和社交证明

积极的口碑和社交证明能够在消费者中建立对品牌的信任。通过用户评论、社交媒体上的分享等方式，企业可以塑造正面的品牌形象，增加信任度。

7. 品牌一致性

品牌一致性是信任建设的关键因素之一。企业需要确保品牌形象在各个渠道和平台上的一致性，避免出现矛盾或混淆的信息，以维护品牌的稳定性和可信度。

（四）信任建设的策略和实践

1. 透明沟通

透明沟通是信任建设的首要策略。企业应该建立透明的沟通机制，及时公开信息，解释业务决策的背后原因，建立公正的沟通渠道，与消费者建立更直接、真实的联系。

2. 提供价值

提供真正有价值的产品或服务是赢得信任的有效途径。企业需要不断努力，不仅满足消费者的基本需求，还要超越期望，提供独特的价值，让消费者感受到品牌的用心和专业。

3. 社会责任

积极履行社会责任可以在消费者中建立企业的良好形象。企业可以参与公益事业、环保活动，通过社会责任的实际行动赢得消费者的认可和尊重。

4. 投资客户教育

投资客户教育有助于消费者更好地理解产品或服务，树立对企业的信任。企业可以通过培训课程、信息分享等方式，提高消费者对产品的了解和信心。透明地向消费者解释产品的特性、使用方法以及可能的效益，有助于建立信任关系。

5. 品牌形象强化

通过积极的品牌建设和推广活动，企业可以增强品牌形象，提高消费者对品牌的认知度和好感度。良好的品牌形象是建立在企业一贯的品质和服务上，能够增加消费者对企业的信任感。

6. 建立有效的客户服务体系

高效、友好、专业的客户服务是信任建设的关键。企业应该建立完善的客户服务体系，及时解决客户的问题和疑虑，使客户感受到企业的关怀和责任。优秀的客户服务有助于建立积极的品牌印象，增强信任。

7. 管理口碑和社交媒体

积极管理口碑和社交媒体的形象对信任建设至关重要。企业可以通过回应用户评价、参与社交媒体互动，有效管理品牌形象，提高消费者的信任度。定期监测和回应消费者在社交媒体上的反馈，有助于及时解决问题，保持积极的品牌形象。

（五）信任建设的持续改进和维护

1. 持续监测市场和消费者反馈

企业应该时刻关注市场变化和消费者反馈。通过持续的市场调研和用户反馈，了解消费者的期望和需求，及时调整产品或服务，以适应市场的变化。定期收集和分析消费者的反馈数据，有助于发现潜在问题，及时改进和优化。

2. 不断优化产品或服务质量

优质的产品或服务是赢得信任的基础。企业应该不断优化产品或服务的质量，引入创新和改进，以满足消费者的不断提高的期望。定期进行产品质量检查和改进，确保产品始终符合消费者的标准。

3. 主动沟通危机处理

当出现危机或问题时，企业应该主动沟通，及时向消费者公开信息，提供解决方案，并展示企业的责任心。透明而积极的危机处理有助于保持消费者信任，防止负面影响扩大。

4. 长期社会责任

社会责任不是一次性的行为，而是需要长期的投入和实践。企业应该持续履行社会责任，通过长期可持续的社会责任行动，赢得消费者的信任。不断参与社会公益项目，积极回馈社会，有助于塑造企业的正面形象。

5. 不断学习和改进

消费者信任的维护需要企业保持学习和改进的态度。不断分析市场动态、竞争对手的表现，了解消费者的新需求和期望，及时调整战略，保持企业的竞争力。建立学习机制，与时俱进，不断优化经营策略。

信任建设与品牌形象密不可分，是企业长期成功的基石。透明度、产品或服务质量、客户服务、社会责任等因素都是构建信任的重要元素。通过战略性的透明沟通、提供价值、社会责任、保护用户数据、强化品牌形象等手段，企业可以增强和保持消费者的信任。

维护和改进信任需要企业持续努力，不断学习、调整策略，并持续关注市场和消费者的反馈。通过长期而持续的努力，企业能够在消费者心目中树立起可信赖的品牌形象，为企业的可持续发展奠定坚实基础。信任建设是一项复杂而持久的任务，但其对企业价值的提升和市场地位的巩固具有不可替代的作用。

三、消费者信任对长期客户关系的影响

在当今竞争激烈的商业环境中，建立和维护长期客户关系对企业的成功至关重要。消费者信任作为客户关系的基石之一，直接影响着客户的忠诚度和持续购买行为。本部分将深入探讨消费者信任对长期客户关系的影响，并探讨建立和加强信任的策略，以促进企业与客户之间的稳固关系。

（一）消费者信任与长期客户关系的关系

1. 消费者信任的定义

消费者信任是消费者对企业、品牌或产品的信任程度。这种信任建立在企业的透明度、诚实度、产品或服务质量、客户服务等多个因素上。消费者信任不仅是一种情感上的认同，更是建立在客观事实和企业行为的基础上的信心。

2. 长期客户关系的重要性

长期客户关系意味着客户对企业的持续购买和忠诚。相较于新客户，长期客户通常更容易满意，更愿意尝试新产品，同时也更有可能通过口碑传播积极的品牌形象。因此，建立并维护长期客户关系对企业的可持续发展至关重要。

3. 消费者信任与长期客户关系的连接

消费者信任是构建和巩固长期客户关系的关键要素。当消费者对企业或品牌感到信任时，他们更倾向于与该企业建立长期的合作关系。信任使得客户更愿意与企业进行交流，更容易接受企业提供的建议和服务，从而形成持久的合作伙伴关系。

（二）消费者信任对长期客户关系的影响

1. 提高客户忠诚度

消费者信任是客户忠诚度的重要驱动因素。当客户对企业产生信任时，他们更有可能选择继续购买该企业的产品或服务，而不是尝试竞争对手的产品。信任是建立忠诚度的桥梁，使客户更愿意与企业保持稳定的关系。

2. 减少客户流失率

信任有助于减少客户的流失。建立在信任基础上的长期客户关系更加牢固，客户更不容易因为一时的不满而选择离开。信任提供了一种稳固的纽带，使得客户在面对问题或挑战时更倾向于与企业合作解决，而不是寻找替代。

3. 提高交叉销售和附加销售机会

信任为企业提供了向客户推荐其他产品或服务的机会。当客户信任企业时，他们更愿意尝试企业新推出的产品或服务，从而提高了交叉销售和附加销售的机会。信任促使客户更愿意接受企业的建议，进一步扩大了客户与企业的互动范围。

4. 促进口碑传播

建立在信任基础上的长期客户关系有助于形成积极的口碑。信任使得客户更愿意分享他们的购物经验，推荐给他人。这种通过口碑传播形成的信任链条有助于吸引新客户，同时也强化了现有客户的忠诚度。

5. 降低客户获取成本

与新客户相比，长期客户的获取成本通常更低。信任降低了企业与客户之间的交易摩擦，使得客户更容易被留住。通过建立和维护长期客户关系，企业能够节省在寻找新客户上的时间和资源，并更加聚焦于提供更好的服务和体验。

（三）构建和加强消费者信任的策略

1. 透明度和诚实度

透明度和诚实度是构建信任的基石。企业应该提供真实、准确、清晰的信息，避免误导和夸大宣传。透明的沟通有助于建立可靠性，使客户更容易相信企业的承诺和价值观。

2. 保持一致性

品牌一致性对于构建信任至关重要。企业需要确保品牌在各个渠道和平台上的一致性，避免出现矛盾或混淆的信息。一致的品牌形象使得客户更容易理解企业的核心价值和承诺。

3. 提供优质的产品和服务

高质量的产品或服务是信任建设的关键因素之一。企业应该不断提升产品或服务的质量标准，确保客户始终能够获得令人满意的体验。优质的产品和服务不仅能够满足客户的需求，还有助于树立企业在行业中的声誉，从而增强消费者的信任。

4. 关注客户反馈

积极关注客户反馈有助于及时了解客户的需求和感受。建立有效的反馈机制，收集客户的意见和建议，并采取措施加以改进。对客户反馈的积极回应表明企业关心客户的意见，同时也能够弥补可能存在的问题，增强客户对企业的信任。

5. 建立有效的客户服务体系

高效、友好、专业的客户服务是信任建设的关键。企业应该建立完善的客户服务体系，及时解决客户的问题和疑虑，使客户感受到企业的关怀和责任。优秀的客户服务有助于建立积极的品牌印象，增强信任。

6. 数据隐私和安全保护

在数字化时代，数据隐私和安全问题直接关系到信任。企业需要建立健全的数据保护机制，保障客户的个人信息安全，并明确告知客户数据的使用目的和方式。积极采取措施防范数据泄露事件，加强客户对数据安全的信任感。

7. 参与社会责任活动

积极参与社会责任活动有助于提升企业的社会形象，从而增强消费者的信任。通过参与公益事业、环保活动等社会责任项目，企业不仅展现了对社会的贡献，也表达了对客户和社会的关心，从而建立起更为深厚的信任关系。

8. 有效的沟通策略

建立良好的沟通机制，保持与客户的定期沟通。通过各种渠道传递企业的信息，告知客户企业的最新动态、产品更新等信息。透明且及时的沟通有助于减少信息不对称，提高客户对企业的信任感。

（四）消费者信任的持续维护和改进

1. 持续学习和改进

市场和客户需求在不断变化，企业需要保持学习和改进的态度。不断分析市场动态、竞争对手的表现，了解客户的新需求和期望，及时调整战略，以保持企业的竞争力。建立学习机制，与时俱进，不断优化经营策略。

2. 定期客户满意度调查

定期进行客户满意度调查，了解客户对企业产品和服务的评价。通过调查结果，发现问题并及时改进，以确保客户持续满意。客户满意度调查也是客户参与过程中的一种沟通方式，表达企业对客户意见的重视，有助于维护客户信任。

3. 危机管理和应急处理

在面临危机时，企业需要采取果断的行动，及时沟通并提供解决方案。透明而积极的危机管理有助于保持客户信任，防止负面影响扩大。建立有效的危机管理机制，提前制定危机应对计划，确保能够迅速而有效地应对突发事件。

4. 社交媒体管理

积极管理社交媒体的形象对信任维护至关重要。企业可以通过回应用户评价、参与社交媒体互动，有效管理品牌形象，提高客户的信任度。定期监测和回应客户在社交媒体上的反馈，有助于及时解决问题，保持积极的品牌形象。

消费者信任是建立长期客户关系的核心要素。信任不仅提高客户的忠诚度，减少客户流失，还为企业创造交叉销售和附加销售机会，降低客户获取成本。通过透明度、产品和服务质量、客户服务、数据隐私保护、社会责任等方面的努力，企业可以建立和加强与客户之间的信任关系，为长期客户关系的建立和维护奠定坚实基础。持续学习、客户满意度调查、危机管理和社交媒体管理等措施有助于信任的持续维护和改进。通过这些努力，企业能够赢得客户的信任，从而实现长期可持续的合作关系，促进企业的可持续发展。

第二节　数据隐私保护法规与标准

一、行业标准与自律规范

（一）行业标准概述

1. 行业标准的定义

行业标准是由相关行业组织、协会或政府部门制定的，用于规范和指导某个特定行业内各个方面活动的规则和准则。行业标准通常包括技术标准、质量标准、安全标准等，以确保行业内产品和服务的质量、安全性和可靠性。

2. 行业标准的制定和实施

行业标准的制定通常由专业的标准制定机构或行业协会负责。制定标准的过程通常包括广泛的行业咨询、技术研究和公众参与。一旦标准制定完成，相关的组织和企业需要在其内部实施和遵循这些标准，以确保其业务活动符合行业规范。

3. 行业标准的作用

提高产品和服务质量：行业标准规定了产品和服务的技术要求、性能指标等，有助于提高产品和服务的质量水平。

促进科技创新：行业标准的制定通常伴随着对新技术、新方法的研究和探索，有助于推动科技创新和进步。

促进市场竞争：通过规范市场行为，行业标准有助于提高市场竞争的公平性和透明度，防止不正当竞争的发生。

保障消费者权益：行业标准明确了产品和服务的质量、安全性等方面的要求，有助于保障消费者的合法权益。

（二）自律规范概述

1. 自律规范的定义

自律规范是由行业内的从业者或相关组织自主制定的一套行为准

则，用于规范从业者在业务操作中的行为和态度。这些规范通常包括职业操守、商业道德、信息保护等方面的内容，旨在维护行业声誉和提高从业者的专业水平。

2. 自律规范的制定和实施

自律规范的制定通常由行业内的协会、组织或从业者共同参与。在制定过程中，通常会进行广泛的行业咨询、研究和讨论。一旦自律规范确立，从业者需要在其职业生涯中遵循这些规范，违反规范可能会受到行业组织的惩罚。

3. 自律规范的作用

维护行业声誉：自律规范有助于规范从业者的行为，防止不端行为的发生，从而维护整个行业的声誉。

提高从业者素质：自律规范对从业者提出了一系列的职业要求和道德规范，有助于提高从业者的专业水平和素质。

保障客户利益：自律规范通常会关注客户的权益和利益，规范服务行为，确保客户在交易中得到公正待遇。

促进行业发展：自律规范有助于建立行业良好的秩序，推动行业的稳健发展，减少因为不当竞争和不良行为而带来的负面影响。

二、遵循隐私法规的挑战与应对

随着数字化时代的发展，个人数据的广泛收集、处理和利用成为了商业和科技发展的常态。然而，为了保护用户的隐私权和数据安全，各国纷纷制定了一系列严格的隐私法规。在这个背景下，企业在处理个人数据时面临着诸多挑战。本部分将探讨遵循隐私法规的挑战，以及企业可以采取的应对策略。

（一）挑战与问题

1. 日益复杂的法规环境

隐私法规在不同国家和地区存在差异，而且随着时间推移，法规会不断更新和修改。企业可能需要同时遵守多个国家和地区的法规，因此法规环境的复杂性成为一大挑战。

应对策略：建立专业的法务团队，定期跟踪法规的变化，确保公司的隐私政策和数据处理流程符合最新的法规要求。

2. 数据处理的透明度要求

隐私法规通常要求企业对其数据处理活动保持透明，必须向用户清楚地说明数据收集的目的、方式以及可能的后续处理。这对企业而言可能涉及信息披露的复杂性和成本问题。

应对策略：制定清晰、简明的隐私政策，并采用用户友好的方式向用户提供信息，如弹窗、提醒通知等，以确保用户了解数据处理的相关信息。

3. 数据安全与保护

隐私法规要求企业采取合理的技术和组织措施，确保用户的个人数据得到妥善保护。这对企业而言可能需要投入更多的资源用于数据安全和保护措施。

应对策略：采用先进的加密技术、安全存储方案，并定期进行安全性评估和审计，以确保数据不被未经授权的访问和泄露。

4. 合规成本的增加

隐私法规的遵循通常需要企业投入更多的人力、财力和技术资源，以确保公司的数据处理活动符合法规的要求。这增加了合规的成本。

应对策略：在战略规划中充分考虑隐私合规成本，通过自动化流程、采用合适的隐私工具和技术来提高效率，降低合规成本。

（二）应对策略与实践

1. 制定全面的隐私政策

企业应该制定清晰、具体、易理解的隐私政策，明确数据收集的目的、使用方式、共享情况以及用户的权利和选择。隐私政策应当与业务实践相一致，避免虚假或误导性的陈述。

2. 强化内部培训和教育

为员工提供专业的隐私培训和教育，使其了解隐私法规的要求，知晓公司隐私政策，并且能够正确执行数据处理的规范操作。员工的隐私意识培养是确保合规的关键。

3. 投资于隐私技术和工具

采用先进的隐私技术和工具，如数据加密、身份验证、安全存储等，以增强对个人数据的安全保护。这有助于提高数据安全性，降低数据泄露和滥用的风险。

4. 实施隐私影响评估

在新业务活动、产品或服务推出之前，进行隐私影响评估，评估可能的隐私风险和潜在影响。通过在设计阶段考虑隐私问题，可以减少后期合规调整的成本。

5. 加强监管合规和风险管理

建立健全的监管合规体系，确保公司对隐私法规的遵循。加强风险管理，及时发现和应对潜在的合规风险，防范合规问题的发生。

6. 提升用户参与和控制权

主动邀请用户参与隐私设置，提供个性化的数据控制选项，增强用户对自己数据的掌控感。透明化数据使用流程，允许用户随时访问和修改其个人数据，加强用户对数据的自主管理。

7. 建立隐私团队和专责人员

组建专业的隐私团队，确保公司内部有专门负责隐私合规的人员。为公司指定一位隐私官或数据保护官，负责监督和推动隐私合规事务，以确保公司在法规要求方面有迅速而有效的响应。

8. 及时更新隐私政策

随着法规和业务环境的变化，企业需要及时更新隐私政策，确保其与最新的法规要求相一致。在更新政策时，应及时通知用户，并提供相关的培训和教育，以确保员工和用户了解并遵守新的规定。

9. 建立合作伙伴关系

与合规专业服务机构建立合作伙伴关系，充分利用其专业知识，获取及时的合规咨询和法务支持。通过外部专业团队的帮助，企业能够更好地理解和应对不断变化的隐私法规。

（三）未来发展趋势

1. 国际化合规

随着全球数字化的深入，各国和地区对隐私合规的关注程度不断提升。未来，企业需要更加重视国际化的隐私合规，建立全球一致的数据处理标准，以适应多元化的法规环境。

2. 技术创新与合规

随着技术的不断发展，新兴技术如人工智能、区块链等的广泛应用，将对隐私合规提出新的挑战。未来企业需要不断创新技术，同时确保其符合隐私法规的要求，寻找技术与合规的平衡点。

3. 用户权益保护

随着用户对隐私权益的关注不断升温，未来法规对于保护用户权益的要求可能会进一步提升。企业需要加强对用户隐私权益的尊重，通过透明、可控的数据处理方式来维护用户的信任。

4. 数据治理和伦理

未来，隐私合规将更加强调数据治理和伦理方面的要求。企业需要建立更为完善的数据治理机制，确保数据的合法、合规和合理使用，同时在数据处理中考虑伦理和社会责任，促进数据的正面应用。

在数字化时代，遵循隐私法规已经成为企业不可忽视的重要任务。企业在面临法规挑战时，可以通过制定全面的隐私政策、强化内部培训、加强技术保障、建立专业团队等方式来应对。随着国际化合规、技术创新与合规、用户权益保护、数据治理和伦理等趋势的发展，企业需要不断调整和完善其隐私合规策略，以适应日益复杂和多变的法规环境。只有通过全面的合规措施，企业才能更好地保护用户隐私，赢得用户信任，促进可持续的业务发展。

第三节　个人信息采集与使用的道德与法律问题

一、个人信息采集的道德考量

在数字化时代，个人信息的采集已经成为许多企业和组织日常运作的重要组成部分。个人信息的获取为企业提供了更精准的服务、更有效的广告以及更好的用户体验。然而，伴随着个人信息的采集，涌现出一系列的道德问题。本部分将探讨在个人信息采集过程中涉及的道德考量，包括透明度、自主权、公平性、安全性等方面。

（一）透明度与知情权

1. 透明度的定义

透明度是指个人信息采集方在收集个人信息时向数据主体（信息的拥有者）提供清晰、明确的信息，使其了解信息的采集目的、方式、范围以及可能的后续处理。

2. 道德问题与透明度

（1）隐瞒信息采集目的

一些企业可能在个人信息采集过程中隐瞒真实的目的，仅通过晦涩难懂的隐私政策来掩盖真正的用途，导致用户在无知情的情况下失去对自己信息的控制。

（2）复杂隐私政策

一些企业设计复杂的隐私政策，使用法律术语或技术性语言，使得用户难以理解，从而难以真正理解个人信息采集的范围和影响。

3. 应对策略

（1）简明清晰的通知

采集方应提供简明清晰的通知，向用户说明信息采集的目的、方式和后续处理。避免使用过于复杂的术语，确保大多数用户都能够理解。

（2）主动告知权

采集方应当主动告知用户关于信息采集的全部情况，而不仅是通过隐私政策。通过明确的弹窗、通知或提醒，及时告知用户信息的具体使用目的。

（二）自主权与用户控制

1. 自主权的定义

自主权是指数据主体对其个人信息的自主掌控权，包括对信息的收集、使用、修改和删除等方面的控制。

2. 道德问题与自主权

（1）默认设置的隐私侵犯

一些平台在默认设置中可能将用户的信息共享选项设置为较为开放，导致用户在不经意间泄露更多个人信息。

（2）难以撤销的同意

某些平台可能通过"一键同意"等方式获取用户的同意，但用户却难以简便地收回或修改对信息的共享权限。

3. 应对策略

（1）默认隐私设置

采集方应在设计时将默认隐私设置为最大程度保护用户隐私的状态，确保用户不经过额外的设置即可拥有较高的隐私保护水平。

（2）易于调整的权限控制

提供简单易用的界面，使用户能够方便地调整对个人信息的控制权限，包括随时撤销或修改共享同意。

（三）公平性与差异化待遇

1. 公平性的定义

公平性是指在个人信息采集和使用过程中，所有相关的数据主体都能够公平、平等地享有权益，不受歧视待遇。

2. 道德问题与公平性

（1）数据歧视

在信息采集和分析中，一些企业可能基于个人信息进行歧视性的对待，导致一些用户在获取服务、机会或待遇上受到不公平的对待。

（2）数据差异化定价

一些企业可能根据用户的个人信息差异化定价，导致相同服务或商品被不同用户以不同价格购得，引发公平性疑虑。

3. 应对策略

（1）公平原则的遵循

制定并遵循公平原则，确保在信息采集和利用中不歧视任何用户，保护所有用户的平等权益。

（2）透明的算法决策

对于采用算法进行决策的场景，应确保算法的透明性，向用户解释决策的依据，防止不公平的差异对待。

（四）安全性与信息保护

1. 安全性的定义

安全性是指采集方必须采取一系列措施，确保个人信息在采集、传输、存储和处理过程中不受到未经授权的访问、泄露或损害。

2. 道德问题与安全性

（1）数据泄露风险

由于信息采集方的安全漏洞或不当操作，可能导致用户的个人信息泄露，对用户隐私构成潜在的风险。

（2）第三方数据共享

一些企业可能在未经用户同意的情况下与第三方分享个人信息，增加了信息的流通性，也可能导致信息被滥用。

3. 应对策略

（1）强化安全技术措施

采集方应投入足够的资源强化安全技术措施，包括数据加密、访问控制、网络安全等，以降低数据泄露的风险。

（2）限制第三方共享

明确规定个人信息的使用和分享目的，不得未经用户同意将信息提供给未经授权的第三方，建立有效的监管机制。

（五）社会责任与可持续性

1. 社会责任的定义

社会责任是指个人信息采集方在进行业务活动时，对社会和公众的承担的义务，包括保护用户权益、遵守法规、促进社会公正等。

2. 道德问题与社会责任

（1）不负责任的信息利用

一些企业可能为了追求利润而不顾社会责任，采用不负责任的信息利用方式，导致用户权益受损，社会产生负面影响。

（2）信息滥用与炒作

信息采集方可能会滥用个人信息，进行炒作、谣言传播等行为，引发社会恐慌，破坏社会稳定。

3. 应对策略

（1）制定社会责任准则

采集方应制定明确的社会责任准则，规范信息采集和使用的行为，确保企业在经营过程中充分考虑社会利益。

（2）社会监督机制

建立社会监督机制，让社会各界参与对信息采集方的监督，推动企业更加负责任地履行社会责任。

个人信息采集在数字时代为企业提供了巨大的商业机会，然而，伴随着这一便利的发展，涌现出了一系列的道德问题。透明度、自主权、公平性、安全性以及社会责任是个人信息采集过程中需要重点考虑的道德因素。只有在这些方面的充分考虑和有效应对下，企业才能在信息采集中实现商业利益的同时，确保用户的隐私权益得到充分保护，促进可持续的业务发展。个人信息采集方在发展业务的同时，应树立正确的价值观，将道德和社会责任融入到企业的经营理念中，为数字化社会的可持续发展做出积极贡献。

二、个人信息使用的合法性与透明度

个人信息的使用已经成为数字化时代商业和服务领域的核心。然而，个人信息使用所涉及的合法性和透明度问题备受关注。合法性涉及对个人信息的合法收集、处理、使用和分享，而透明度则关注在信息采集和使用过程中向用户提供清晰、透明的信息。本部分将深入探讨个人信息使用的合法性与透明度，分析合法性的法律框架和透明度的实现方式，以及如何在信息社会中平衡商业需求与个人隐私权益。

（一）个人信息使用的合法性

1. 合法性的定义

合法性指的是个人信息的采集、处理和使用是否符合相关法律法规的规定，以及是否经过数据主体的同意。

2. 法律框架与规定

（1）数据保护法律

许多国家和地区制定了专门的数据保护法律，这些法律规定了个人信息的合法收集和使用条件，强调了用户同意的重要性，同时规定了个人信息的处理原则和权利保护。

（2）行业标准与自律规范

一些行业组织和企业也制定了相关的数据保护标准和自律规范，以规范个人信息的合法使用。这些标准和规范有助于构建行业自律机制，推动企业在个人信息处理中遵循一定的道德和法规标准。

3. 合法性的道德考量

（1）透明同意

合法性的关键之一是用户的同意，而这种同意应是明确的、基于清晰的信息提供，确保数据主体明白其个人信息将被如何使用。

（2）合理用途

个人信息的使用应当限制在合理的范围内，仅用于与收集目的相一致的合法用途，防止数据的滥用。

（二）个人信息使用的透明度

1. 透明度的定义

透明度指的是在个人信息的采集、处理和使用过程中，信息采集方向数据主体提供充分、清晰、易懂的信息，使其能够全面了解个人信息的使用方式和目的。

2. 实现透明度的方法

（1）明示隐私政策

信息采集方应明确制定和公布隐私政策，详细说明个人信息的收集目的、使用方式、存储期限、共享对象等信息，以提高透明度。

（2）透明化技术和设计

采用用户界面设计和技术手段，通过清晰的图形和语言向用户解释信息的收集和使用过程，以便用户更好地理解数据的流动和用途。

（3）用户教育和沟通

信息采集方应通过用户教育、定期更新通知等方式，不断提高用户对于隐私政策和个人信息使用的理解。并在有重大变更时及时与用户进行沟通。

3. 透明度的道德考量

（1）最小化数据原则

透明度的实现应考虑采用最小化数据原则，即仅收集和使用为实现特定目的所需的最少量的个人信息，减少信息泄露的潜在风险。

（2）主动权与控制权

透明度应赋予用户更多主动权和控制权，让用户能够自主选择是否提供信息以及对信息的使用方式进行调整，提高用户的参与度和掌控感。

（三）平衡商业需求与隐私权益

1. 商业需求与创新

个人信息的使用对于商业而言是一项重要的资源，它能够支持个性化服务、精准广告投放和创新的业务模式。因此，在平衡中，需要考虑商业需求和信息创新。

2. 隐私权益与道德责任

尊重用户的隐私权益是企业的道德责任，企业在追求商业利益的同时，应当切实保障用户的隐私权益，履行社会责任。

3. 可持续发展的关键

平衡商业需求与隐私权益是实现可持续发展的关键。合法合规的个人信息使用和透明度的实现，既能满足商业创新的需求，又能维护用户的隐私权益，为企业长期发展创造了健康的环境。

三、个人信息的隐私政策与用户知情权的保障

在数字化时代，个人信息的收集、处理和使用已成为许多企业和服务提供商的常规做法。然而，为了保护用户的隐私权益，制定明确的隐私政策并确保用户的知情权得到充分保障变得至关重要。本部分将深入探讨个人信息隐私政策的制定与实施，以及如何保障用户的知情权，使用户能够更好地掌控自己的个人信息。

（一）个人信息隐私政策的制定

1. 隐私政策的定义

隐私政策是指组织或企业明确规定个人信息的收集、使用、存储、分享以及保护措施等方面的一系列规则和承诺。它是一份对用户负责的文档，用于说明组织如何处理和保护用户的个人信息。

2. 隐私政策的必要性

（1）法律要求

许多国家和地区的法律法规要求企业制定明确的隐私政策，以确保用户的隐私权得到充分尊重和保护。

（2）用户信任

透明、清晰、易理解的隐私政策有助于建立用户对企业的信任。用户更倾向于与有健全隐私政策的企业互动，因为他们知道自己的个人信息将受到妥善处理。

3. 隐私政策的内容

（1）数据收集目的

明确说明个人信息收集的具体目的，防止滥用用户数据，确保只收集与

服务提供相关的必要信息。

（2）数据使用方式

详细说明个人信息的使用方式，包括但不限于提供服务、改善用户体验、个性化推荐等。确保用户了解他们的信息将被如何利用。

（3）数据分享对象

明确标明个人信息是否会被分享给第三方，并说明这些第三方的身份和用途。用户应清楚了解与谁共享信息，以及这些合作伙伴的隐私保护措施。

（4）安全措施

说明组织已经采取了什么样的安全措施来保护个人信息的安全性，包括加密、访问控制、数据备份等。

4. 隐私政策的更新与变更通知

由于业务需求、法规变更等原因，隐私政策可能需要进行更新。在这种情况下，企业应当主动通知用户，并确保用户可以方便地查阅新的隐私政策。

（二）用户知情权的保障

1. 用户知情权的定义

用户知情权是指用户有权知道个人信息将被如何收集、使用、处理和分享的权利。这是个人信息隐私保护中的核心权利之一。

2. 透明的数据收集过程

（1）主动告知

在数据收集之前，企业应当主动告知用户有关收集的信息，包括收集目的、方式和使用方式。这可以通过弹窗、页面提示等方式实现。

（2）明示同意

用户应在明确知晓个人信息的收集目的和使用方式后，给予明示的同意。这可以通过点击"同意"按钮、勾选确认框等方式实现。

3. 透明的数据使用方式

（1）提供可理解的信息

企业在使用个人信息时，应以简明清晰的语言向用户提供详细的信息，使用户能够理解其信息将被如何利用。

（2）用户控制权

为用户提供灵活的控制选项，让用户能够自主选择哪些信息被使用，哪些信息被分享，增加用户的主动参与度。

4. 透明的数据分享方式

（1）第三方合作明示

如果企业需要与第三方分享个人信息，必须事先明示给用户，并确保用户同意。透明地告知用户分享的目的和对象。

（2）合理共享原则

企业应当明确合理的共享原则，即仅在必要的情况下与第三方分享，且确保这些合作伙伴同样遵循隐私保护的规定。

（三）隐私政策与用户知情权的道德考量

1. 尊重用户意愿

企业在制定隐私政策和保障用户知情权时，应尊重用户的意愿。用户有权选择是否同意个人信息的收集和使用，企业应该尊重并遵循用户的选择。

2. 透明度原则

企业制定隐私政策和保障用户知情权时应遵循透明度原则，即提供清晰、易懂、充分的信息，让用户能够全面了解个人信息的处理方式。

3. 最大化用户权益

在隐私政策和知情权的保障过程中，企业应当最大化用户权益，确保用户能够在信息使用中获得最大的控制权和利益。这包括提供更多的选择和控制选项，以满足用户的个性化需求。

4. 尽量减少信息收集

为了遵循道德原则，企业在隐私政策中应致力于最小化个人信息的收集。仅收集为提供服务所必需的信息，避免收集过多敏感信息，以降低潜在的隐私风险。

5. 安全保障

在保障用户知情权的同时，企业还应致力于提供强有力的安全保障措施。这包括但不限于数据加密、访问控制、网络安全等，以确保用户的个人信息在收集、传输、存储和处理的全过程都得到妥善保护。

（四）隐私政策与用户知情权的实施

1. 教育用户

企业应当通过用户教育，提高用户对隐私政策和个人信息知情权的认知水平。通过简洁、清晰的方式向用户解释隐私政策，并提供相关培训和指导。

2. 持续改进

随着科技和法规的变化，企业应当不断改进和更新隐私政策。及时响应用户的反馈，根据业务发展和法规要求进行相应的调整和完善，确保隐私政策的及时性和适应性。

3. 技术支持

利用技术手段，通过可视化的方式向用户展示个人信息的收集和使用情况。采用用户友好的界面设计，让用户更容易理解和掌控自己的信息。

4. 合规监管

建立内部监管机制，确保隐私政策的合规性。配备专业的隐私团队，定期进行内部审查和合规检查，以确保企业隐私政策符合相关法规要求。

（五）未来发展趋势

1. 强调用户参与

未来，随着社会对个人信息保护意识的提高，用户对知情权的关注将更为明显。企业将更加强调用户的参与，允许用户更多地参与到个人信息处理的决策过程中。

2. 强调技术创新

技术创新将在保障用户知情权方面发挥越来越重要的作用。例如，区块链技术的应用可以提供更为安全和透明的个人信息管理方式，保障用户对信息流动的可追溯性和可控性。

3. 加强国际合作

由于互联网的全球性，个人信息的跨境流动成为一个挑战。未来，国际合作将更加密切，各国之间将加强合作，共同制定更为统一的隐私保护标准。

保障用户的知情权和制定明确的隐私政策是数字时代企业不可忽视的重要工作。在信息化发展的大潮中，企业需要在商业创新的同时，切实履行社会责任，保护用户的隐私权益。通过透明的隐私政策、用户知情权的充分保障以及道德责任的实践，企业能够取得用户的信任，建立可持续的合作关系，同时推动整个社会对个人信息保护的认知和尊重。在未来，随着法规的不断完善、技术的不断创新，企业将面临更高的要求和更大的挑战，但同时也为构建更加安全、透明、可信赖的数字社会提供了契机。

第四节　电商平台的隐私保护策略

一、隐私保护的技术手段与措施

（一）数据加密技术

1. 加密的定义

加密是通过一定的算法，将原始数据转换为密文，使得未经授权的用户无法理解密文内容。在隐私保护中，数据加密是一种基础且有效的技术手段。

2. 数据加密的原理

（1）对称加密

对称加密使用相同的密钥进行加密和解密，速度较快，但密钥的管理相对复杂，容易受到密钥分发的安全性影响。

（2）非对称加密

非对称加密使用一对密钥，公钥用于加密，私钥用于解密。相较于对称加密，更安全，但计算复杂度较高。

（3）哈希加密

哈希加密是一种不可逆的加密方式，将原始数据映射成固定长度的哈希值。常用于验证数据完整性，但不适用于加密存储。

3. 数据加密的应用

（1）数据传输加密

通过使用 SSL/TLS 等协议对数据传输过程进行加密，确保数据在传输过程中不被窃听和篡改。

（2）数据存储加密

对存储在数据库、云服务等地方的个人信息进行加密，即使数据泄露，也难以被解密。

（3）端到端加密

在通信应用中，采用端到端加密确保只有通信的两端能够解密消息，而中间的通信节点无法获取明文内容。

（二）身份验证技术

1. 身份验证的重要性

身份验证是确保只有授权用户能够访问特定信息的关键步骤。采用多层次的身份验证技术可以提高隐私信息的安全性。

2. 常见的身份验证技术

（1）用户名和密码

传统的用户名和密码是最基本的身份验证方式，但容易受到密码猜测、撞库等攻击。

（2）双因素认证（2FA）

双因素认证在用户名和密码的基础上，再增加一层验证，通常是手机验证码、指纹等，提高了身份验证的安全性。

（3）生物识别技术

包括指纹识别、虹膜扫描、面部识别等生物识别技术，提供更高级别的身份验证。

3. 生物识别技术的隐私考量

生物识别技术在提高身份验证安全性的同时，也引发了一些隐私问题。合理使用生物识别技术，如脱敏处理、本地化存储等，有助于减轻隐私风险。

（三）隐私计算技术

1. 隐私计算的定义

隐私计算是一种在不暴露原始数据的前提下，对数据进行计算、分析的技术。它通过加密、脱敏等手段，实现数据在计算过程中的隐私保护。

2. 不可透明计算

不可透明计算通过加密数据，将计算过程从明文中转移到密文中，实现对数据隐私的保护。这包括同态加密、零知识证明等技术。

3. 差分隐私

差分隐私通过在原始数据中引入噪声，使得在计算结果中无法准确追踪到个体数据，从而保护了用户的隐私。

4. 隐私计算的应用

（1）数据合作与共享

企业之间在进行数据合作与共享时，通过隐私计算技术可以在不暴露敏感信息的情况下完成数据分析。

（2）个性化推荐

在个性化推荐系统中，通过隐私计算，可以在保护用户隐私的同时提供个性化的服务。

（3）医疗数据分析

医疗数据的分析涉及大量敏感信息，隐私计算技术可以在保护病患隐私的同时进行有效的医疗数据分析。

（四）隐私保护工具与服务

1. 虚拟专用网络（VPN）

VPN 通过建立加密的隧道，将用户的网络流量加密传输，提供匿名性，防止在公共网络上的隐私泄露。

2. 密码管理器

密码管理器是一种用于生成、存储和管理复杂密码的工具，能够帮助用户建立更加安全的密码体系，防范密码泄露风险。

3. 匿名浏览工具

匿名浏览工具如 Tor 浏览器通过路由网络，隐藏用户的真实 IP 地址，增加在网络上的匿名性，减少被追踪的风险。

4. 隐私搜索引擎

隐私搜索引擎如 DuckDuckGo、Startpage 等致力于不追踪用户搜索记录，提供更加隐私友好的搜索服务。

5. 隐私保护服务

一些专业的隐私保护服务提供商，提供虚拟身份、临时邮箱、隐私 VPN 等服务，帮助用户维护在线隐私。

（五）区块链技术在隐私保护中的应用

区块链技术以其去中心化、不可篡改、透明的特性，为隐私保护提供了新的可能性。

1. 去中心化身份验证

区块链可以提供去中心化的身份验证，个体用户可以在区块链上创建自己的身份标识，实现去中心化的身份认证。

2. 数据所有权

通过区块链，用户可以拥有自己的数据所有权，并授权其他方在特定条件下使用自己的数据，实现更加精细化的数据控制。

3. 隐私智能合约

智能合约可以在区块链上执行，而不暴露合同中的敏感信息。通过智能合约，可以实现在不泄露个体信息的情况下进行数据交互和合作。

二、用户控制与数据权限管理

（一）用户控制的概念

1. 用户控制的定义

用户控制是指用户对其个人信息的管理和操作权力，包括但不限于信息的收集、使用、共享和存储等方面。用户控制强调用户在数据处理过程中的主动参与和自主权，使其能够更好地掌握和管理自己的数据。

2. 用户控制的重要性

（1）个体权利尊重

用户控制是对个体隐私权的尊重，体现了个体对自己信息的所有权和决策权。

（2）提高用户参与度

通过赋予用户更多的控制权，可以增加用户在数据处理中的参与度，使其更加积极地参与和支持数据的合理使用。

（3）增强信任感

用户对自己数据的控制权越大，越能够增强其对数据处理机构的信任感，建立起更加良好的用户和企业关系。

（二）数据权限管理的概念

1. 数据权限管理的定义

数据权限管理是一种通过合理的授权和访问控制机制，确保只有合适的人在适当的情境下能够访问和使用特定数据的手段。它是数据安全与隐私保护的重要组成部分。

2. 数据权限管理的原则

（1）最小权限原则

即在赋予权限时，给予用户或系统的权限应该是完成任务所必需的最小权限，以降低数据泄露和滥用的风险。

（2）隐私 by Design

数据权限管理应该贯穿于整个系统设计的始终，从系统架构、数据流动到用户接口，都应该考虑隐私保护和权限管理。

（3）审计与监控

建立完善的审计与监控机制，追踪数据的访问历史，及时发现异常行为，提高数据权限管理的实时性和准确性。

（三）用户控制与数据权限管理的关系

1. 用户控制与访问权限

用户控制与访问权限直接相关。用户通过控制自己的个人信息，可以决定谁可以访问、使用以及分享这些信息。在数据权限管理中，访问权限的设定需要充分考虑用户的意愿和控制权。

2. 数据用途授权与用户控制

用户不仅关心谁能够访问他们的数据，还关心数据的具体用途。因此，在数据权限管理中，需要赋予用户对于数据用途的授权，让用户能够选择数据的具体使用方式。

3. 隐私设置与个性化权限管理

隐私设置是用户控制的具体体现，包括但不限于对特定信息的公开程度、对广告的偏好设置等。通过个性化权限管理，用户可以根据个人需求灵活设置数据的使用权限。

（四）用户控制与数据权限管理的应用

1. 个人信息管理平台

个人信息管理平台允许用户集中管理其个人信息，包括查看、修改、删除以及设置数据的访问权限等功能，为用户提供了更加便捷和直观的控制方式。

2. 隐私设置与社交媒体

社交媒体平台为用户提供了丰富的隐私设置选项，用户可以根据需求调整自己的社交圈子、信息公开程度，实现对个人信息的精细化控制。

3. 数据共享平台

在数据共享平台上，用户可以选择与哪些机构或个人共享自己的数据，并设置共享的具体权限，从而在参与数据共享的同时保护自己的隐私。

三、隐私保护与用户教育的综合策略

（一）隐私保护与用户教育的重要性

1. 隐私保护的重要性

（1）个人权益保障

隐私保护是维护个体基本权益的重要手段，确保个人信息不被滥用，不受侵犯。

（2）信任建设

在数字化社会中，用户对于信息处理机构的信任建立在对隐私的有效保护之上。强调隐私保护有助于建立可信的数字生态。

（3）法规合规

随着各地隐私法规的不断出台，企业需要加强隐私保护以遵守法规要求，避免不必要的法律责任。

2. 用户教育的重要性

（1）提高隐私意识

用户教育有助于提高个体对于隐私的认知水平，使其更加了解隐私的价值和保护的必要性。

（2）增强保护能力

通过教育，用户能够学习到更多关于隐私保护的知识和技能，增强自身保护隐私的能力。

（3）促使主动参与

教育有助于用户更加主动参与隐私保护，理解隐私政策并根据自身需求进行设置，形成更加积极的隐私保护态度。

（二）隐私保护与用户教育的综合策略

1. 制定明晰的隐私政策与规定

（1）易于理解的语言

制定隐私政策时应采用简明易懂的语言，避免使用专业术语，确保用户能够清晰理解。

（2）透明公开原则

隐私政策应该遵循透明公开原则，明确说明信息收集目的、使用方式，以及与第三方分享等情况，为用户提供充分信息。

2. 强化数据安全与隐私技术应用

（1）数据加密技术

采用数据加密技术，尤其是端到端加密，确保用户在数据传输和存储中的隐私得到充分保护。

（2）匿名化处理

对于一些不必要具名化的数据，采取匿名化处理，降低个体可识别性，减少隐私泄露的风险。

3. 强化用户教育与培训

（1）定期培训

定期为用户提供关于隐私保护的培训，包括新技术、新法规的解释和使用指南等，使用户保持对于隐私保护知识的更新。

（2）互动教育形式

采用互动教育形式，如在线问答、模拟案例等，提高用户对于隐私知识的参与度，增加学习的趣味性。

4. 提供用户友好的隐私设置工具

（1）简化设置流程

设计简单易用的隐私设置工具，减少用户设置的复杂性，确保用户在使用过程中更容易理解和配置。

（2）个性化设置选项

提供更加个性化的隐私设置选项，允许用户根据自身需求进行设置，增加用户对于隐私的控制感。

5. 响应用户反馈与投诉

（1）建立专业支持团队

建立专业的用户支持团队，负责解答用户关于隐私政策、数据安全等方面的问题，及时响应用户反馈。

（2）改进机制

建立用户反馈的改进机制，对用户的意见和建议进行认真分析，及时优化隐私政策和服务流程。

第七章　跨渠道营销与品牌整合

第一节　多渠道营销的意义与挑战

一、多渠道营销的发展趋势

（一）多渠道营销概述

1. 定义

多渠道营销是指企业利用各种不同的销售和传播渠道，与客户进行多层次、多方位的互动，以达到提高销售、扩大市场份额和提升品牌知名度的目标的一种营销策略。这些渠道包括线上渠道（如电子商务平台、社交媒体）和线下渠道（如实体店铺、展会）。

2. 重要性

（1）满足多样化消费习惯

消费者的购物习惯和渠道偏好多种多样，多渠道营销能够更好地满足这一多样性，提供更多选择。

（2）扩大品牌曝光度

通过多渠道的覆盖，企业可以将品牌暴露给更多潜在客户，增加品牌知名度。

（3）提高销售效益

多渠道营销可以使企业更广泛地触及目标受众，提高销售效益，实现全方位的市场覆盖。

（二）多渠道营销的发展趋势

1. 技术驱动

（1）人工智能和大数据

人工智能和大数据技术的应用将使多渠道营销更加智能化。通过分析海量数据，企业可以更好地理解消费者行为，精准定位目标受众，提供个性化的营销策略。

（2）虚拟现实和增强现实

虚拟现实（VR）和增强现实（AR）技术的发展将为多渠道营销带来更丰富的体验。通过虚拟试衣、AR 导购等方式，提升用户与产品互动的沉浸感，促进购买决策。

2. 个性化体验

（1）数据驱动的个性化

借助大数据和人工智能，企业能够更好地了解每位消费者的喜好和行为，实现更个性化的营销内容和推荐，提高用户参与度。

（2）个性化定价策略

通过分析用户行为和偏好，制定个性化的定价策略，满足不同层次的消费者需求，提高销售转化率。

3. 社交媒体整合

（1）社交电商

社交媒体平台不仅是品牌推广的渠道，还成为直接销售产品和服务的平台。社交电商通过整合社交和电商功能，提供更便捷的购物体验。

（2）社交广告和影响者营销

社交媒体的广告和影响者营销成为多渠道营销中不可或缺的一部分。通过与知名影响者合作，企业可以有效扩大品牌影响力。

4. 移动端优

（1）移动购物体验

随着移动设备的普及，移动购物体验变得至关重要。多渠道营销将更加注重移动端的用户体验，包括响应式网站设计、App 开发等，以满足消费者在移动端的购物需求。

（2）移动支付

移动支付的发展推动了线上线下的交易整合。多渠道营销将更加关注移动支付的安全性和便捷性，以提供更灵活的支付方式。

5. 绿色可持续发展

（1）环保和可持续产品

越来越多的消费者关注产品的环保和可持续性。多渠道营销将强调企业的社会责任，推广环保产品，通过多渠道传播企业的环保理念。

（2）社会责任和透明度

企业社会责任将成为多渠道营销中的一大亮点。透明度和诚信经营将吸引越来越多的消费者，多渠道营销将更加注重展示企业的社会责任。

6. 无接触购物体验

（1）互联网+线下零售

多渠道营销将更多关注"互联网+线下零售"的模式，通过线上线下的整合，为消费者提供更无接触的购物体验，包括无接触支付、线上选购线下取货等。

（2）虚拟试衣间和智能购物助手

通过虚拟试衣间技术和智能购物助手，多渠道营销可以为消费者提供更为便捷、安全的购物体验，减少线下试衣、试妆的实体接触。

（三）应对发展趋势的策略

1. 投资数字化技术

企业需要加大对数字化技术的投资，包括人工智能、大数据分析、虚拟现实等，以更好地适应数字化时代的多渠道营销需求。

2. 加强数据安全和隐私保护

随着个性化体验和大数据的应用增加，企业应当更加注重用户数据的安全和隐私保护。建立安全的数据管理系统，遵循相关隐私法规，提升用户信任。

3. 建设强有力的社交媒体策略

社交媒体整合成为多渠道营销的重要一环，企业需要建设强有力的社交媒体策略，包括定期更新内容、与影响者合作、进行社交广告等手段。

4. 实现移动优化和无接触购物

移动端的购物体验和无接触购物体验将成为多渠道营销的主要发展方向。企业需要优化移动端应用、提升移动支付的便捷性，同时推动无接触购物体验，提供更为智能、高效的服务。

5. 突出企业社会责任

关注环保和社会责任将成为消费者选择产品的重要因素。企业应突出自身的社会责任，通过多渠道传播企业的环保理念，树立可持续发展的形象。

二、多渠道营销的战略价值

（一）提升市场份额

1. 拓展受众覆盖面

多渠道营销通过覆盖线上和线下多个渠道，能够更全面、深入地接触潜在客户。这种广泛的覆盖面可以吸引更多不同渠道的用户，从而扩大市场份额。

2. 灵活应对市场变化

在不同渠道进行营销有助于企业更灵活地应对市场的变化。随着消费者偏好和行为的不断变化，多渠道营销使企业能够迅速调整战略，满足不同渠道用户的需求，提高市场反应速度。

3. 降低市场风险

依赖单一渠道可能使企业更容易受到市场波动的影响。而多渠道营销分散了市场风险，一方面避免了对某一渠道的过度依赖；另一方面降低了在市场变动时的不确定性。

（二）强化品牌形象

1. 提高品牌知名度

多渠道营销使企业的品牌能够在不同平台上获得更广泛的曝光，提高品牌知名度。通过线上和线下多元化的渠道传播，品牌形象能够更加深入地印入消费者的心智。

2. 塑造一致的品牌形象

在多渠道营销中，企业需要保持一致的品牌形象，无论是在线上还是线下。这有助于建立品牌的统一形象，提高品牌的可识别性和信任度。

3. 创造全方位的品牌体验

多渠道营销提供了创造全方位品牌体验的机会。通过整合不同渠道的资源和互动方式，企业可以为消费者提供更为综合和深入的品牌体验，从而建立深层次的品牌认同感。

（三）满足消费者需求

1. 提供更多购物选择

不同的消费者有不同的购物习惯和渠道偏好。多渠道营销为消费者提供更多购物选择，包括线上电商平台、实体店铺、社交媒体等，以满足不同消费者的购物需求。

2. 个性化营销和服务

多渠道营销通过数据分析和个性化定位，使企业更好地了解消费者的需求。通过个性化营销和服务，企业能够更精准地满足消费者的个性化需求，提高用户满意度。

3. 改善购物体验

多渠道营销注重整合不同渠道的购物体验。无论是线上还是线下，企业都致力于提供更好的购物体验，包括快捷的支付方式、便利的物流服务、个性化的推荐系统等，以提升消费者的整体购物感受。

（四）提高销售效益

1. 多渠道销售

多渠道营销的核心是通过不同的销售渠道推广产品或服务。这包括线上电商、实体店铺、市场活动等多种渠道，可以更全面地覆盖潜在顾客，提高销售效益。

2. 数据驱动销售

多渠道营销中的数据分析对于销售效益的提升至关重要。通过对用户行为、购物习惯等数据的深入分析，企业能够更精准地制定销售策略，提高销售效益。

3. 促销和优惠活动

多渠道营销提供了更多促销和优惠活动的可能性。通过线上线下的整合，企业可以更有针对性地进行促销活动，吸引更多消费者，提高销售额。

（五）增强客户忠诚度

1. 多层次的互动

通过不同渠道的多层次互动，企业能够更深入地了解客户，提高客户对品牌的认同感。这有助于建立长期的客户关系，提高客户忠诚度。

2. 个性化服务

通过多渠道营销，企业能够提供个性化的服务，满足客户的个性需求。无论是在线上还是线下，通过分析客户数据，提供个性化的购物建议、专属优惠等服务，增强客户对品牌的忠诚度。

3. 定期沟通和反馈

多渠道营销提供了与客户进行定期沟通和反馈的机会。企业可以通过电子邮件、社交媒体、线下活动等多种方式与客户保持联系，了解他们的意见和需求，及时做出调整，建立更加紧密的客户关系。

（六）应对市场竞争

1. 不同渠道的竞争优势

多渠道营销使企业能够在不同渠道中建立竞争优势。通过在不同平台提供独特的产品或服务，企业能够在市场上脱颖而出，形成自己独特的竞争地位。

2. 增加品牌护城河

通过多渠道营销，企业能够建立更为强大的品牌护城河。无论是通过线上电商平台、实体店铺还是社交媒体，企业都能够在不同层面上巩固品牌的竞争地位，使其他竞争对手难以复制。

3. 敏捷的市场调整能力

多渠道营销提高了企业的敏捷性，能够更快速地调整市场策略。随着市场环境的不断变化，企业可以迅速作出反应，灵活调整在不同渠道上的推广和销售策略，保持竞争力。

（七）降低营销成本

1. 效益最大化

通过多渠道营销，企业能够更好地分析和了解不同渠道的效益。可以通过数据分析和实际销售情况，调整资源投入，使得每一个渠道的投入都能够获得最大化的效益，降低整体营销成本。

2. 优化广告和推广策略

多渠道营销的数据分析功能有助于企业更好地优化广告和推广策略。通过了解不同渠道的受众特征、购物行为等信息，企业能够更有针对性地制订广告和推广计划，提高广告投入的精准度，降低成本。

3. 提高资源利用效率

多渠道营销提供了更多资源利用的机会。企业可以通过线上线下的整合，更灵活地配置人力、物力和财力资源，提高资源的利用效率，减少不必要的浪费。

第二节　跨渠道数据整合与分析

一、跨渠道数据整合的难点与需求

（一）难点

1. 数据来源多样性

现代企业往往同时使用多个渠道进行业务运营，包括线上渠道（如网站、社交媒体、电子邮件）和线下渠道（如实体店铺、电话销售）。这些渠道产生的数据形式和结构各异，涉及文本、图像、音频等多种形式的信息。将这些异构的数据整合成一个完整、可分析的数据集是一个巨大的挑战。

2. 数据质量和一致性

不同渠道的数据质量和一致性常常存在差异。可能会出现数据缺失、错误、重复等问题，导致整合后的数据不准确或失真。确保数据的准确性和一致性对于制定可靠的业务策略至关重要，但却是一个复杂的任务。

3. 数据隐私和合规性

随着对个人隐私的关注不断增加，企业需要确保其数据整合过程符合相关法规和标准，如 GDPR、CCPA 等。同时，不同国家和地区的法规要求可能不同，这增加了整合过程的复杂性。在数据整合的同时，确保数据的安全性和合规性是一项非常重要的任务。

4. 技术架构复杂性

不同渠道使用不同的技术平台和工具，这使得在技术上实现数据整合变得复杂。企业需要投资于强大的数据整合和分析工具，同时确保这些工具能够与现有的技术架构兼容。选择合适的技术架构并进行有效的集成是一个复杂而耗时的过程。

5. 数据量的爆炸性增长

随着时间推移，企业积累的数据量呈指数级增长。处理大规模数据集需要更强大的计算和存储能力。同时，数据的增长可能导致整合过程的性能瓶颈，影响数据分析的效率。

6. 实时性要求

一些业务场景要求对数据进行实时分析和反馈，而不仅是批处理。实时数据整合要求企业建立起强大的实时处理能力，确保业务决策能够基于最新的数据。

（二）需求

1. 强大的数据管理和整合工具

为了解决数据来源多样性和技术架构复杂性的问题，企业需要投资于强大的数据管理和整合工具。这些工具应能够支持多种数据类型、格式和来源，同时提供直观、用户友好的界面，以便企业用户能够轻松地进行数据整合和管理。

2. 数据质量和一致性控制

为确保数据的准确性和一致性，企业需要建立完善的数据质量管理体系。这包括数据清洗、去重、校验等步骤，以及监控机制来及时发现和纠正数据质量问题。此外，建立数据标准化和命名规范有助于提高数据的一致性。

3. 数据隐私和安全保障

在整合过程中，必须考虑和遵守相关的法规和标准，以保障数据隐私和安全。加密技术、访问控制和身份验证等安全措施是确保数据不被滥用的重要手段。此外，建立清晰的数据使用政策，明确数据的合法用途，有助于提升企业的合规性。

4. 采用先进的技术架构

为了应对技术架构复杂性和大规模数据的挑战，企业应考虑采用先进的技术架构，如云计算、分布式计算和大数据处理技术。这些技术能够提供强大的计算和存储能力，支持高效的数据整合和分析。

5. 数据分析和挖掘能力

整合数据的目的是获取有价值的信息和洞察。因此，企业需要建立起强大的数据分析和挖掘能力。这包括拥有专业的数据分析团队、使用先进的分析工具和算法，以及建立分析报告和可视化的能力，帮助企业更好地理解数据，并作出明智的业务决策。

6. 实时数据处理能力

针对实时性要求，企业需要建立起强大的实时数据处理能力。这包括实时数据采集、处理和分析的技术支持,确保企业能够在需要的时候做出及时的决策。

二、数据标准化与一体化视图构建

(一)数据标准化的意义

1. 一致性和可比性

数据标准化确保企业内部和外部的数据在格式、结构和定义上保持一致。这种一致性使得不同部门和业务单元之间的数据可以相互比较和共享,为组织提供了更高水平的数据可比性。一致的数据标准有助于避免因为数据差异而导致的误解和错误的决策。

2. 提高数据质量

通过规范化数据格式和内容,数据标准化有助于提高数据的质量。规范化的数据更容易进行验证、清理和去重,从而减少错误和冗余数据的存在。高质量的数据是有效决策和分析的基础,对企业的经营和战略目标至关重要。

3. 促进数据集成

标准化数据有助于促进不同系统和应用之间的数据集成。当数据遵循相同的标准,各种业务应用能够更容易地共享和集成数据,从而实现更高效的业务流程。这对于构建全面的企业信息系统至关重要,有助于打破信息孤岛,提高组织的整体效能。

4. 支持数据治理和合规性

数据标准化是数据治理的重要组成部分。通过制定和遵循一套统一的数据标准,企业能够更好地管理和监控数据的生命周期。此外,标准化有助于确保数据处理过程符合相关法规和标准,提升企业的合规性。

5. 提升数据可维护性

标准化的数据更容易维护和管理。当数据遵循一致的格式和结构时,更容易进行更新、扩展和修改,而不会影响其他相关的数据。这提高了数据的可维护性,使得企业能够更灵活地应对变化和需求。

(二)数据标准化的挑战

尽管数据标准化带来了许多好处,但在实践中仍然面临一些挑战:

1. 数据源的多样性

企业通常从各种不同的数据源中收集信息，包括内部系统、外部合作伙伴、社交媒体等。这些数据源可能使用不同的格式和结构，使得数据标准化变得复杂。处理这种多样性需要建立灵活的标准化流程，能够适应不同类型和来源的数据。

2. 数据质量问题

在标准化的过程中，可能会揭示出数据质量问题，如不一致、错误或缺失的数据。解决这些问题需要进行数据清洗、验证和修复，这可能是一项耗时且需要专业知识的任务。

3. 组织文化和流程变革

数据标准化通常需要组织范围内的文化和流程变革。这包括培训员工，使其理解和遵循数据标准，同时调整业务流程以适应新的标准化方式。这是一个涉及人、流程和技术的综合性挑战。

4. 持续的维护和更新

数据标准化不是一次性任务，而是一个需要持续维护和更新的过程。随着业务和技术环境的变化，标准化的规则和标准可能需要不断地进行调整。因此，企业需要建立起有效的数据治理和维护机制，以确保数据标准的持续有效性。

（三）一体化视图构建的意义

1. 全面的业务洞察

一体化视图将来自不同数据源的信息整合在一起，为企业提供了全面的业务洞察。通过在一个集成的平台上查看数据，决策者能够更全面地了解客户、市场、销售和运营等方面的情况，从而做出更为明智的决策。

2. 跨部门协作

一体化视图消除了信息孤岛，促进了不同部门之间的协作。各个部门能够共享和访问统一的数据源，使得跨部门的决策和合作更加流畅。这有助于提高整体组织的协同效应，加强各个部门之间的协同工作。

3. 提高工作效率

通过在一个平台上查看全面的数据，员工能够更高效地完成工作。不再需要在不同系统之间切换，整合视图提供了更直观、更一致的工作环境。这有助于减少人工操作和错误，提高工作效率。

4. 实现更精细化的业务分析

一体化视图使企业能够进行更深入、更精细化的业务分析。通过将不同数据源的信息整合，企业可以发现隐藏在数据背后的模式和趋势，为精细化的市场营销、客户服务和产品创新提供支持。

5. 优化资源分配

一体化视图有助于企业更好地了解资源的使用情况，从而优化资源分配。通过综合考虑各个方面的数据，企业可以更智能地分配资金、人力和物资，提高资源利用效率，降低成本。

第三节　跨渠道一体化的营销策略

一、一体化营销的概念与优势

（一）一体化营销的概念

1. 多渠道整合

一体化营销强调在多个营销渠道中实现无缝整合。这包括线上渠道（如社交媒体、电子邮件、网站）和线下渠道（如实体店、活动营销）。通过确保各渠道的一致性，消费者能够在不同平台上获得相似的品牌信息和体验，形成一体的品牌形象。

2. 统一品牌信息

一体化营销注重在所有营销材料中传递统一的品牌信息。这包括品牌声音、视觉元素、口号等。通过在各种营销工具中维持一致性，企业可以更容易地建立品牌认知和记忆，确保消费者对品牌的印象是积极的和一贯的。

3. 协同营销活动

一体化营销强调各种营销活动之间的协同作用。这可能包括在线和线下活动的结合，以及不同渠道之间的互动。通过协同营销活动，企业能够在市场上形成更强大、更有影响力的存在。

4. 数据驱动决策

一体化营销依赖于数据驱动的决策。通过收集和分析各种渠道的数据，企业能够更好地了解目标受众的行为、兴趣和偏好。这种数据驱动的方法有助于优化营销策略，提高投资回报率。

5. 全周期顾客体验

一体化营销致力于提供全周期的顾客体验。从品牌接触的第一刹那到购买和售后服务，一体化营销要求企业为顾客提供一致、流畅和愉悦的体验，以建立长期的顾客关系。

（二）一体化营销的优势

1. 提高品牌认知度

通过在多个渠道中持续传递一致的品牌信息，一体化营销有助于提高品牌认知度。当消费者在不同场合都能够看到并记住品牌时，他们更有可能选择该品牌，从而提高了品牌的知名度。

2. 加强品牌一致性

一体化营销确保品牌在各种渠道中的一致性，从而加强品牌的一贯性。这种一致性有助于形成明确的品牌形象，让消费者更容易理解和记忆品牌的核心价值和特点。

3. 提高销售效果

通过在多个渠道中实施一体化营销，企业能够更全面地触达目标受众，提高销售机会。无论是通过社交媒体、电子邮件、线下活动还是其他渠道，企业都能够更好地满足不同消费者的需求，并推动购买决策。

4. 优化广告支出

一体化营销通过数据驱动的方法，使企业能够更精确地了解广告效果。通过分析不同渠道的数据，企业可以优化广告支出，将资源投放到最有效的渠道，提高广告投资的回报率。

5. 提升顾客忠诚度

一体化营销通过提供一致的顾客体验，增强了顾客对品牌的信任感和忠诚度。顾客在多个触点都能获得相似的体验，更容易建立起对品牌的深层次连接，从而提升顾客的忠诚度。

6. 促进口碑传播

一体化营销有助于促进口碑传播。当品牌在不同渠道中传递一致、积极的信息时，消费者更有可能在社交媒体上分享他们的购物体验，从而增加品牌的口碑传播效果。

7. 提高营销效率

通过整合各个营销元素，一体化营销提高了整体营销效率。不同渠道之间的协同作用使得企业能够更好地利用资源，减少重复劳动，提高工作效率。

二、用户体验一体化与个性化服务

（一）用户体验一体化的概念

1. 跨渠道一致性

用户体验一体化要求企业在不同渠道中创造一致的品牌形象和用户体验。无论是在线上还是线下，用户都应该感受到相似、无缝的品牌体验。这包括网站、移动应用、实体店、社交媒体等各种渠道。

2. 设计一致性

一体化用户体验还包括设计一致性，即在用户界面、交互设计和视觉元素上保持一致。这有助于用户更容易理解和操作各种产品或服务，提高用户的使用便捷性和满意度。

3. 数据一体化

用户在不同渠道中产生的数据应该被整合起来，以便企业更好地了解用户的行为、偏好和需求。数据一体化有助于构建全面的用户画像，为个性化服务提供基础。

4. 统一沟通

一体化用户体验强调在企业内部和与用户之间保持一致的沟通。无论是客户服务、营销活动还是产品推广，沟通应该传递相同的信息和价值观，以确保用户对企业的整体印象一致。

（二）个性化服务的概念

1. 基于用户数据

个性化服务基于对用户数据的深入分析，包括历史行为、购买记录、偏好和地理位置等。通过这些数据，企业可以更好地理解每个用户的独特需求，为其提供个性化的产品和服务。

2. 定制化内容

个性化服务包括提供定制化的内容，以满足用户的个性化兴趣和偏好。

这可以体现在网站上的推荐内容、个性化的广告，以及通过电子邮件或短信发送的定制化信息。

3. 定制化体验

个性化服务不仅停留在内容上，还包括用户体验的定制化。这可能涉及个性化的用户界面、交互流程，甚至是产品设计，以确保用户在使用产品或服务时感到个性化关照。

4. 实时响应

个性化服务强调对用户行为的实时响应。通过监测用户在网站上的实时行为，企业可以立即调整推荐内容、个性化的优惠和其他服务，以满足用户当前的需求和兴趣。

（三）用户体验一体化与个性化服务的优势

1. 提高用户忠诚度

用户体验一体化和个性化服务共同致力于提高用户忠诚度。一体化用户体验可以使用户在不同渠道中感到愉悦和无缝的体验，而个性化服务则通过满足用户独特的需求和偏好，建立了更深层次的用户连接，从而提高了用户的忠诚度。

2. 提升品牌认知度

通过在各个渠道中创造一致而愉悦的用户体验，企业能够提升品牌认知度。用户在不同平台上都能够感受到相似的品牌形象和价值，从而更容易记住和选择该品牌。

3. 提高用户满意度

用户体验一体化和个性化服务的结合可以显著提高用户满意度。用户在使用产品或服务时不仅能够享受到一致而流畅的体验，还能够感受到个性化的关怀和服务，满足其独特的需求。

4. 增加销售机会

通过个性化服务，企业能够更准确地理解用户的购买偏好和行为。这使得企业能够提供更有针对性的产品推荐、定制化的促销活动，从而增加销售机会并提高交易价值。

5. 优化资源利用

一体化用户体验和个性化服务使企业能够更智能地利用资源。通过分析用户数据，企业可以更好地理解用户的需求，有针对性地提供服务，避免资源浪费在不必要的领域上。

6. 提高市场竞争力

拥有一体化用户体验和个性化服务的企业通常能够在市场上建立更强大的竞争优势。用户更倾向于选择能够提供个性化关怀和愉悦体验的品牌，从而提高企业在市场中的竞争力。

第四节 电商平台与线下实体店的整合

一、线上线下融合的业态与模式

（一）背景与原因

1. 消费者需求的变化

随着数字化时代的到来，消费者的购物行为发生了巨大变化。消费者对于购物的期望不仅停留在传统的线下购物方式上，还期望通过互联网获得更为便捷和个性化的购物体验。线上线下融合迎合了这一消费者需求的变化。

2. 互联网技术的发展

互联网技术的迅猛发展为线上线下融合提供了技术支持。移动支付、物联网、大数据分析等技术的成熟应用，为线上线下融合提供了更多可能性，使得线上线下的交互更为顺畅。

3. 市场竞争压力

在激烈的市场竞争中，企业需要不断创新以保持竞争力。线上线下融合不仅为企业提供了更广阔的市场空间，还提高了企业的盈利能力。

（二）线上线下融合的业态与模式

1. 无界零售

无界零售是线上线下融合的一种业态，它打破了传统零售中线上线下的界限。消费者可以在线上浏览商品，线下试穿、试用，最终在线上或线下完成购买。这种模式旨在提供更灵活、个性化的购物体验。

2. 无人零售

无人零售是通过自动售货机、智能柜等技术手段实现的线上线下融合模式。消费者可以通过手机 App 在线上选择商品，然后在无人零售店实现自助购物，无需人工收银。这种模式提供了更加便捷和高效的购物方式。

3. 社交电商

社交电商是线上线下融合中涌现的一种新型业态。通过社交媒体平台，商家可以与用户建立更紧密的联系，推动产品销售。同时，线下实体店也可以通过社交媒体引流，增加线上销售渠道。

4. 体验式零售

体验式零售是通过在线下实体店中提供更加丰富的体验，吸引消费者到店购物。线下店面不仅提供商品，还提供各种体验活动、娱乐设施，使得购物成为一种社交和娱乐的体验。

5. 互联网+服务业

互联网+服务业是线上线下融合的一种模式，将互联网技术融入到传统服务业中。比如，线上预约、支付、评价等服务与线下实体服务相结合，提升了服务的效率和用户体验。

6. 跨境电商实体店

一些跨境电商企业也开始在国内设立实体店面，以提供更真实、直观的商品体验。这种模式将线上的海量商品与线下的实体体验相结合，为消费者提供更全面的购物选择。

二、数据共享与整合的技术挑战

（一）数据复杂性

1. 结构差异

数据来源多样，可能涵盖关系型数据库、非结构化文本、图数据库等各种形式。这些数据往往有不同的结构，包括字段名称、数据类型、关系等，因此在整合过程中需要解决结构差异的问题。

2. 语义差异

不同系统或应用程序中的数据可能使用不同的术语和语义，导致数据之间的理解和解释存在差异。这种语义差异使得数据整合的过程更加复杂，需要建立一致的数据词汇和语义模型。

3. 数据质量

数据质量问题是数据整合中常见的挑战之一。包括数据的准确性、完整性、一致性和时效性等方面的问题，需要在整合过程中进行有效的清洗和验证，以确保最终整合的数据具有高质量。

（二）数据格式差异

1. 数据标准化

不同系统和应用程序可能使用不同的数据标准和格式，这导致数据在整合过程中需要进行标准化。标准化的过程包括统一数据的单位、日期格式、命名规范等，以确保数据在整合后能够被正确解读和使用。

2. 数据编码和字符集

不同地区和系统可能使用不同的数据编码和字符集，这可能导致在数据整合过程中出现乱码或无法正确解析的情况。因此，需要在整合过程中考虑数据编码和字符集的兼容性。

（三）实时性要求

1. 数据同步

在一些业务场景中，数据的实时性要求较高，要求不同系统之间的数据能够实时同步。实现实时数据同步需要解决数据传输速度、网络延迟等技术问题，确保数据能够及时地在系统之间流通。

2. 事件驱动架构

为了满足实时性要求，一些系统采用事件驱动架构。这种架构通过事件触发机制，使得系统能够在事件发生时实时响应，从而实现更实时、更灵活的数据整合。

（四）数据安全和隐私

1. 访问控制

数据整合涉及不同系统或应用程序之间的数据共享，因此需要建立有效的访问控制机制，确保只有授权的用户能够访问和修改相应的数据。这有助于防止未经授权的访问和滥用。

2. 数据加密

在数据传输和存储过程中，采用数据加密技术是确保数据安全的重要手段。数据加密可以有效防止数据在传输和存储过程中被窃取或篡改，保障数据的机密性和完整性。

3. 隐私保护

在整合数据的过程中，可能涉及敏感信息，例如个人身份信息、财务数据等。因此，需要采取隐私保护措施，包括数据脱敏、匿名化等手段，以降低隐私泄露的风险。

（五）技术架构和工具选择

1. 数据集成工具

选择适合的数据集成工具是数据整合成功的关键。不同的数据集成工具拥有不同的功能和特性，包括 ETL 工具（提取、转换、加载）、API 集成、消息队列等。企业需要根据自身需求选择合适的工具。

2. 大数据技术

随着数据规模的不断增大，大数据技术在数据整合中扮演着重要角色。分布式存储、计算、数据湖等大数据技术可以帮助企业更有效地处理和分析海量数据。

3. 服务导向架构（SOA）

服务导向架构是一种面向服务的软件架构，通过将业务逻辑划分为独立的服务单元，有助于实现松耦合和可重用的系统。SOA 可以提高系统的灵活性和可扩展性，有利于数据整合的实现。

第五节　跨渠道品牌传播与管理

一、跨渠道品牌传播的策略与手段

（一）整合营销

1. 多渠道整合

整合营销的核心理念是将不同渠道的营销活动有机结合，以形成一个更大、更有力的整体。企业可以通过整合线上线下、数字媒体、传统媒体等多个渠道，确保品牌信息在各个平台上一致传播。这包括电视广告、广播、杂志、社交媒体、搜索引擎等多个渠道的整合运用，以达到全方位、多维度的品牌传播。

2. 数据驱动决策

整合营销的成功离不开数据的支持。通过收集、分析各个渠道的数据，企业可以更好地了解目标受众的行为、兴趣和偏好。基于数据驱动的决策，企业可以优化广告投放、调整宣传策略，更精准地吸引目标受众，提高品牌影响力。

3. 跨渠道协同

跨渠道品牌传播强调各渠道之间的协同作用。例如，线上线下的促销活动相互呼应，社交媒体与传统媒体之间形成有机连接。通过跨渠道协同，品牌信息能够更全面、更深入地传达给目标受众，增加品牌的曝光度。

（二）内容营销

1. 制定有吸引力的内容

内容是品牌传播的核心，吸引人的内容能够让品牌更容易被接受和记住。制定有趣、有深度、有故事性的内容，可以通过文字、图片、视频等形式展现，提高受众的参与度，激发共鸣，增加品牌黏性。

2. 多媒体形式的内容

多媒体形式的内容更容易引起受众的兴趣。除了传统的文字内容，企业还可以通过图像、视频、音频等多媒体形式传播品牌信息。例如，通过制作吸引人的品牌视频、创意广告图片，提高受众对品牌的关注度。

3. 故事营销

故事营销是一种通过讲述故事来传达品牌价值和情感的方法。通过建立有情感共鸣的品牌故事，企业可以更深层次地与受众连接，让品牌变得更加亲近和具有人情味。故事营销有助于品牌更深入地植根于受众心中。

（三）社交媒体传播

1. 构建社交媒体品牌形象

社交媒体成为品牌传播中不可忽视的重要渠道。企业可以通过在社交媒体上建立专业形象、发布有趣的内容、与受众互动，来构建积极的社交媒体品牌形象。社交媒体上的品牌形象要一致、真实，并具有互动性。

2. 制定社交媒体营销策略

在社交媒体上，企业需要制定切实可行的营销策略。这包括明确目标受众、选择合适的社交媒体平台、制订发布计划、互动策略等。有效的社交媒体营销可以增加品牌曝光度、提高用户参与度。

3. 利用社交广告

社交媒体广告是一种有针对性的推广方式。通过社交媒体广告，企业可以根据目标受众的特征，精准定位广告投放，提高广告的点击率和转化率。社交广告可以在短时间内快速推动品牌传播。

（四）体验营销

1. 举办活动和体验

体验营销是一种通过直观感受来传递品牌价值和个性的方式。企业可以通过举办线上线下的活动、推出产品试用、提供独特的购物体验等方式，让受众更深入地了解和体验品牌。

2. 用户参与

用户参与是体验营销的重要组成部分。企业可以通过用户调查、投票、互动活动等方式，让用户参与品牌的决策过程，增加用户对品牌的认同感和忠诚度。

3. 提供优质的客户服务

提供优质的客户服务是体验营销的基石。企业需要建立完善的客户服务体系，通过及时、有效的沟通解决客户问题，提高客户满意度。良好的客户服务可以在用户心中留下积极的印象，增强品牌形象。

（五）跨渠道品牌传播的策略

1. 一体化传播策略

一体化传播策略强调在不同的传播渠道上保持一致的品牌形象和信息传递。无论是线上还是线下，无论是社交媒体还是传统媒体，品牌传播的信息和风格应该是一致的，以确保用户在不同渠道中感受到相同的品牌价值。

2. 定制化传播策略

定制化传播策略是根据不同的渠道和受众特点制订个性化的传播计划。不同的渠道有不同的用户群体和特点，企业需要根据实际情况调整品牌传播的语言、形式和内容，以更好地迎合各个渠道的受众。

3. 整合营销传播策略

整合营销传播策略是在品牌传播中综合运用多种营销手段，确保各种渠道的传播活动相互协同，形成整体的传播效果。通过整合线上线下、数字媒体、传统媒体等各类渠道，企业可以最大化地扩大品牌影响力。

4. 数据驱动的传播策略

数据驱动的传播策略强调根据数据分析结果进行精准的传播决策。通过分析用户行为数据、市场趋势等信息，企业可以更好地理解受众需求，调整传播策略，提高传播效果。

5. 跨界合作传播策略

跨界合作传播策略是通过与其他行业、品牌合作，实现资源互补，拓展品牌传播的影响范围。合作可以包括联合推广、共同活动、跨界产品等形式，通过共同的传播活动实现品牌的共赢。

6. 社交分享传播策略

社交分享传播策略是鼓励用户在社交媒体上分享品牌信息，通过用户口碑传播扩大品牌影响力。企业可以通过提供有趣、有价值的内容，激发用户的分享欲望，引导用户成为品牌的传播者。

（六）跨渠道品牌传播的关键手段

1. 多渠道的数字营销

数字营销是跨渠道品牌传播中不可或缺的手段。通过搜索引擎优化（SEO）、搜索引擎营销（SEM）、社交媒体推广、电子邮件营销等手段，企业可以在线上建立强大的品牌存在感。

2. 创意广告与宣传

创意广告是吸引用户关注的重要手段。通过创意的广告语、独特的视觉设计，企业可以在广告中传递品牌的核心理念，引起用户兴趣，提高品牌的记忆度。

3. 品牌大使与明星代言

品牌大使和明星代言是一种有效的品牌传播手段。通过与知名人物合作，企业可以借助其影响力，快速提升品牌知名度。品牌大使可以是行业专家、社交媒体达人等，具有一定的社交影响力。

4. 营销活动与促销

定期的营销活动和促销是吸引消费者的有力手段。通过打折、赠品、特价活动等方式，企业可以刺激消费者的购买欲望，提高品牌在市场中的竞争力。

5. 用户参与和互动

用户参与和互动是建立品牌与用户深度连接的关键。通过举办线上线下的活动，提供优惠券、打卡签到等互动方式，企业可以增加用户参与感，激发用户对品牌的关注。

6. 内容创作和社交媒体运营

高质量的内容创作和社交媒体运营是保持品牌活跃度的有效手段。通过定期发布有趣、有价值的内容，回应用户的评论和反馈，企业可以建立与用户的亲密关系，提升品牌信任度。

二、社交媒体与品牌口碑建设

（一）社交媒体与品牌口碑建设的关系

1. 社交媒体的传播效应

社交媒体具有强大的传播效应，信息可以在短时间内迅速传播到数百万甚至数十亿的用户。当用户在社交媒体上分享对品牌的感受、评价或体验时，这些信息可以通过社交网络传播给更广泛的受众，影响他们的认知和态度。

2. 用户参与和互动

社交媒体提供了用户参与和互动的平台，用户可以通过点赞、评论、分享等方式与品牌互动。这种互动使得品牌不再是单向传播，而是建立了与用户之间的双向沟通渠道。用户参与和互动的过程中形成的口碑更加真实、直接。

3. 用户生成内容（UGC）

社交媒体上的用户生成内容，如用户的评论、图片、视频等，对品牌口碑的建设起到了关键作用。用户生成内容更贴近用户真实体验，具有较高的说服力。品牌可以通过引导和鼓励用户生成内容，塑造正面的品牌形象。

4. 实时反馈

社交媒体为用户提供了即时的反馈机制，用户可以实时分享对品牌的看法和体验。品牌可以通过监测社交媒体上的实时反馈，及时了解用户的需求和反馈，做出相应调整，提升品牌口碑。

5. 形成社交验证

社交媒体上的用户互动和生成的内容形成了一种社交验证机制。当用户看到朋友、同事或社交圈内其他人对某品牌的正面评价时，会更倾向于信任和尝试这个品牌，从而形成积极的口碑。

6. 群体效应

社交媒体上的用户形成了各种兴趣、需求相似的群体，他们在社交媒体上分享和讨论品牌信息。品牌可以通过针对性的营销和互动，更好地满足这些群体的需求，形成群体效应，推动口碑的传播。

（二）社交媒体口碑建设的策略与方法

1. 建立积极的品牌形象

在社交媒体上建立积极、正面的品牌形象是口碑建设的基础。品牌需要通过发布有趣、有价值的内容，参与公益活动，回应用户关切等方式，积极传递正能量，赢得用户的喜爱。

2. 引导用户生成内容

鼓励用户在社交媒体上生成内容，分享使用品牌产品的照片、评论、心得等。品牌可以通过举办 UGC 比赛、提供优惠券奖励等方式，激发用户的创作欲望，增加用户生成内容的数量和质量。

3. 及时回应用户反馈

及时回应用户在社交媒体上的反馈是建设积极口碑的关键。无论是正面的赞扬还是负面的批评，都需要及时回应并处理。积极的沟通和解决问题的态度可以在用户心中建立品牌的信任度。

4. 利用社交广告

社交媒体广告是一种有力的品牌推广手段。通过社交媒体平台的广告投放，品牌可以精准定位目标受众，推送有针对性的广告内容，提高品牌在社交媒体上的曝光度，塑造更积极的品牌形象。

5. 建立品牌社群

建立品牌社群是促进用户互动、形成口碑的有效方式。品牌可以通过创建专属社群、参与行业相关社群，与用户深度互动，分享品牌故事、产品信息，促使用户在社交媒体上积极传播品牌信息。

6. 制订社交媒体策略计划

制订详细的社交媒体策略计划是有效开展口碑建设的关键。计划包括明确目标受众、选择合适的社交媒体平台、发布内容的频率和形式、互动策略等。策略计划能够有序引导品牌在社交媒体上的活动，提高传播效果。

三、数据驱动的跨渠道品牌管理

数据驱动的跨渠道品牌管理在当今数字化时代是至关重要的，它结合了数据分析、技术应用和品牌管理策略，帮助企业更有效地在不同渠道上推动品牌发展。本部分将深入探讨数据驱动的跨渠道品牌管理的概念、优势，以及实施该策略的关键要素和挑战。

（一）数据驱动的跨渠道品牌管理概念

1. 跨渠道品牌管理

跨渠道品牌管理是指在多个销售渠道中对品牌进行统一管理和推广的策略。这包括线上渠道（例如电商平台、官方网站）和线下渠道（例如实体店铺、分销商），旨在确保品牌在不同渠道上呈现一致、统一的形象，提供一致的品牌体验。

2. 数据驱动

数据驱动是指通过收集、分析和利用大量的数据来指导决策和行动的过程。在跨渠道品牌管理中，数据驱动的方法涉及对各个渠道的数据进行整合分析，以获得深入的见解，从而优化品牌推广和管理策略。

（二）数据驱动的跨渠道品牌管理优势

1. 智能决策

数据驱动的跨渠道品牌管理能够为企业提供更智能的决策支持。通过深入分析用户行为、销售数据、市场趋势等多维度信息，企业可以更准确地了解目标受众，预测市场需求，从而做出更智能的品牌管理决策。

2. 个性化营销

基于数据分析的跨渠道品牌管理可以帮助企业实现个性化营销。通过了解用户的偏好、购买历史和互动行为，企业可以精准地推送个性化的营销信息，提高用户参与度和购买转化率。

3. 渠道效益评估

数据驱动的品牌管理可以帮助企业评估不同渠道的效益。通过分析各渠道的销售数据、成本和 ROI 等指标，企业可以了解每个渠道的贡献度，调整资源分配，优化整体品牌管理策略。

4. 跨渠道一体化

数据驱动的跨渠道品牌管理有助于实现跨渠道的一体化。通过数据整合和分析，企业可以将线上线下、不同平台和渠道的信息有机结合，确保品牌在各个渠道上的传播和体验一致，提升整体品牌影响力。

5. 实时监控与调整

数据驱动的品牌管理使企业能够实时监控品牌在各个渠道上的表现。通过实时数据分析，企业可以及时发现问题、调整策略，确保品牌在竞争激烈的市场中保持敏锐的反应能力。

（三）数据驱动的跨渠道品牌管理关键要素

1. 数据收集与整合

数据驱动的跨渠道品牌管理的第一步是收集和整合各个渠道的数据。这包括用户行为数据、销售数据、社交媒体数据等多种信息。有效的数据整合需要使用适当的技术和工具，确保数据的准确性和完整性。

2. 数据分析与洞察

数据分析是决策的基础。通过使用数据分析工具和算法，企业可以深入挖掘数据背后的洞察，了解用户喜好、购买习惯、渠道偏好等信息。这些洞察有助于企业制定更具针对性的品牌管理策略。

3. 技术基础设施

建立稳健的技术基础设施是数据驱动的跨渠道品牌管理的关键。包括数据存储、处理、分析的硬件和软件系统，以及安全保障措施。先进的技术基础设施可以更好地支持大规模数据处理和分析的需求。

4. 人才和团队

具备数据分析和品牌管理能力的团队是数据驱动策略成功的重要保障。企业需要拥有专业的数据科学家、分析师、品牌管理专家等人才，他们能够有效地利用数据为品牌决策提供支持。

5. 数据隐私和安全

在数据驱动的品牌管理中，数据的隐私和安全至关重要。企业需要建立完善的数据隐私政策和安全措施，确保用户数据的合法使用，防范数据泄露和滥用的风险。

6. 持续优化

数据驱动的跨渠道品牌管理是一个持续优化的过程。企业需要建立反馈机制，不断监测和评估品牌管理策略，及时根据数据分析结果进行调整和优化。这包括对广告投放策略、产品定价、促销活动等方面的优化，以保持品牌在竞争激烈的市场中的竞争力。

（四）数据驱动的跨渠道品牌管理的挑战

1. 数据质量和准确性

数据质量和准确性是数据驱动策略的前提条件。不准确或低质量的数据会导致错误的决策和策略执行。因此，确保数据的质量、来源的可信性以及准确性是一个挑战，企业需要建立完善的数据收集和清洗机制。

2. 数据隐私合规性

随着数据隐私法规的加强，企业在数据驱动的品牌管理中面临着更严格的合规性要求。在收集、存储和处理用户数据时，必须确保符合相关法规，保护用户隐私。这需要企业投入更多资源进行法律和合规性方面的研究和合规性保障。

3. 技术复杂性

建立和维护一个强大的数据驱动系统可能涉及技术上的复杂性。这包括选择合适的数据分析工具、建立数据存储和处理系统、确保系统的稳定性和安全性等。企业需要投入大量资源来建设和维护这些技术基础设施。

4. 人才短缺

具备数据分析和品牌管理能力的专业人才相对稀缺。企业可能面临招聘、培训和留住这样的人才的挑战。在竞争激烈的人才市场中，吸引和保留高素质的数据科学家和品牌管理专家对企业而言是一项重要任务。

5. 跨部门协同

跨渠道品牌管理涉及多个部门和业务领域，包括销售、市场营销、供应链等。不同部门之间的协同工作是成功实施数据驱动的品牌管理策略的关键。企业需要建立有效的跨部门沟通和协作机制。

6. 变化的市场环境

市场环境的不断变化是品牌管理中的常态。新的竞争者、市场趋势和消费者行为的变化都可能对品牌管理策略产生影响。企业需要具备灵活性和敏捷性，能够及时调整策略以适应市场的变化。

（五）数据驱动的跨渠道品牌管理的未来趋势

1. 人工智能和机器学习的应用

人工智能（AI）和机器学习（ML）技术的不断发展将进一步推动数据驱动的品牌管理。这些技术可以更精确地预测用户行为、提高个性化推荐的准确性，并通过自动化处理大量数据，为企业提供更深层次的洞察。

2. 区块链技术的应用

区块链技术的应用可以提高数据的安全性和透明度，增强用户对品牌管理的信任。通过区块链，企业可以更好地跟踪产品的供应链、验证广告数据的真实性，提高数据的可信度。

3. 跨渠道一体化的更深程度

未来，跨渠道一体化将更进一步，不仅在品牌形象上保持一致，而且在销售、客户服务、用户体验等方面实现更深度的一体化。数据将在不同渠道之间更自由地流动，实现更紧密的业务协同。

4. 数据伦理和社会责任

随着对数据隐私的关注不断增加，数据伦理和社会责任将成为数据驱动品牌管理的一个重要趋势。企业需要更加关注用户数据的合法使用，建立更透明的数据收集和处理机制，以维护用户信任。

5. 智能化决策系统

未来，智能化决策系统将更加普及。这些系统基于大数据和人工智能，可以自动分析数据、制定策略，并实时调整品牌管理的方向。这将使企业更具备应对市场变化的能力。

数据驱动的跨渠道品牌管理是适应数字化时代的必然趋势。通过合理收集、整合和分析各渠道的数据，企业可以更精准地了解目标受众，制定更具针对性的品牌管理策略。然而，这一策略也面临诸多挑战，包括数据质量、人才短缺、技术复杂性等。未来，随着技术的不断发展和市场环境的变化，数据驱动的品牌管理将不断演进，迎接更多挑战和机遇。

参考文献

［1］ 王欣. 精准营销 电商平台个性化推荐信息对消费者购买意愿的影响研究［M］. 南京：东南大学出版社，2023.

［2］ 郭琳，杨楚欣，任媛媛. 跨境电商网络营销［M］. 北京：国家行政学院出版社，2018.

［3］ 迅雷. 网络营销与电商实战培训教程［M］. 北京：中国商业出版社，2019.

［4］ 郭鹏. 基于搜索社交电商视角的互动营销研究［M］. 北京：中国纺织出版社，2019.

［5］ 罗晨. 精准零售［M］. 北京：中国纺织出版社，2020.

［6］ 宋锋森. 短视频营销 新媒体时代，重构营销新模式［M］. 北京：中国纺织出版社，2020.

［7］ 吴帝聪. 社交电商从入门到精通［M］. 北京：中国纺织出版社，2022.

［8］ 陈彦宏. 微视频运营与营销 低成本获取海量用户的营销新玩法［M］. 北京：中国经济出版社，2018.

［9］ 尹宏伟. 直播营销［M］. 北京：机械工业出版社，2019.

［10］ 付君锐. 社群电商 新零售时代下的电商变革［M］. 北京：中国商业出版社，2020.

［11］ 李乐. 电商背景下新媒体营销与管理研究［M］. 成都：电子科技大学出版社，2018.

［12］ 王立华. 互联网精准营销实务全书［M］. 海口：南海出版公司，2015.

［13］ 胡国敏，王红梅，周毅. 跨境电商网络营销实务［M］. 北京：中国海关出版社，2018.

［14］ 孙炎辉. 霸屏营销 多屏时代致胜术［M］. 北京：中华工商联合出版社，

2022.

[15] 彭雷清. 内容营销 新媒体时代如何提升用户转化率 [M]. 北京：中国经济出版社，2018.

[16] 侯韶图. 新零售时代的智能营销 [M]. 北京：中华工商联合出版社，2018.

[17] 叶鹏飞. 亚马逊跨境电商数据化运营指南 [M]. 北京：中国铁道出版社，2020.

[18] 郑红. 大数据背景下北京旅游电商营销模式创新研究 [M]. 北京：旅游教育出版社，2017.